FUNV QUAN YI BAOZH ANGFA

"八五"普法
推荐读物

妇女权益保障法

100个热点问题

谭 芳 桂芳芳
李凝末 ◎ 著

创意策划 马 蕾（上海家与家律师事务所品牌总顾问）
律友文化

U0829358

中国法制出版社
CHINA LEGAL PUBLISHING HOUSE

前言

《中华人民共和国妇女权益保障法》——这部帮助中国女性维护权益、争取机会、赢得尊重、给予价值认同的法律，在历经了30年磨砺和3次调整修改后，再一次以新的面貌出现在我们的生活和工作中。

2022年10月30日，第十三届全国人大常委会第三十七次会议表决通过了修订后的《中华人民共和国妇女权益保障法》，这部法律于2023年1月1日起施行。

我们知道，女性是开创人类文明的参与者，也是推动社会进步的重要力量，女性在一个社会中能够取得多高的成就地位，能够获得多少权益保障，是衡量一个时代进步与否的标尺之一，是这个国家文明高度的重要体现。《中华人民共和国妇女权益保障法》将充分发挥女性在全面建设社会主义现代化国家中的作用，促进妇女全面发展、弘扬社会主义核心价值观，并进一步推动我们时代的进步、提升我们国家的文明高度。

令人振奋的是，百余年来，中国共产党高度重视妇女解放和妇女全面发展，始终为保障女性的人格独立、经济独立等合法权益而不懈奋斗。1992年，《中华人民共和国妇女权益保障法》通过并正式施行，女性地位逐步提高，党的十八大、十九大、二十大均将男女平等作为基本国策写入报告，此次修订的《中华人民共和国妇女权益保障法》更是明确了国家将男女平等基本国策纳入国民教育体系。时代给予了女性日趋健全的保障体系，也逐步给予了女性更多发展机遇。越来越多的中国女性开始在各行各业书写自己的精彩人生，中国女性正在成为“伟大事业的建设者、文明风尚的倡导者、敢于追梦的奋斗者”。

这一切来之不易，更少不了法律的支撑。随着经济的发展和时代的进步，我们的生活环境发生了日新月异的变化，为了适应时代变化，进一步促进男女平等和社会发展，《中华人民共和国妇女权益保障法》在2005年进行了一次较大修改，在2018年调整了个别条款，本次修订则是该法制定以来的一次全面修订，涉及政治、经济、社会、伦理等生活中的诸多方面。

我国妇女权益在法律和实际生活中有了越来越系统且全面的保障，男女平等已成为我们遵从的社会基本原则。

2015年，《中华人民共和国反家庭暴力法》出台，为保障妇女人身权利提供了新的法律武器；2021年1月1日正式施行的《中华人民共和国民法典》对全职太太在家务劳动中付出的时间精力等劳动价值问题、对夫妻共同财产等问题，都作出了相应规定，强调了妇女婚姻家庭权益；而这次最新修订的妇女权益保障法，再次明确了夫妻共同财产、家务劳动价值等相关规定，这些都是我国为全面保护妇女权益而在细化相关法律条款方面作出的努力。

随着《中华人民共和国民法典》施行，《中华人民共和国婚姻法》废止，《中华人民共和国民法典》在保护妇女权益方面跃上了新台阶，此次大修，进一步完善和深化细化了《中华人民共和国民法典》精神，并将相关法条写进了《中华人民共和国妇女权益保障法》。

很多专家学者和法律界人士提出，这次《中华人民共和国妇女权益保障法》的大修，是《中华人民共和国民法典》中男女平等精神的进一步深化。针对夫妻共同所有的不动产以及可以联名登记的动产，此次修订的《中华人民共和国妇女权益保障法》规定了女方有权要求在权属证书上记载其姓名。修订后的《中华人民共和国妇女权益保障法》明确了女性对夫妻共同财产享有与其配偶平等的占有、使用、收益和处分的权利，不受双方收入状况等情形的影响。在离婚诉讼期间，夫妻双方均有向人民法院申报全部夫妻共同财产的义务，如果夫妻一方无法获悉对方财产情况，可以申请查询登记在对方名下的财产。本次修订也规定了人民法院应当进行调查取证，有关部门和单位应当予以协助，这些新增条款其实都是在维护女性切身利益，因为离婚诉讼中大部分是女方无法获悉对方财产，在离婚诉讼时也因客观原因无法证明哪些是夫妻共同财产，致使自身权益受损。

《中华人民共和国妇女权益保障法》修订前共 9 章 61 条，经过本次修订，增至 10 章 86 条，在 9 个方面对妇女权益保障工作做了进一步完善。

一是完善总体性制度机制，在立法目的中增加促进妇女全面发展、弘扬社会主义核心价值观；二是完善政治权利保障，规定国家采取措施支持女性人才成长、明确妇女联合会代表妇女积极参与国家和社会事务的权利；三是完善人身和人格权益，突出人身和人格权益的重要地位、强调妇女的人格尊严不受侵犯；四是完善文化教育权益，完善保障适龄女性未成年人接受并完成义务教育的制度机制并为妇女终身学习创造条件；五是完善劳动和社会保障权益，消除就业性别歧视，明确就业性别歧视的具体情形，将就业性别歧视纳入劳动保障监察范围；六是完善财产权益，规定妇女在农村集体经济组织成员身份确认、不动产登记、征收或者征用补偿等方面的权利，保护妇女在城镇集体所有财产关系中的权益；七是完善婚姻家庭权益，规定国家鼓励婚前体检，规定离婚诉讼期间共同财产查询、离婚时家务劳动经济补偿等制度；八是完善救济措施，增加一章关于“救济措施”的规定；九是完善法律责任，就违反有关报告义务、预防和制止性骚扰义务、消除就业性别歧视等义务的行为，规定相应的法律责任。

为了帮助广大读者了解妇女权益，特别是广大女性朋友正确运用法律武器，全面维护自身权益，也为了便于包括各级妇联及工作人员在内的读者理解和掌握《中华人民共和国妇女权益保障法》的最新内容和重要法条，我们编写了这本普法书籍——《妇女权益保障法 100 个热点问题》。

按照修订后的该法内容，我们将全书分为政治与文化权益、人身与人格权益、劳动与社会保障权益、婚姻与家庭权益，加上最后两章与保障妇女权益相关规定和文书范本，共六大部分。其中，本法的总则、政治权利、文化教育权益方面的条款，我们合并为“政治与文化权益”，财产权益与婚姻家庭权益方面的条款，我们合并为“婚姻与家庭权益”。除了解答重点难点问题之外，全书还通过律师说法、律师支招等版块，以通俗易懂的方式，将救济措施、法律责任等多方面内容贯穿全书，帮助读者全方位地了解、学习和掌握《中华人民共和国妇女权益保障法》。

在政治与文化权益一章，本书主要介绍了男女平等基本国策和妇女权益保障法中各种基础概念的源起、发展以及女性目前享有的具体政治、文化权益及这些权益受到侵害时应采取的救济措施；在人身与人格权益一章，本书主要探讨了女性在人身、人格权益受到侵害的具体情境下，该如何自我保护、加害人将承担何等责任、第三人又应当如何作为；在劳动与社会保障权益一章，本书主要集中于用人单位责任及女职工特别保护等内容；在婚姻与家庭权益一章，本书主要聚焦于女性应享有的各项财产权益以及与婚姻家庭有关的结婚、离婚、继承、抚养、债务、家暴救济等最受女性关注的重要问题。

我们知道，妇女事业是衡量社会和历史进步的重要标尺，我们也坚信，我们国家在全球女性发展事业中必将起到引领作用。我国建立了全面保障妇女儿童权益的法律体系，《中华人民共和国妇女权益保障法》的及时修订就是其例证之一。

CONTENTS

目录

第一章　政治与文化权益

第二章　人身与人格权益

第三章　劳动与社会保障权益

第五章 相关规定

第六章　文书范本

第一章

政治与文化权益

1. 为什么要专门立法保障妇女权益?

《中华人民共和国妇女权益保障法》诞生于1992年4月3日。立法30多年来，这部法律历经2005年、2018年两次修订，又于2021年12月20日开始了第三次修订。第三次修订经过两次审议，并两度网上公开征求意见，在分别征集了40余万条和30余万条修法意见后①，终于在2022年10月30日落下帷幕。修订后的《中华人民共和国妇女权益保障法》于2023年1月1日起正式施行。

我国为什么要专门制定并不断修订这样一部保障妇女权益的法律呢？笔者认为，主要是出于以下三个方面的考虑：

第一，为保障女性的合法权益、促进男女平等。

基于身体结构和生理机能的不同，女性因此有了经期、孕期、产期、哺乳期等需要特殊照顾和保护的阶段。

以我国为例，“男女平等”早在1954年就被写入了《中华人民共和国宪法》，20世纪50年代出台的《中华人民共和国全国人民代表大会和地方各级人民代表大会选举法》《中华人民共和国劳动保险条例》等法律法规中，也设立了许多保护女性权益的条款，但时至今日，同工不同酬、同分不同校等侵害女性合法权益的事件仍偶有发生。

为进一步避免这些问题的发生，需要通过制定一部专门以女性为保护对象的法律，来宣传强调女性应当享有的权利，为女性应当享有却被侵犯的权益获得救济提供保障，最终实现男女真正的平等。

第二，为实现女性全面发展、充分发挥女性在全面建设社会主义现代化

---

①　参见《法律草案征求列表》，载中国人大网，http://www.npc.gov.cn/flcaw/，最后访问时间：2022年10月25日。

国家中的作用。

进入现代社会后，体力、生理因素不再成为个人发展的禁锢。新中国成立以来，女性越来越多地参与到政治、经济、文化等各个领域，为社会进步、经济发展、文化繁荣等作出了突出贡献，也用自己的实际行动证明了“妇女能顶半边天”。

为进一步实现女性全面发展，更加充分地调动广大女性投身社会主义现代化建设的积极性和创造性、发挥女性在全面建设社会主义现代化国家中的作用，还应当有一部专门的法律，来保障好她们的合法权益，解决好她们的后顾之忧。

第三，为弘扬社会主义核心价值观、推进社会主义民主法治建设。

本次修订的《中华人民共和国妇女权益保障法》首次将“弘扬社会主义核心价值观”列入立法目的之中。

要全面、有效地保障女性的合法权益，就需要制定一部专门的法律，使得女性权益保护的相关规定不至于毫无体系地分散在各个法律、法规之中，形成更为系统、全面的，以《中华人民共和国宪法》为依据，以《中华人民共和国妇女权益保障法》为主体，以其他相关法律为补充的法律体系。同时，妇女权益保护法律体系的建立，又能够反过来推动我国民主法治建设的进一步完善。

相较于前两次修订的“微调”，本次修订可以说是一次大刀阔斧的调整：将《中华人民共和国妇女权益保障法》原本的 9 章 61 条，增至 10 章 86 条。尤其是针对社会上出现的一些侵害女性权益的新情况、新现象，以及一些久受关注的“顽疾”，本次修法都作出了相应的修正和增删。

例如，将男女平等基本国策纳入国民教育体系；明确在晋职、晋级、评聘专业技术职称和职务、培训等方面，应当坚持男女平等的原则，不得歧视妇女；新增了疑似被拐卖、绑架女性的报告与排查制度；在学校招录中，将可以设置性别限制的“特殊专业”划定权，从学校层面收归国家层面；明确了禁止违背妇女意愿，以言语、文字、图像、肢体行为等方式对其实施性骚扰，要求用人单位支持、协助受害妇女依法维权；等等。可以说，本次修法一以贯之地秉承了立法之初“重在保障”的思路，力求能通过立法，切实地为女性的合法权益提供保障。

2. 什么是男女平等基本原则、男女平等基本国策?

“男女平等”主要是指女性在政治、经济、文化、社会、家庭等各方面，享有与男子平等的权益。

在根本法层面，男女平等的精神是贯穿我国宪法始终的。早在通过的《中国人民政治协商会议共同纲领》第六条中就载明，……废除束缚妇女的封建制度。妇女在政治的、经济的、文化教育的、社会的生活各方面，均有与男子平等的权利……1954 年，我国在制定首部宪法时，也在第九十六条中对男女平等作出了特别强调。后来，我国宪法虽然经过数次修改，但男女平等作为重要原则，始终都写在宪法之中。现行有效的《中华人民共和国宪法》于 2018 年进行了修正，其在第四十八条规定，“中华人民共和国妇女在政治的、经济的、文化的、社会的和家庭的生活等各方面享有同男子平等的权利。国家保护妇女的权利和利益……”可见，在根本法层面，男女平等一直是一项重要的宪法原则。我国法律也就男女平等这一问题作出了相应规定，尤其是作为保障女性合法权益的基本法——《中华人民共和国妇女权益保障法》，更是将男女平等作为一条基本原则贯穿始终。

2005 年，《中华人民共和国妇女权益保障法》进行了修改，修改后的法律条款对男女平等作了强调。本次修订的《中华人民共和国妇女权益保障法》更是在“第一章总则”中就特别强调:“国家采取必要措施，促进男女平等。”

将男女平等写入《中华人民共和国妇女权益保障法》之中的必要性是什么呢?

第一，将男女平等写入《中华人民共和国妇女权益保障法》是为了强调政府在维护女性合法权益、促进女性全面发展中应担负的职责，即通过法律、政策的引导、约束作用，为女性权益提供制度保障。

第二，将男女平等写入《中华人民共和国妇女权益保障法》是为了促进男女平等基本原则和基本国策的贯彻落实。此次在《中华人民共和国妇女权益保障法》中将男女平等基本国策纳入国民教育体系，不仅是对宪法基本原则的遵循，也是通过明确法律主体、法律责任等方式，为男女平等基本国策的贯彻落实提供法律保障。

3. 什么是“歧视妇女”？

新修订的《中华人民共和国妇女权益保障法》首次对“歧视妇女”作了明确的法律定义，即在第二条第二款规定：“国家采取必要措施，促进男女平等，消除对妇女一切形式的歧视，禁止排斥、限制妇女依法享有和行使各项权益。”

如果不首先对“歧视妇女”的定义进行清晰界定，只简单规定消除对妇女一切形式的歧视，则容易导致实践中产生执法和司法机关对歧视女性行为认识并不统一现象，女性遭受的歧视也就很难被识别并得到有效的预防和救济。本次修订以列举的方式明确指出，对女性的歧视包括“排斥、限制妇女依法享有和行使各项权益”，虽然概括性较强，但其对社会的宣传、教育、引导是有所帮助的。同时，这种仍有些抽象的概括也为“歧视妇女”的内涵、外延在未来的变化留足了空间。对“歧视妇女”更加具体的规定则在后续各章节中有所强调和聚焦。例如，在政治权利上，明确国家保障妇女享有与男子平等的政治权利，规定人大代表、村居委会成员中，应当有适当数量的女性，国家采取措施支持女性人才成长等；在人身和人格权益上，规定了国家保障妇女享有与男子平等的人身和人格权益，妇女依法享有生育子女或不生育子女的权利和自由等；在文化教育权益上，建立对女性未成年人接受并完成义务教育的保障制度，规定政府采取措施保障女性平等享有接受中高等教育的权利和机会等；在劳动和社会保障权益上，明确要消除就业性别歧视及就业性别歧视的具体情形，并将就业性别歧视纳入劳动保障监察范围等；在财产权益上，明确女性在农村集体经济组织成员身份确认、不动产登记、征收征用补偿等方面享有同男子平等的权益；在婚姻家庭权益上，规定女性在夫妻共同财产、继承等方面享有同男子平等的权益等。

4. 什么是“妇女发展纲要”？它有什么作用？

《中国妇女发展纲要》是由国务院制定并颁布的、落实男女平等基本国策、实现男女两性和谐发展、促进女性全面进步的总体安排和规划。目前，我国已经制定并颁布了《中国妇女发展纲要（1995—2000年）》、《中国妇女发展纲要（2001—2010年）》、《中国妇女发展纲要（2011—2020年）》、《中国妇女发展纲要（2021—2030年）》四个纲要。

《中国妇女发展纲要（1995—2000年）》发布于1995年7月27日，是国务院颁布的以促进女性全面发展为核心内容的国家行动纲领。2000年年底，在国务院和地方各级政府以及全社会的共同努力下，纲要确定好的11项主要目标基本得以实现，为新世纪中国女性的全面发展奠定了良好的基础。

《中国妇女发展纲要（2001—2010年）》发布于2001年5月22日，是国务院制定的、针对新时期女性发展的总体规划。纲要充分考虑了我国女性的发展现状和基本国情，借鉴了1995年在北京举办的第四次世界妇女大会上诞生的《北京宣言》《北京行动纲领》提出的“妇女发展12个重要领域”的理念，确定了“妇女与经济”“妇女参与决策管理”“妇女与教育”“妇女与健康”“妇女与法律”“妇女与环境”这六大优先发展的领域，并把促进女性发展的主题贯穿始终。截至2010年，纲要确定的34项主要目标基本实现，标志着我国在促进女性发展和男女平等方面取得了重大进展。

《中国妇女发展纲要（2011—2020年）》发布于2011年7月30日，是针对我国处于全面建设小康社会关键时期促进妇女全面发展的又一项总体规划。纲要确立了“全面发展”“平等发展”“协调发展”“妇女参与”四大基本原则，为优化女性发展环境、保障女性合法权益提供了重要保障。根据国家统计局发布的《〈中国妇女发展纲要（2011—2020年）〉终期统计监测报告》显示，十年间，纲要主要目标如期实现，女性社会地位显著提高，我国在促进男女平等和女性全面发展方面取得了历史性新成就，女性的获得感、幸福感、安全感显著增强。同时，报告指出：女性发展的不平衡不充分问题仍较突出，相关领域女性权益保障工作仍需进一步加强。[①]

《中国妇女发展纲要（2021—2030年）》发布于2021年9月8日，恰逢实现“两个一百年”奋斗目标的历史交汇期这一重要节点，它为我国科学规划女性全面发展的新目标新任务，健全完善制度机制，团结引领女性建功新时代、奋进新征程提供了具体的前进方向。纲要将坚持党的全面领导、坚持妇女事业与经济社会同步协调发展、坚持男女两性平等发展、坚持促进妇女全面发展、坚持共建共治共享作为基本原则，并在总体目标中提出：“展望2035年，与国家基本实现社会主义现代化相适应，男女平等和妇女全面发展取得更为明显的实质性进展，妇女更好地担负起新时代赋予的光荣使命，为实现中华民族伟大复兴的中国梦而不懈奋斗。”[②]

那么，中国妇女发展纲要在女性权益保障方面发挥了什么作用呢？

中国妇女发展纲要是一系列内涵丰富的、体现国家各个发展阶段特征的、致力于女性权益保护的实施指南和工作守则。它由国务院发布，针对教育、健康、经济等多个领域，设定了许多具体的、可被量化的指标。县级以上地方各级人民政府需依据纲要，制定和组织实施适合本行政区域的、更为细化的女性发展规划。县级以上人民政府将保障妇女权益所需经费列入本级预算，同时，其完成情况，需受到监测并纳入考评。

如此一来，男女平等基本国策延伸出可被衡量的具体指标，男女平等也就有了较为详细、具体的目标和前进方向，女性权益的保障也得以落到实处。

5. 什么是法律政策性别平等评估机制？它有什么作用？

法律政策性别平等评估机制是指由妇女联合会、妇女儿童工作委员会等机构共同成立评估工作机构，通过参与涉及女性权益的相关法规政策的调研、

---

① 参见《〈中国妇女发展纲要（2011—2020年）〉终期统计监测报告》，载中国政府网，http://www.gov.cn/xinwen/2021-12/21/content_5663667.htm，最后访问时间：2022年12月20日。

② 参见《中国妇女发展纲要（2021—2030年）》，载中国政府网，http://www.gov.cn/zhengce/content/2021-09/27/content_5639412.htm，最后访问时间：2022年12月20日。

论证、起草等工作，从社会性别的视角，提出相应的意见，从源头上保障女性的合法权益可在法规政策中被充分体现。

《中国妇女发展纲要（2011—2020 年）》在“妇女与法律”一章，首次提出要“加强对法规政策的性别平等审查”。2013 年召开的中国妇女第十一次全国代表大会，明确将推动建立法规政策性别平等评估机制确立为新形势下妇联组织的重要工作任务。2020 年 4 月，国务院妇女儿童工作委员会印发了《关于建立健全法规政策性别平等评估机制的意见》，要求对有关法规、规章、政策的制定和实施进行评估，有效避免或者纠正涉嫌性别歧视的相关内容。

《中国妇女发展纲要（2021—2030 年）》在“妇女与法律”一章，进一步强调了“促进法规政策性别平等评估机制规范化建设和有效运行”。目前，全国大部分地区都建立了相应的法律政策性别平等评估机制，但尚且没有以法律的形式将这种机制固定下来，因此，本次修订后，《中华人民共和国妇女权益保障法》第八条规定：“有关机关制定或者修改涉及妇女权益的法律、法规、规章和其他规范性文件，应当听取妇女联合会的意见，充分考虑妇女的特殊权益，必要时开展男女平等评估。”这是法律政策性别平等评估机制首次明确被纳入《中华人民共和国妇女权益保障法》中的内容，从此，该机制从政策规定上升成为国家法律，使得男女平等的法治保障更加健全。

6. 女性合法权益受到侵害时，可以找谁保护自己？

女性合法权益受到侵害时，国家机关、社会团体、企业事业单位、基层群众性自治组织以及其他组织和个人，都应当依法对其予以保障。

《中华人民共和国妇女权益保障法》第四条规定：“保障妇女的合法权益是全社会的共同责任。国家机关、社会团体、企业事业单位、基层群众性自治组织以及其他组织和个人，应当依法保障妇女的权益。国家采取有效措施，为妇女依法行使权利提供必要的条件。”这是在国家立法层面对保障女性合法权益的主体作了规定。

相较之前的规定，本次修法扩大了保护女性合法权益的主体，如增加了“其他组织和个人”也应当依法保障女性权益的规定，这意味着保障女性合法权益真正成为全社会的共同责任。

具体而言，根据《中华人民共和国妇女权益保障法》的规定，国家机关、社会团体、企业事业单位、基层群众性自治组织以及其他组织和个人分别承担着以下职责：

中国共产党作为中国特色社会主义事业的领导核心，起着领导女性权益保障工作，建立政府主导、各方协同、社会参与的保障女性权益工作机制的作用。

国务院作为最高国家行政机关，可通过制定和组织实施中国妇女发展纲要、将女性保障工作纳入国民经济和社会发展规划中等方式来保障女性权益。

县级以上地方各级人民政府，根据国务院发布的中国妇女发展纲要，制定和组织实施本行政区域的妇女发展规划，将其纳入国民经济和社会发展规划。县级以上人民政府将所需经费列入本级预算。县级以上人民政府负责妇女儿童工作的机构，负责组织、协调、指导、督促有关部门做好女性权益的保障工作，其他有关部门则在各自的职责范围内做好女性权益的保障工作。

公安机关、人民检察院、人民法院应当按照各自的职责，依法保护女性合法权益。例如，人民法院可以以司法解释、发布典型案例等方式，指导各地更加准确地适用和理解《中华人民共和国妇女权益保障法》；人民检察院可以以公益诉讼、检察建议等方式，为女性权益提供保护；公安机关可以通过建立健全各项机制，促进当前女性权益保障工作中的重点难点问题得到更为有效的解决。

中华全国妇女联合会和地方各级妇女联合会依照法律和中华全国妇女联合会章程，代表和维护各族各界妇女的利益，做好维护女性权益、促进男女平等和女性全面发展的工作，如代表女性向各级国家机关提出有关建议，参与法律、法规、规章等的制定或修改，与其他机构联动为受害女性提供救助等。

工会、中国共产主义青年团、残疾人联合会等群团组织应当在各自的工作范围内，做好维护女性权益的工作，如参与维护女职工、女性青年、女性弱势群体合法权益的法律、法规、规章等的制定，并协助有关部门贯彻实施法律、法规、规章等；对歧视、摧残、虐待、迫害女职工、女性青年、女性弱势群体的现象，及时介入、上报等。

其他组织和个人，如住宿经营者，在发现可能侵害妇女权益的违法犯罪行为时，应当及时向公安机关报告；大众传媒可以发挥优势，开展社会监督，对侵害女性合法权益的事件进行报道和揭露，全面、深入地宣传《中华人民共和国妇女权益保障法》的精神，为形成男女平等、和谐发展的社会环境贡献力量；社会公众可以从自身做起，通过学习《中华人民共和国妇女权益保障法》，提高自己的法律意识，摒弃陈旧的性别观念，自觉减少侵害女性权益的行为。

7. 妇女联合会在维护女性权益方面有什么特别的作用？

根据《中华全国妇女联合会章程》以及中华全国妇女联合会官网上对“全国妇联”的简介，可以了解到，中国妇女是建设新时代中国特色社会主义的重要力量，而中华全国妇女联合会是全国各族各界妇女为争取进一步解放与发展而联合起来的群团组织，是中国共产党领导下的人民团体，是党和政府联系妇女群众的桥梁和纽带，是国家政权的重要社会支柱。中华全国妇女联合会在新时代担负着团结引导各族各界妇女听党话、跟党走的政治责任，以围绕中心、服务大局为工作主线，以联系和服务妇女为根本任务，以代表和维护妇女权益、促进男女平等和妇女全面发展为基本职能。[①]

本次修订的《中华人民共和国妇女权益保障法》第六条第一款规定：“中华全国妇女联合会和地方各级妇女联合会依照法律和中华全国妇女联合会章程，代表和维护各族各界妇女的利益，做好维护妇女权益、促进男女平等和妇女全面发展的工作”，增加了妇联“促进男女平等和妇女全面发展”的工作

① 参见《全国妇联简介》，载中华全国妇女联合会网站，https://www.women.org.cn/col/col33/index.html，最后访问时间：2022 年 10 月 25 日。

要求，使得妇联的职能得到了进一步细化，也将妇联与其他政府部门的工作重点做了进一步区分。

具体而言，妇联的职能可以划分为：

在政治权利方面：妇女联合会有代表女性积极参与国家和社会事务的民主协商、民主决策、民主管理和民主监督等职能。

在人身和人格权益方面：本次修法新增了妇联对被拐卖、绑架女性的工作义务。妇女联合会应当协助和配合有关部门做好有关工作。

在文化教育权益方面：妇女联合会应当采取措施，根据城镇和农村女性的需要，组织女性接受职业教育和实用技术培训，并执行国家有关规定，保障女性在从事科学、技术、文学、艺术和其他文化活动时，享有与男子平等的权利。

在劳动和社会保障权益方面：用人单位侵害女职工劳动和社会保障权益的，妇女联合会有权依法进行监督。

当然，妇联的职能远不止上面提到的几项。凡是女性的合法权益受到侵害的，都可以向妇女联合会等群团组织求助。妇女联合会等群团组织应当维护被侵害女性的合法权益，有权要求并协助有关部门或者单位查处，有关部门或者单位应当依法查处，并予以答复。另外，受害女性进行诉讼需要帮助的，妇女联合会也应当给予支持和帮助。

广大女性的合法权益如果受到侵害，或有受到侵害的可能，如夫妻争吵后出现暴力威胁等事件时，当事人无须害怕，也不要逃避，在矛盾没有变得无法调和之前，可以及时向当地妇联等组织、机构寻求帮助，妇联会提供法律、心理等各方面的专业支持。

8. 女性可以通过哪些方式来争取自己的权益?

《中华人民共和国妇女权益保障法》针对妇女的政治权利、人身和人格权益、文化教育权益、劳动和社会保障权益、财产权益、婚姻家庭权益这六大基本权益，作了比较详细的规定，女性可以参政议政，为自己发声；在权益受到侵害时，可以要求有关部门对侵害行为进行依法处理，也可以向法院或仲裁机构提起诉讼或申请仲裁，还可以向妇联等群团组织寻求帮助。

但拥有权利并不等于实现权利，法律的规定只是为权利的实现提供了方式和机会，女性权利的改善，还离不开女性自身的努力和争取。

《中华人民共和国妇女权益保障法》第七条规定："国家鼓励妇女自尊、自信、自立、自强，运用法律维护自身合法权益。妇女应当遵守国家法律，尊重社会公德、职业道德和家庭美德，履行法律所规定的义务。"具体而言，《中华人民共和国妇女权益保障法》对女性自身提出了以下几个要求：

女性应当发扬自尊、自信、自立、自强的"四自"精神，努力实现自我价值。

自尊、自信、自立、自强的"四自"精神于1983年在中国妇女第五次全国代表大会上被首次提出，于1988年在中国妇女第六次全国代表大会上由当时的全国妇联副主席进行了系统阐述，并最终写入《中华全国妇女联合会章程》。

所谓"自尊"，就是女性尊重自己的人格，维护自己的尊严，认识到人人生而平等，拥有基本的人格尊严，反对自轻、自贱；所谓"自信"，就是女性相信自己的力量，相信自己拥有不逊于男性的能力和才干，坚定自己的信念，反对妄自菲薄；所谓"自立"，就是女性树立独立意识，反对依附顺从，认识到自己并不依赖于家庭或男性，而是拥有着独立的社会和经济地位，能够作为独立的个体走入社会，实现自己的社会价值；所谓"自强"，就是女性顽强拼搏，奋发进取，做事业和生活的强者，反对自卑、自弱。

"四自"精神，是对中国妇女运动光荣传统的继承和发展，发扬"四自"精神，是女性实现自我价值、改善自身权利，进而为社会主义现代化建设作出更大贡献的首要要求。

女性应当积极运用法律，维护自身合法权益。

法律的规定只是为权利的实现提供了方式和机会，只有当女性积极地学法、知法并用法，才能让法律成为维护女性合法权益的有力武器。例如，针对女性一般为家庭付出较多的情况，《中华人民共和国民法典》规定了"家务补偿"制度，但"家务补偿"只能在离婚时提出，且对证据有一定的要求，因此，若不学法、不知法，可能平时不会留意收集相关的证据，在离婚时也可能会因不知道有此制度，而丧失维护自己权益的机会。

女性应当遵守国家法律，尊重社会公德、职业道德和家庭美德，履行法律所规定的义务。

权利和义务是一个整体，享有权利，就必须承担义务。因而，女性遵守国家法律，尊重社会公德、职业道德和家庭美德，履行法律所规定的义务，也是维护自身合法权益的前提所在。

9. 女性的政治权利有哪些？

政治权利，主要是指公民依法享有的，参与国家政治生活的权利，它主要包括四个方面的内容：选举权与被选举权；公民言论、出版、集会、结社、游行、示威自由的权利；担任国家机关职务的权利；担任国有公司、企业、事业单位和人民团体领导的权利。

政治权利是公民各项权利中最为重要、最为关键的权利，女性想要得到彻底的解放、真正地实现男女平等，最重要的就是实现政治权利上的男女平等，因此，《中华人民共和国妇女权益保障法》在第二章中，专门以一章的篇幅，规定了妇女依法享有的各项政治权利，主要包括：

（1）国家保障妇女享有与男子平等的政治权利。

（2）妇女有权通过各种途径和形式，依法参与管理国家事务、管理经济和文化事业、管理社会事务。妇女和妇女组织有权向各级国家机关提出妇女权益保障方面的意见和建议。

（3）对妇女选举及被选举权的保障，即强调了妇女享有与男子平等的选举权和被选举权。

（4）对妇女参政权的保障，即在全国人大及地方各级人大代表中，需有适当数量的妇女代表，国家需采取措施逐步提高全国人大及地方各级人大的妇女代表比例；在国家干部的选用和培养中，积极培养和选拔女干部，重视培养和选拔少数民族女干部，采取措施支持女性人才成长；国家机关、群团组织、企业事业单位培养、选拔和任用干部，应当坚持男女平等的原则，并有适当数量的妇女担任领导成员。

（5）发挥妇联在妇女参政中的作用。妇联可以代表妇女积极参与国家和社会事务的民主协商、民主决策、民主管理、民主监督。

（6）明确侵犯妇女政治权利的法律责任。对于有关妇女权益保障工作的批评或者合理可行的建议，有关部门应当听取和采纳；对于有关侵害妇女权益的申诉、控告和检举，有关部门应当查清事实，负责处理，任何组织和个人不得压制或者打击报复。

10. 女性如何参与国家各项事务的管理？

在政治权利中，最核心、最根本的权利就是参与管理国家各项事务的权利，妇女参与国家各项事务的管理，可以通过以下几种形式：

（1）通过人民代表大会制度行使。《中华人民共和国妇女权益保障法》第十四条第二款规定："全国人民代表大会和地方各级人民代表大会的代表中，应当保证有适当数量的妇女代表。国家采取措施，逐步提高全国人民代表大会和地方各级人民代表大会的妇女代表的比例。"人民代表大会制度是我国的根本政治制度，人大代表可以通过行使表决权、提案权、对国家行政或司法机关及公职人员提出质疑并要求答复等方式参与国家事务的管理，国家鼓励妇女通过选举或被选举为人大代表，来直接或间接地参与国家事务的管理。

（2）通过政治协商制度行使。中国共产党领导的多党合作和政治协商制度是我国的基本政治制度，人民政协履行政治协商、民主监督和参政议政的职能。因此，女性可以通过加入民主党派，来实现对国家事务的民主监督、政治协商。

（3）通过各级妇女联合会行使。《中华人民共和国妇女权益保障法》第十六条规定："妇女联合会代表妇女积极参与国家和社会事务的民主协商、民主决策、民主管理和民主监督。"因此，女性可以通过各级妇女联合会，直接或间接地表达自己的诉求，参与国家事务的管理。

（4）通过参加政府工作行使。《中华人民共和国妇女权益保障法》第十五条第一款、第二款规定："国家积极培养和选拔女干部，重视培养和选拔少数民族女干部。国家机关、群团组织、企业事业单位培养、选拔和任用干部，应当坚持男女平等的原则，并有适当数量的妇女担任领导成员。"因此，女性可以通过参加政府工作来参与国家事务的管理。

（5）通过其他途径行使。例如，通过出版书籍、参加网上议事、对法律修改草案提供意见等参与国家事务的管理。

11. 为什么要立法规定逐步提高人大代表中的"女性比例"？

我国曾长期受封建社会男尊女卑的思维影响，"男女平等""女性独立""女性也能够参与国家事务的管理"等认识还没有真正在全体社会成员中被普遍接受，固有的思维惯性并没有真正转变过来。值得一提的是，我国早在1992年制定《中华人民共和国妇女权益保障法》的时候，就将涉及"女性比例"的这条权益保障内容写入其中，并一直保留到了现在。

在保证女性代表比例的数字之后，更为重要的是如何调动女性参政议政的主动性，并切实提高女性参政议政的质量水平。2005年《中华人民共和国妇女权益保障法》第一次修订时，在"女性比例"之后，又加入了"国家采取措施，逐步提高全国人民代表大会和地方各级人民代表大会的妇女代表的比例"的内容，并一直保留到了现在。

那么，"国家采取措施"中提到的"措施"又可以具体化为什么呢？

主要包括：第一，国家以制定政策来推进妇女参与国家和社会事务管理及决策的进程。通过扩大妇女民主参与的渠道，充分保障妇女参与国家和社会事务管理和决策的权利。第二，国家通过妇女议事会等形式，引导妇女参与经济、文化和社会事务的管理，以此提高妇女参政议政的积极性。第三，国家建立健全监督、检查机制，为妇女参政议政提供平等竞争的机会。第四，加大宣传力度，如通过妇联等妇女组织，积极宣传妇女代表候选人，让更多的群众了解妇女代表候选人，扩大妇女代表的影响力，同时也提高妇女群众参与国家各项事务管理的积极性。第五，支持举办各类培训活动，提高妇女的综合素质和参政水平，使妇女代表能够发挥更大作用。

在“女性比例”和“国家措施”双重因素下，相信未来我国女性参政的意愿以及数量、质量，都会得到进一步提升。

12. 妇女联合会在促成妇女参政议政方面，发挥了什么作用?

《中华人民共和国妇女权益保障法》第十五条第三款规定：“妇女联合会及其团体会员，可以向国家机关、群团组织、企业事业单位推荐女干部。”第十六条规定：“妇女联合会代表妇女积极参与国家和社会事务的民主协商、民主决策、民主管理和民主监督。”

具体来说，妇女联合会在妇女参政议政方面，有以下作用：

（1）代表妇女参与国家和社会事务的民主协商、民主决策、民主管理和民主监督。

（2）倾听妇女意见，反映妇女诉求。

妇联的独特之处，就是能够将广大女性群众与其他有关部门、社会组织等联合、联系起来。这个“联”，不仅在于联防侵害、联动保障，更在于“广泛联系”。

中华全国妇女联合会是规模较大的妇女联合组织——拥有全国性妇联组织和地方性妇联组织，层构立体，深入基层。它承担着在一线倾听女性声音的重大责任。通过各级妇联，女性群众咨询和投诉较多的、反响较为强烈的问题，如家庭暴力、就业及入学中的性别歧视等问题得以一一显现，而这些重点问题，又成了妇联在广泛联系立法、司法机关、政府部门等主体，参与法律、法规、规章和其他规范性文件的制定或修改中，着力推动解决的问题。

（3）向国家机关、群团组织、企业事业单位推荐女干部。

《中华人民共和国妇女权益保障法》特别强调了妇女联合会可以向国家机关、群团组织、企业事业单位推荐女干部。这是各级妇联的职权，亦是其责任，其目的是充分发挥各级妇联的纽带作用和宣传、推荐女性人才的优势地位，使各级妇联成为培养、选拔妇女干部的摇篮，进一步提高女性在国家和社会事务的民主协商、民主决策、民主管理和民主监督方面的参与度和积极性。

13. 如果对有关妇女权益保障的事项有意见，该怎么做?

《中华人民共和国妇女权益保障法》第十三条第二款规定："妇女和妇女组织有权向各级国家机关提出妇女权益保障方面的意见和建议。"第十七条规定："对于有关妇女权益保障工作的批评或者合理可行的建议，有关部门应当听取和采纳；对于有关侵害妇女权益的申诉、控告和检举，有关部门应当查清事实，负责处理，任何组织或者个人不得压制或者打击报复。"从法条中可以看出，妇女有权对国家机关提出女性权益保障方面的意见和建议，对这些批评和合理建议，有关部门应当听取和采纳，任何组织或个人不得压制或者打击、报复。

具体而言，我国公民在保障女性权益方面依法享有批评、建议、申诉、控告、检举等权利。"批评权"是指公民对有关部门在保障女性权益方面的不足之处，有提出不同意见和批评的权利；"建议权"是指公民对有关部门在保障女性权益方面的举措，有提出合理化建议的权利；"申诉权"是指公民对因行政、司法等机关错误或违法的决定、判决，或因国家工作人员的违法失职等行为，致使他或他的亲属的合法权益受到损害时，有权向有关部门提出改正或撤销决定、判决或赔偿损失的请求；"控告权"是指公民对任何国家机关和国家工作人员的违法失职行为，或工作中的疏忽大意及其他不正当行为，有向有关机关进行揭发和指控，要求制裁有关部门和工作人员的权利；"检举权"是指公民对违法失职的国家机关和国家工作人员，有向有关机关揭发事实，请求依法处理的权利。

同时，《中华人民共和国妇女权益保障法》第八十四条第一款规定："违反本法规定，对侵害妇女权益的申诉、控告、检举，推诿、拖延、压制不予查处，或者对提出申诉、控告、检举的人进行打击报复的，依法责令改正，并对直接负责的主管人员和其他直接责任人员给予处分。”第八十五条规定：“违反本法规定，侵害妇女的合法权益，其他法律、法规规定行政处罚的，从其规定；造成财产损失或者人身损害的，依法承担民事责任；构成犯罪的，依法追究刑事责任。”

这意味着，对于为了女性权益保障而提出的批评、建议、申诉、控告、检举等行为，违反法律规定不予查处，或者打击报复的，需依法改正，并对直接负责的主要管理人员和其他直接责任人员给予处分，构成犯罪的，还要依法追究刑事责任。

14. 妇女议事会是什么？具体包括哪些权利？都有什么作用？

妇女议事会主要是在基层党组织领导下，由妇联组织牵头，以村或社区的妇联执委为骨干，以普通妇女群众为主要议事群体的一种议事形式。通过妇女议事会，组织、引导、带动普通女性群众参与到涉及本地区女性切身利益的大事、实事的协商议事之中、参与到公共事务的管理中，更多地表达自己的诉求。

妇女议事会的内容主要包括：本村或本社区村规民约、居民公约的制定与修改；有关女性权益事项，例如，本村或本社区涉及女性切身利益的热点、难点问题和实际困难，以及女性群众反映强烈的“急”“难”“愁”“盼”问题，本村或本社区的大事、实事，本村或本社区对涉及女性权益的法律法规以及男女平等基本国策的实施的情况及遇到的困难和问题，妇联组织的重点工作在本村或本社区的落实情况等。

建立妇女协商议事制度，一方面，有利于提高和培养女性的民主参与意识，引导女性群众通过协商议事来提出和解决问题，有序地参与到社会治理中，同时也能提升女性的自我服务、自我管理水平，带动女性群众投身到乡村振兴战略的实施和和谐社区的建设中。另一方面，它能够推动女性极关心、与女性联系极直接的实际问题得到有效发现和解决，有利于在基层事务中贯彻落实男女平等的基本国策，真正维护好女性的合法权益。

2015年，中央办公厅、国务院办公厅印发《关于加强城乡社区协商的意见》，对城乡社区协商作出整体部署，明确要求“注重发挥群团组织和社会工作者的优势，协助动员和组织居民群众参与协商”“拓展协商形式……以……妇女之家等为平台，开展灵活多样的协商活动”。2016年，全国妇联将“普遍建立妇女议事会，组织妇女开展市民公约、乡规民约制定修订等议事协商活动”作为基层妇联改革的重要任务之一。[①]2019年，中共中央办公厅、国务院办公厅印发《关于加强和改进乡村治理的指导意见》，更是再次明确支持女性开展协商议事活动。本次修订的《中华人民共和国妇女权益保障法》中，也在第十六条、第十七条明确规定了“妇女联合会代表妇女积极参与国家和社会事务的民主协商、民主决策、民主管理和民主监督”、“对于有关妇女权益保障工作的批评或者合理可行的建议，有关部门应当听取和采纳；对于有关侵害妇女权益的申诉、控告和检举，有关部门应当查清事实，负责处理，任何组织和个人不得压制或者打击报复”，即意在鼓励更广大女性能够通过妇联组织，更多地参与到公共事务中。

15. 女性的文化教育权益包括哪些?

根据《中华人民共和国宪法》的规定，公民有受教育的权利以及进行科学研究、文学艺术创作和其他文化活动的权利。

为了保障公民上述权利的实现，《中华人民共和国宪法》第四十七条规定：“中华人民共和国公民有进行科学研究、文学艺术创作和其他文化活动的自由。国家对于从事教育、科学、技术、文学、艺术和其他文化事业的公民的有益于人民的创造性工作，给以鼓励和帮助。”同时，《中华人民共和国妇女权益保障法》第三十五条规定：“国家保障妇女享有与男子平等的文化教育权利。”

---

① 参见《中共中央办公厅印发〈全国妇联改革方案〉》，载新华网，http://www.xinhuanet.com//politics/2016-09/21/c_1119601327.htm，最后访问时间 :2023年2月23日。

妇女享有的文化教育权益，主要包括：

（1）接受并完成义务教育的权利。

根据《中华人民共和国妇女权益保障法》第三十六条的规定，父母或者其他监护人应当履行保障适龄女性未成年人接受并完成义务教育的义务，对无正当理由不送适龄女性未成年人入学的父母或者其他监护人，由当地乡镇人民政府或者县级人民政府教育行政部门给予批评教育，依法责令其限期改正，如果父母或其他监护人仍拒绝将孩子送回学校的，当地乡政府等组织、机构，可以对其下发行政处罚，也可以将其诉至法院，由法院判决其将孩子送回，若其仍不送回，则可能触犯拒不执行判决裁定罪，而受到刑事处罚。

同时，政府、学校也应当采取有效措施，解决适龄女性未成年人就学存在的实际困难，并创造条件，保证适龄女性未成年人完成义务教育，例如对残疾适龄女性未成年人开展随班就读、送教上门、远程教育等。

（2）在入学、升学、授予学位、派出留学、就业指导和服务等方面，享有与男子平等的权利。

根据《中华人民共和国妇女权益保障法》第三十七条的规定，学校在录取学生时，除国家规定的特殊专业外，不得以性别为由拒绝录取女性或者提高对女性的录取标准，同时，各级人民政府也应当采取措施，保障女性平等享有接受中高等教育的权利和机会。本次修法，特别限缩了特殊专业的划分主体，将特殊专业的划分权收归至国家层面。

（3）接受扫盲教育的权利。

根据《中华人民共和国妇女权益保障法》第三十八条的规定，各级人民政府应当依照规定，把扫除女性中的文盲、半文盲工作，纳入扫盲和扫盲后继续教育规划，采取符合女性特点的组织形式和工作方法，组织、监督有关部门具体实施，例如，组织开展“巾帼扫盲行动”“女子夜校”等活动。

（4）接受职业教育和技术培训的权利。

根据《中华人民共和国妇女权益保障法》第三十九条的规定，国家健全全民终身学习体系，为女性终身学习创造条件。各级人民政府和有关部门应当采取措施，根据城镇和农村女性的需要，组织女性接受职业教育和实用技术培训，如妇联组织开展的女性就业技能培训班、职业技能提升班等。

（5）从事科学、技术、文学、艺术和其他文化活动的权利。

根据《中华人民共和国妇女权益保障法》第四十条的规定，国家机关、社会团体和企业事业单位应当执行国家有关规定，保障女性从事科学、技术、文学、艺术和其他文化活动，享有与男子平等的权利。

16. 父母不让女儿上初中，合法吗？遇到这样的问题该怎么办？

要点快答

父母的行为不合法，发现此类问题的人员以及受害者可以向当地乡镇人民政府、县级人民政府教育行政部门、居民委员会、村民委员会、学校等组织和机构寻求帮助。

案情简介[①]

小陆和小苏是一对夫妻，两人生了一个女儿，取名小美。

小陆觉得哪怕女儿读很多书，满腹经纶，也不一定能找个好工作，况且女儿终究是要嫁人的，无须投资太多。因此，在小美刚能干得动农活的初二暑假，小陆便不许她再去上学了。

开学后，学校发现小美迟迟没来报到。老师家访却被小陆赶了出来。学校无奈，将这件事报给了乡政府和村委会。尽管乡政府及辖区教管中心、村委会、学校的工作人员多次上门对小陆夫妇进行劝导和教育，甚至学校还承诺发放教育资助金来帮小陆缓解因供小美上学带来的经济压力，但脾气执拗

① 本书收录的案例为作者根据工作、研究经验，为具体说明相关法律问题，编辑加工而得。未特别标明来源的，均为此类案例，下文不再一一标记。案例中的当事人已进行隐名或化名处理。

的小陆说什么也不肯让女儿小美再去读书，还说自己的孩子自己做主，谁也管不着。

小陆的行为合法吗？小美到底该怎么办？

律师说法

小陆不让未成年子女读书的行为是不合法的，小美可以向当地乡镇人民政府、县级人民政府教育行政部门、居民委员会、村民委员会、妇女联合会、学校等组织和机构寻求帮助。

根据《中华人民共和国妇女权益保障法》等相关法律法规的规定，对无正当理由不送适龄未成年女性入学的父母或者其他监护人，当地乡镇人民政府或者县级人民政府教育行政部门可以对其给予批评教育，并依法责令其限期改正。如果父母或其他监护人仍拒绝将孩子送回学校，当地乡镇人民政府等组织、机构，可以对其下发行政处罚，也可以将其诉至法院，由法院判决其将孩子送回学校，若其仍不送回，可能触犯拒不执行判决裁定罪，而受到刑事处罚。

律师支招

若未成年子女的监护人均不让其接受义务教育，子女可以向当地乡镇人民政府、县级人民政府教育行政部门、居民委员会、村民委员会、学校等组织和机构寻求帮助，由这些组织、机构对监护人进行劝阻、教育或提起诉讼。

若父母离异，直接抚养子女的一方不让子女接受义务教育，另一方可以向上述组织、机构求助，也可以自行向法院起诉，要求法院出具家庭教育令，或要求变更抚养权。

公安机关、人民检察院、人民法院在办理案件过程中，如果发现未成年人的父母或者其他监护人不正确实施家庭教育，侵害未成年人合法权益的，可以根据情况，对父母或者其他监护人予以训诫，并可以责令其接受家庭教育指导。

关联规定

《中华人民共和国妇女权益保障法》

第三十六条 父母或者其他监护人应当履行保障适龄女性未成年人接受并完成义务教育的义务。

对无正当理由不送适龄女性未成年人入学的父母或者其他监护人，由当地乡镇人民政府或者县级人民政府教育行政部门给予批评教育，依法责令其限期改正。居民委员会、村民委员会应当协助政府做好相关工作。

政府、学校应当采取有效措施，解决适龄女性未成年人就学存在的实际困难，并创造条件，保证适龄女性未成年人完成义务教育。

《中华人民共和国民法典》

第二十六条 父母对未成年子女负有抚养、教育和保护的义务。

成年子女对父母负有赡养、扶助和保护的义务。

《中华人民共和国未成年人保护法》

第十六条 未成年人的父母或者其他监护人应当履行下列监护职责：

（一）为未成年人提供生活、健康、安全等方面的保障；

（二）关注未成年人的生理、心理状况和情感需求；

（三）教育和引导未成年人遵纪守法、勤俭节约，养成良好的思想品德和行为习惯；

（四）对未成年人进行安全教育，提高未成年人的自我保护意识和能力；

（五）尊重未成年人受教育的权利，保障适龄未成年人依法接受并完成义务教育；

（六）保障未成年人休息、娱乐和体育锻炼的时间，引导未成年人进行有益身心健康的活动；

（七）妥善管理和保护未成年人的财产；

（八）依法代理未成年人实施民事法律行为；

（九）预防和制止未成年人的不良行为和违法犯罪行为，并进行合理管教；

（十）其他应当履行的监护职责。

第十七条　未成年人的父母或者其他监护人不得实施下列行为：

（一）虐待、遗弃、非法送养未成年人或者对未成年人实施家庭暴力；

（二）放任、教唆或者利用未成年人实施违法犯罪行为；

（三）放任、唆使未成年人参与邪教、迷信活动或者接受恐怖主义、分裂主义、极端主义等侵害；

（四）放任、唆使未成年人吸烟（含电子烟，下同）、饮酒、赌博、流浪乞讨或者欺凌他人；

（五）放任或者迫使应当接受义务教育的未成年人失学、辍学；

（六）放任未成年人沉迷网络，接触危害或者可能影响其身心健康的图书、报刊、电影、广播电视节目、音像制品、电子出版物和网络信息等；

（七）放任未成年人进入营业性娱乐场所、酒吧、互联网上网服务营业场所等不适宜未成年人活动的场所；

（八）允许或者迫使未成年人从事国家规定以外的劳动；

（九）允许、迫使未成年人结婚或者为未成年人订立婚约；

（十）违法处分、侵吞未成年人的财产或者利用未成年人牟取不正当利益；

（十一）其他侵犯未成年人身心健康、财产权益或者不依法履行未成年人保护义务的行为。

第八十三条　各级人民政府应当保障未成年人受教育的权利，并采取措施保障留守未成年人、困境未成年人、残疾未成年人接受义务教育。

对尚未完成义务教育的辍学未成年学生，教育行政部门应当责令父母或者其他监护人将其送入学校接受义务教育。

《中华人民共和国家庭教育促进法》

第四十九条　公安机关、人民检察院、人民法院在办理案件过程中，发现未成年人存在严重不良行为或者实施犯罪行为，或者未成年人的父母或者其他监护人不正确实施家庭教育侵害未成年人合法权益的，根据情况对父母或者其他监护人予以训诫，并可以责令其接受家庭教育指导。

17. 入学、升学方面的性别歧视有哪些表现？遇到这样的问题该怎么办？

要点快答

例如，学校在招生中，私自限制招收女性的比例、数量，提高女性录取的分数；在派遣留学生时，擅自提高对女性留学人员的派遣标准、以性别为由拒绝派遣女性留学人员；在授予学位时，擅自以性别为由拒绝授予女性学位、提高女性授予学位的标准等都属于性别歧视。遇到这些情况，要依法维护自己的权利。

案情简介

小萌从小就喜欢书法，考研时，她便报考了一个与书法相关的专业，该专业只招4个人。小萌的笔试成绩很不错，排名第一，因此，虽然面试时发挥一般，但小萌对能顺利通关仍是信心满满。

到了放榜日，小萌却出乎意料地落选了。

不敢相信的小萌申请查询成绩。结果显示，小萌的综合成绩排名第三，但因为该专业将男女录取比例设置为1:1，而排在前两名的刚好都是女生，所以小萌落榜了。

小萌觉得学校设置男女录取比例的行为有违男女平等原则，是歧视女性的行为，但学校答复说，学校有权设置专业的性别录取比例，且将该专业录取比例设置为1:1，为男女入学提供了均等的机会，并没有违反男女平等原则。

那么，将入学的性别比例设置成1:1，算不算是性别歧视呢？

律师说法

该校私自设置男女录取比例，即使设置为1:1，也是有违男女平等原则、歧视女性的违法行为。

在《中华人民共和国妇女权益保障法》修订前，学校的确是能够根据具体情况，在某些特殊专业中设置男女录取比例的，本次修法后，界定何为“特殊专业”的权利被收归国家，学校在录取学生时，除国家规定的特殊专业外，是不得以性别为由拒绝录取女性，或者提高对女性的录取标准的。

律师支招

遇到此类情况，有以下几种解决途径：

（1）向教育主管部门提出控告或检举。

（2）向妇女联合会等群团组织求助。妇联等群团组织接到求助后，有权要求并协助有关部门或者单位查处，有关部门或者单位应当依法查处，并予以答复。

（3）拨打12338妇女维权公益服务热线，对学校进行投诉、举报。热线在受理投诉、举报后，会转至有关部门或者单位，有关部门或者单位接到转介后，应当及时予以处置。

（4）向法院提起诉讼。

关联规定

《中华人民共和国妇女权益保障法》

第三十七条　学校和有关部门应当执行国家有关规定，保障妇女在入学、升学、授予学位、派出留学、就业指导和服务等方面享有与男子平等的权利。

学校在录取学生时，除国家规定的特殊专业外，不得以性别为由拒绝录取女性或者提高对女性的录取标准。

各级人民政府应当采取措施，保障女性平等享有接受中高等教育的权利和机会。

18. 学校可以开除不听话的“问题”学生吗?

要点快答

一般情况下，在义务教育阶段，学校不可以开除有不良行为的未成年学生。

案情简介

小苏刚读初二，是学校出了名的“女霸王”。她上课时喧哗捣乱，影响其他同学学习，下课时则带着一帮“兄弟”横行霸道，欺负低年级的同学。老师教育她，她便跟老师顶嘴，甚至扬言要让自己的“兄弟”把不知好歹的老师揍一顿。学校曾找小苏的父母谈话，但小苏的父母表示自己管不了，而且本来也不想让小苏这么一个女孩子读太多书，学校要是管不住，就把小苏开除了，让她早点出去打工赚钱。

在又一次打群架之后，忍无可忍的校长决定开除小苏。

那么，学校可以开除不听话的“问题”学生吗?

律师说法

对在学校接受义务教育的未成年学生，如果他们存在不良行为，即使是严重的不良行为，也是不能开除的，而应当由孩子的父母或其他监护人与学校配合管教，如果实在无力管教，或者管教无效的，可以向教育行政部门提出申请，经专门教育指导委员会评估同意后，由教育行政部门决定送入专门学校接受专门教育。

如果未成年人因违法犯罪行为被拘留、逮捕以及在未成年犯管教所执行刑罚，而没有完成义务教育的，公安、检察院、法院、司法行政部门应当与教育行政部门相互配合，保证其复学，继续接受义务教育。

关联规定

《中华人民共和国妇女权益保障法》

第三十六条　父母或者其他监护人应当履行保障适龄女性未成年人接受并完成义务教育的义务。

对无正当理由不送适龄女性未成年人入学的父母或者其他监护人，由当地乡镇人民政府或者县级人民政府教育行政部门给予批评教育，依法责令其限期改正。居民委员会、村民委员会应当协助政府做好相关工作。

政府、学校应当采取有效措施，解决适龄女性未成年人就学存在的实际困难，并创造条件，保证适龄女性未成年人完成义务教育。

《中华人民共和国未成年人保护法》

第二十八条　学校应当保障未成年学生受教育的权利，不得违反国家规定开除、变相开除未成年学生。

学校应当对尚未完成义务教育的辍学未成年学生进行登记并劝返复学；劝返无效的，应当及时向教育行政部门书面报告。

《中华人民共和国义务教育法》

第二十七条　对违反学校管理制度的学生，学校应当予以批评教育，不得开除。

《中华人民共和国预防未成年人犯罪法》

第四十三条　对有严重不良行为的未成年人，未成年人的父母或者其他监护人、所在学校无力管教或者管教无效的，可以向教育行政部门提出申请，经专门教育指导委员会评估同意后，由教育行政部门决定送入专门学校接受专门教育。

第五十三条 对被拘留、逮捕以及在未成年犯管教所执行刑罚的未成年人，应当与成年人分别关押、管理和教育。对未成年人的社区矫正，应当与成年人分别进行。

对有上述情形且没有完成义务教育的未成年人，公安机关、人民检察院、人民法院、司法行政部门应当与教育行政部门相互配合，保证其继续接受义务教育。

19. 女性可以通过哪些方式接受职业教育和技术培训?

要点快答

女性可以直接进入中、高等职业学校学习；参加短期职业培训班、妇女就业提升班或是下岗女工再就业培训班等来接受职业教育和技术培训。对于农村妇女而言，接受实用技术培训也是一种常见途径。

相关实践

1. 上海市设立女子职业技术培训中心

上海市女子职业技术培训中心专注于上海女性就业技能培训及外来务工人员技能培训。中心的培训项目容纳了许多适合女性从事的专业工种：家政服务、母婴护理、育婴员、艺术插花、养老护理、保育员和健康照护等。[①]

2. 江苏省无锡市惠山区妇女联合会开展下岗妇女再就业培训班[②]

2018 年，江苏省无锡市惠山区为解决失业妇女下岗再就业问题，街道妇

---

① 参见《打造汇课堂十大体验中心，邀请您参与》，载徐汇工会微信公众号（上海市徐汇区总工会官方平台，2021 年 6 月 8 日），https://mp.weixin.qq.com/s/rj0BTPXoLRbfHBgSjfk8Zg，最后访问时间：2023 年 2 月 23 日。

② 《堰桥街道妇联开展失业下岗妇女就业培训班》，载惠山女性微信公众号（无锡市惠山区妇女联合会官方平台，2018 年 11 月 4 日），https://mp.weixin.qq.com/s/SO3vyx8LmlvmCwh6iO795g，最后访问时间：2022 年 12 月 31 日。

联联合工会开设下岗妇女月嫂培训班。惠山区妇联邀请市妇幼保健院专职健康教育副主任护师以十期课程的形式开展母婴护理的短期培训。参加短期培训班的下岗妇女纷纷表示提升了职业技能，未来职业方向更加清晰了。

3. 安徽省六安市裕安区妇女联合会开展农村实用技术培训

2021年，为提升农村妇女创业与科技致富能力，积极响应国家乡村振兴战略的号召，安徽省六安市裕安区妇联针对辖区内40个村子[①]，主要就农产品特色栽培与养殖技术，开展了农村实用技术培训活动。参加培训的妇女人数达上千人。该培训极大拓宽了农村妇女的视野，传播了许多可以直接投入使用的技术，对农村妇女掌握劳动技能、未来灵活就业产生重要作用。

关联规定

《中华人民共和国妇女权益保障法》

第三十九条　国家健全全民终身学习体系，为妇女终身学习创造条件。

各级人民政府和有关部门应当采取措施，根据城镇和农村妇女的需要，组织妇女接受职业教育和实用技术培训。

其他参考资料

《"十四五"职业技能培训规划》

三、健全完善终身职业技能培训体系

……

（六）强化重点群体就业技能培训。

……

做好其他群体就业技能培训工作。做好妇女职业技能培训，组织适合女

① 《【乡村振兴　巾帼行动】区妇联开展农村妇女实用技能培训》，载裕安女性微信公众号（六安市裕安区妇女联合会官方平台，2021年9月24日），https://mp.weixin.qq.com/s/MhlJ9GdIG60MLT-iVIWwcw，最后访问时间：2022年12月31日。

性就业的育婴、家政等急需紧缺职业培训和编织、手工制作等专项技能培训。结合失业人员特点，提供有针对性的就业创业指导、就业技能培训等就业服务，提升转岗就业技能和创业能力。

……

《中国妇女发展纲要（2021—2030年）》

二、发展领域、主要目标和策略措施

……

（二）妇女与教育

策略措施：

……

6. 促进女性接受高质量职业教育。完善学历教育与培训并重的现代职业教育体系，优化专业设置，提供多种学习方式，支持女性获得职业技能等级证书，培养复合型技术技能女性人才和能工巧匠、大国工匠。鼓励职业院校面向高校女毕业生、女农民工、去产能分流女职工等重点人群开展就业创业和职业技能培训。

……

10. 为女性终身学习提供支持。建立完善更加开放灵活的终身学习体系，完善注册学习、弹性学习和继续教育制度，拓宽学历教育渠道，满足女性多样化学习需求，关注因生育中断学业和职业女性的发展需求。建立健全国家学分银行和学习成果认定制度。扩大教育资源供给，为女性提供便捷的社区和在线教育，为进城务工女性、女性新市民、待业女性等提供有针对性的职业技能培训。

……

20. 未成年的残疾女性，该如何完成义务教育？

要点快答

因残疾不适宜到校就读的，学校可以通过送教上门、远程教育等方式，对其实施义务教育，并纳入学籍管理。可以到校入学的，随班就读。

案情简介

小罗因车祸不幸下肢瘫痪，父母为其申请了休学治疗。其间，小罗多次提出想回学校读书，但父母都以工作忙没时间接送、担心小罗在学校不方便等理由拒绝了。休学期满后，小罗的父母没有再向学校申请延长休学的时间，学校也没有再来过问小罗的情况。

那么，小罗应该怎么做，才能重新回到学校呢？父母和学校的做法合法吗？

律师说法

小罗的父母不让小罗完成义务教育、学校未积极组织劝返复学，这些行为都是违法的。

根据《中华人民共和国妇女权益保障法》等相关法律法规的规定，对无正当理由不送适龄女性未成年人入学的父母或者其他监护人，当地乡镇人民政府或者县级人民政府教育行政部门可以对其给予批评教育，并依法责令其限期改正。如果父母或其他监护人仍拒绝将孩子送回学校，当地乡政府等组织、机构，可以对其下发行政处罚，也可以将其诉至法院，由法院判决其将孩子送回，若其仍不送回，可能触犯拒不执行判决裁定罪，而受到刑事处罚。

“控辍保学”是指控制学生辍学、流失，保证义务教育阶段学生入学就读，接受义务教育，这一直是各地政府的工作重点。各级教育督导部门对不正确实施控辍保学的，需进行约谈和通报，并实行控辍保学督导检查结果公告、限期整改和责任追究制度，对主要责任人、直接责任人予以责令检查、约谈、通报批评、组织处理、处分，对控辍保学工作中发现的弄虚作假、官僚主义、形式主义等问题线索，还可移送至各级纪检监察部门。

律师支招

小罗可以向当地检察院、公安、法院、乡镇人民政府、县级人民政府教育行政部门、居民委员会、村民委员会、妇女联合会、学校等组织和机构寻求帮助。

关联规定

《中华人民共和国妇女权益保障法》

第三十六条 父母或者其他监护人应当履行保障适龄女性未成年人接受并完成义务教育的义务。

对无正当理由不送适龄女性未成年人入学的父母或者其他监护人，由当地乡镇人民政府或者县级人民政府教育行政部门给予批评教育，依法责令其限期改正。居民委员会、村民委员会应当协助政府做好相关工作。

政府、学校应当采取有效措施，解决适龄女性未成年人就学存在的实际困难，并创造条件，保证适龄女性未成年人完成义务教育。

《国务院办公厅关于进一步加强控辍保学提高义务教育巩固水平的通知》

11. 建立控辍保学动态监测机制。各地各校要利用中小学生学籍信息管理系统（以下简称学籍系统）做好辍学学生标注登记工作，并确保学籍系统信息与实际一致。各级教育部门要加强学生失学辍学情况监测，把农村、边远、贫困、民族地区和流动人口相对集中地区等作为重点监测地区，把初中作为重点监测学段，把流动、留守、残疾、家庭经济困难适龄儿童少年与服刑人员未成年子女作为重点监测群体。教育部、公安部要建立学籍系统和国家人口基础信息库比对核查机制，及时发现未入学适龄少年儿童。各级教育部门和残联组织、安置帮教机构要共同核查未入学适龄残疾儿童少年、服刑人员未成年子女数据，安排他们以合适形式接受义务教育并纳入学籍管理，同时防止空挂学籍和中途辍学。

第二章

人身与人格权益

21. 在公共场合辱骂、殴打妇女的，应承担何种法律责任?

要点快答

根据辱骂、殴打妇女的具体情况，行为人可能会面临不同程度的民事责任、行政责任乃至刑事责任。

案情简介

小芳发现，丈夫大明最近的行为有些反常。出于女性的直觉，小芳觉得大明一定有事瞒着她，便开始暗中打探。

某天，小芳来到大明公司楼下，看到了让她难以接受的一幕：大明挽着一个身材高挑的女人，两人一路说说笑笑。小芳一时间怒火中烧，拼命压制想要上前质问的冲动。回到家后，她装作无事发生，趁着大明忘记把手机锁屏，打开了他的微信，在近期聊天对象中找到了那天看到的女子，并偷偷拍下了他们的聊天记录。

确定了他们下一次的出行地点后，小芳通知了自己的朋友和弟弟，准备给他们一个教训。这天，大明和那名女子一起出游，突然遇到小芳一行人，他瞬间愣在了原地。小芳和同伴不停地使用言语辱骂那名女子，几人发生了激烈的肢体冲突。随后，小芳一行人将其衣物撕毁，使对方衣不遮体，同时采取拖行、抓扯等方式殴打对方，导致其身体受伤。旁边围观的人群也不断对被拖行在地的那名女子指指点点，并有人拿出手机拍摄视频。

这件事结束后不久，小芳就向大明提出了离婚。本以为离婚就已经是收场了，没曾想小芳却接到了法院传票，上面赫然写明其作为健康权纠纷一案的被告，应准时出席庭审。原来，那个被小芳报复的女子把她告上了法庭，要求赔偿医药费、误工费、营养费等，并赔礼道歉。

律师说法

本案为生命权、身体权、健康权纠纷。被告小芳对原告造成了人身损害，应当赔偿其医疗费、护理费、交通费、营养费、住院伙食补助费以及因误工减少的收入。另外，被告在公共场合对原告进行辱骂，事发当天围观人数较多，且不少人使用手机拍照、录视频后在互联网进行传播，给原告的社会评价造成明显不良影响，理应向原告赔礼道歉。

根据《中华人民共和国妇女权益保障法》和《中华人民共和国民法典》的相关规定，妇女的生命权、身体权、健康权、名誉权不受侵犯，他人不得以任何理由、通过任何形式辱骂、侮辱、殴打妇女。因此，在上述案例中，即便一方存在明显的道德瑕疵，另一方也不得通过公然贬低他人人格、破坏他人名誉的方式进行报复。

对于在公共场合辱骂、殴打女性的，不仅有损其人格尊严和社会评价，而且会给他人造成身体损害、威胁生命健康。情节严重的，还可能会面临刑事责任的承担。

律师支招

近年来，因婚恋矛盾产生的纠纷屡见不鲜。对于婚姻中的无过错方而言，要通过合法、合理的方式让对方承担责任，得到应有的处罚。

《中华人民共和国民法典》自颁布以来，将“其他重大过错”列入了离婚损害赔偿的范围内。基于此，如果一方的出轨行为可以被认定为重大过错，那么无过错方可以主张离婚损害赔偿，也可以要求对方少分或者不分夫妻共同财产。

法律保护每个人的人格尊严和生命健康，切忌采取违法手段“非法”维权。

关联规定

《中华人民共和国妇女权益保障法》

第二十条　妇女的人格尊严不受侵犯。禁止用侮辱、诽谤等方式损害妇女的人格尊严。

第二十一条　妇女的生命权、身体权、健康权不受侵犯。禁止虐待、遗弃、残害、买卖以及其他侵害女性生命健康权益的行为。

禁止进行非医学需要的胎儿性别鉴定和选择性别的人工终止妊娠。

医疗机构施行生育手术、特殊检查或者特殊治疗时，应当征得妇女本人同意；在妇女与其家属或者关系人意见不一致时，应当尊重妇女本人意愿。

《中华人民共和国民法典》

第九百九十条　人格权是民事主体享有的生命权、身体权、健康权、姓名权、名称权、肖像权、名誉权、荣誉权、隐私权等权利。

除前款规定的人格权外，自然人享有基于人身自由、人格尊严产生的其他人格权益。

第九百九十五条　人格权受到侵害的，受害人有权依照本法和其他法律的规定请求行为人承担民事责任。受害人的停止侵害、排除妨碍、消除危险、消除影响、恢复名誉、赔礼道歉请求权，不适用诉讼时效的规定。

《中华人民共和国刑法》

第二百四十六条　以暴力或者其他方法公然侮辱他人或者捏造事实诽谤他人，情节严重的，处三年以下有期徒刑、拘役、管制或者剥夺政治权利。

前款罪，告诉的才处理，但是严重危害社会秩序和国家利益的除外。

通过信息网络实施第一款规定的行为，被害人向人民法院告诉，但提供证据确有困难的，人民法院可以要求公安机关提供协助。

22. 分手后，对方传播女方个人信息、恶意中伤女方的，女方应如何维权？

要点快答

传播女方个人信息、恶意中伤女方的，是侵犯他人隐私权、名誉权的行为，受害人可以以侵犯隐私权、名誉权纠纷为由向法院起诉，要求对方承担相应的法律责任。

案情简介

小伟和小雪最初是通过某社交平台相识相恋的。随着交往时间越来越长，小雪发现小伟竟然有暴力倾向，经常通过打砸家具、辱骂小雪的方式发泄情绪。小雪觉得无法与小伟继续相处下去，便提出了分手，随后搬出了两人一同居住的房屋。

就在小雪准备重回单身生活时，却接到了朋友打来的电话，对方语气十分焦急，让她马上去看小伟的社交账号。按照朋友的指示，小雪找到了小伟的账号，看到他所发布的内容后，小雪感觉天都要塌了。

原来，小伟在和小雪分手后，便将她的姓名、户籍地址、工作单位及居住地、个人照片等私人信息发布到网上，同时曝光了两人在恋爱期间的私密聊天记录，并编造不实信息，把小雪塑造成一个“从事色情表演、骗取他人钱财”的非法从业人员。

看到这些，小雪气得浑身发抖，马上打电话要求小伟删除这些内容。没想到，小伟不但没有删除，反而变本加厉，又将这些内容发布到其他平台，并进一步夸张渲染，让更多的人看到了这些不实传闻。一时间，小雪的社交账号里涌入了无数辱骂信息，不断有人打电话、发短信对她进行骚扰，对她的生活、工作造成严重不良影响。无奈之下，小雪只能一直请假在家。

经过慎重考虑，小雪以侵犯隐私权、名誉权纠纷为由向法院起诉，要求小伟马上删除有关内容，公开向她赔礼道歉，并赔偿其直接损失及精神损失费共计5万余元。

律师说法

本案中，小伟多次在社交平台频繁发表针对小雪的不当言论，用讥讽、谩骂的措辞对其进行贬损，捏造不实信息并进行散布，使小雪的社会评价降低，对她的名誉权造成了极大损害。另外，小伟还发布了小雪的户籍地址、居住地、身份证号及手机号、社交账号等个人信息，严重侵犯了她的隐私权。

基于上述事实，根据小伟的过错程度，侵权行为的时间、范围、影响等因素，小伟不仅要向小雪公开道歉，而且要赔偿精神损害抚慰金、误工费、医疗费、公证费等一系列因侵权产生的费用。

律师支招

在日常生活中，因恋爱纠纷而产生的侵权行为，尤其以人格、人身侵权为甚。

如果在现实中遇到这种情况，男方恶意传播女方个人信息、恶意诽谤中伤女方，给其名誉造成严重不良影响，有碍于正常生活、工作的，受害女性应及时固定相关证据，向法院提起诉讼，通过法律途径维护自己的权益。

对于情节严重、给受害女性造成极大精神损害的，受害女性不仅可以主张相应的侵权损害赔偿，还可以要求对方支付精神抚慰金，法院会根据具体案情来决定赔偿金额的多少。

关联规定

《中华人民共和国妇女权益保障法》

第二十条　妇女的人格尊严不受侵犯。禁止用侮辱、诽谤等方式损害妇女的人格尊严。

《中华人民共和国民法典》

第一千零二十四条 民事主体享有名誉权。任何组织或者个人不得以侮辱、诽谤等方式侵害他人的名誉权。

名誉是对民事主体的品德、声望、才能、信用等的社会评价。

第一千零三十二条 自然人享有隐私权。任何组织或者个人不得以刺探、侵扰、泄露、公开等方式侵害他人的隐私权。

隐私是自然人的私人生活安宁和不愿为他人知晓的私密空间、私密活动、私密信息。

第一千零三十四条 自然人的个人信息受法律保护。

个人信息是以电子或者其他方式记录的能够单独或者与其他信息结合识别特定自然人的各种信息，包括自然人的姓名、出生日期、身份证件号码、生物识别信息、住址、电话号码、电子邮箱、健康信息、行踪信息等。

个人信息中的私密信息，适用有关隐私权的规定；没有规定的，适用有关个人信息保护的规定。

23. 公开传播妇女的隐私照片和视频，应当承担哪些法律责任？

要点快答

对于公开传播妇女隐私照片和视频的，不仅要面临公安机关的行政处罚，还要承担相应的民事法律责任。

案情简介

某日，小琳突然收到一个陌生人的微信好友申请，对方声称捡到了她以前用的手机，里面存了一些“不能给别人看”的照片，如果不想照片被泄露，就必须按他的要求做。

看到这些威胁的语句，小琳脑海里隐隐浮现出一个人——早已分手的前男友小铭，因为那些所谓“不能公开”的照片，她也只跟小铭在恋爱期间拍过。于是，小琳直接和对方摊牌，点明了他的身份，要求其马上删除照片和视频，随后便拉黑了这个微信号。

本以为这场闹剧就这样结束了，不料小琳某位社交软件上的好友却突然告诉她，自己收到了她的不雅照片。小琳一下子慌了起来。由于要花费大量时间和精力处理此事，本来提上日程的婚礼只能暂时搁置，要续签的劳动合同也未能如期续签，小琳原本安稳的生活全被打乱了。

小琳选择前往公安机关进行报案。经过公安机关的调查，确认那个威胁她的陌生人就是其前男友小铭，并确认小铭通过社交平台私信的形式，大量散播小琳隐私照。因此，公安机关向小铭出具了行政处罚决定书：给予其500元的行政处罚。尽管前男友得到了惩罚，但小琳觉得这远远不能弥补他给自己带来的伤害。于是，在家人的鼓励下，小琳决定向法院起诉，要求小铭公开向自己道歉，并赔偿其精神损害抚慰金、名誉损失费共计2万元。

律师说法

本案中，原、被告分手两年后，被告先后注册了多个社交软件账号，通过上述平台向原告的社交好友发送其不雅照片，并使用恶俗、不当的词语对原告进行诋毁。被告不仅存有故意传播他人私密照片的主观恶意，还进行恶意评论，给原告的精神和生活都造成了极大伤害。虽然公安机关已经对被告进行了行政处罚，但是被告在这一侵权行为中明显存在过错。

据此，法院判决被告小铭应向原告小琳进行书面道歉，并支付其精神损害抚慰金、误工费、交通费等共计1万元。

律师支招

在身处一段恋爱关系时，女方一定要注重保护自己的个人隐私，切忌将个人信息等暴露给他人，避免对方以此为由进行威胁，或者恶意泄露相关内容，给自己带来困扰。

作为网络运营者，社交平台负有及时删除信息、防止信息扩散等义务。所以，如果遇到他人在社交平台恶意泄露自己个人隐私的，在保存好相关证据后，受害人可以先行联系平台删除相关内容，之后，再持有关证据前往公安机关处报警处理。公安机关会根据案件情况作出相应的行政处罚决定。

如果对方的行为过于恶劣，给自己的生活造成严重不良影响的，一定要敢于通过法律武器进行维权，让对方承担相应的侵权赔偿责任。

关联规定

《中华人民共和国妇女权益保障法》

第十八条 国家保障妇女享有与男子平等的人身和人格权益。

第二十八条 妇女的姓名权、肖像权、名誉权、荣誉权、隐私权和个人信息等人格权益受法律保护。

媒体报道涉及妇女事件应当客观、适度，不得通过夸大事实、过度渲染等方式侵害妇女的人格权益。

禁止通过大众传播媒介或者其他方式贬低损害妇女人格。未经本人同意，不得通过广告、商标、展览橱窗、报纸、期刊、图书、音像制品、电子出版物、网络等形式使用妇女肖像，但法律另有规定的除外。

第二十九条 禁止以恋爱、交友为由或者在终止恋爱关系、离婚之后，纠缠、骚扰妇女，泄露、传播妇女隐私和个人信息。

妇女遭受上述侵害或者面临上述侵害现实危险的，可以向人民法院申请人身安全保护令。

《中华人民共和国民法典》

第九百九十条 人格权是民事主体享有的生命权、身体权、健康权、姓名权、名称权、肖像权、名誉权、荣誉权、隐私权等权利。

除前款规定的人格权外，自然人享有基于人身自由、人格尊严产生的其他人格权益。

第九百九十一条 民事主体的人格权受法律保护，任何组织或者个人不得侵害。

第一千零三十二条 自然人享有隐私权。任何组织或者个人不得以刺探、侵扰、泄露、公开等方式侵害他人的隐私权。

隐私是自然人的私人生活安宁和不愿为他人知晓的私密空间、私密活动、私密信息。

24. 被强迫结婚，该怎么办？

要点快答

根据《中华人民共和国民法典》第一千零五十二条第一款的规定，因胁迫结婚的，受胁迫的一方可以向人民法院请求撤销婚姻。第一千零五十四条第一款规定，撤销婚姻后，双方的婚姻关系自始无效。

案情简介[①]

经过一轮又一轮的相亲，父母为小悦选中了家境优越、学识渊博的小明。尽管从小经常目睹父母间的争吵，小悦依然对爱情和婚姻抱有憧憬。期待丈夫能够用温柔、包容的态度来爱她。

两人刚认识不久，小明便多次向小悦求婚，但都遭到了她的拒绝。鉴于此，小明经常前往小悦家中及单位，试图以“自杀”要挟小悦与其结婚，这给小悦带来了极大困扰。在小悦父母眼中，小明家境殷实，还是家中独子，如果

① 北京市密云区人民法院（2021）京 0118 民初 2135 号民事判决书，载中国裁判文书网，https://wenshu.court.gov.cn/website/wenshu/181107ANFZ0BXSK4/index.html?docId=yV88v1QW8KG8tTTaeuqUrz19idYmGOA+tY8XpNkjA9GIYOcGCYAhxp/dgBYosE2ga7rZHofn41KJdLAiTxSzTVLYdZtDCZayWllbczIKweqW+Ey0sFHlm+p3pn+ap7Sp，最后访问时间：2022 年 10 月 18 日。

小悦能嫁给他，就不用为以后的生活发愁了。于是，小悦父母主动当起了小明的说客，甚至还拿走了小悦的手机和身份证件，将她关在房间，试图通过限制人身自由的方式让她服软。就这么过了半个多月，小悦无法正常生活和工作，无力和父母抗争，在小明又一次上门强迫她结婚时，无奈“同意”了他的要求，就这样去民政局办理了结婚登记。

虽然小悦和小明办理了结婚登记，但是小悦拒绝和小明共同生活。一开始，小明还愿意照顾她的想法，同意她在父母家中暂住一段时间。但一个月过去了，小悦的态度依然很坚决，小明便再次上门，双方起了争执，在推搡中，小悦身体局部瘀青。

第二天，小悦来到法院，以其办理婚姻登记是受小明胁迫为由要求法院撤销婚姻。

律师说法

我国遵循婚姻自由原则，结婚应当男女双方完全自愿。因胁迫而结婚的，受胁迫的一方可以向人民法院请求撤销婚姻。请求撤销婚姻的，应当自胁迫行为终止之日起一年内提出。

本案中，小悦主观上并不同意登记结婚，是小悦父母通过剥夺其人身自由的方式，加上小明以名誉、生命来要挟，迫使小悦违背个人真实意愿和小明办理了结婚登记，两人的婚姻关系是因胁迫订立，且未超过一年撤销婚姻的除斥期间，故法院最终判决撤销二人的婚姻关系。

律师支招

受传统观念影响，仍有一些父母习惯将子女的婚姻大事主导权掌握在手，希望子女能够按照他们的意愿选择结婚对象。但是，婚姻自由，任何人不得对此进行干涉。

《中华人民共和国妇女权益保障法》和《中华人民共和国民法典》都明确

规定，妇女的人身自由不受侵犯，禁止使用非法手段剥夺或者限制妇女的人身自由，更不能违背妇女个人意愿，迫使其结婚。

本案中，小悦面临的是来自两方的胁迫：父母试图以限制人身自由的方式强迫她结婚，小明则是以名誉、生命作为要挟筹码。就胁迫方式而言，不管是精神控制还是身体强制，只要对受胁迫者的意志产生了影响，使其违背本意而结婚的，都构成胁迫。受胁迫者可以依法向法院提起撤销婚姻之诉，要求法院撤销婚姻。

关联规定

《中华人民共和国妇女权益保障法》

第十九条　妇女的人身自由不受侵犯。禁止非法拘禁和以其他非法手段剥夺或者限制妇女的人身自由；禁止非法搜查妇女的身体。

《中华人民共和国民法典》

第一百零九条　自然人的人身自由、人格尊严受法律保护。

第一千零四十六条　结婚应当男女双方完全自愿，禁止任何一方对另一方加以强迫，禁止任何组织或者个人加以干涉。

第一千零五十二条　因胁迫结婚的，受胁迫的一方可以向人民法院请求撤销婚姻。

请求撤销婚姻的，应当自胁迫行为终止之日起一年内提出。

被非法限制人身自由的当事人请求撤销婚姻的，应当自恢复人身自由之日起一年内提出。

25. 提前进行胎儿性别鉴定违法吗?

要点快答

我国法律明确禁止进行非医学需要的胎儿性别鉴定和选择性别的人工终止妊娠。

律师说法

尽管经过观念普及，大多数家庭都不再重视胎儿性别，接受了“生儿生女都一样”的理念。但是在个别地区和家庭中，重男轻女的现象依然存在，也就滋生了进行非法胎儿性别鉴定的行业。

为了保障胎儿权益，降低因性别鉴定而导致的终止妊娠比率，我国法律明确将非医学需要的胎儿性别鉴定和选择性别的人工终止妊娠列入禁止行为，加大了对医疗机构和相关人员的打击力度，根据具体情况对其处以数倍不等的罚款，力图从源头上杜绝非法鉴定胎儿性别的行为。

关联规定

《中华人民共和国妇女权益保障法》

第二十一条 妇女的生命权、身体权、健康权不受侵犯。禁止虐待、遗弃、残害、买卖以及其他侵害女性生命健康权益的行为。

禁止进行非医学需要的胎儿性别鉴定和选择性别的人工终止妊娠。

医疗机构施行生育手术、特殊检查或者特殊治疗时，应当征得妇女本人同意；在妇女与其家属或者关系人意见不一致时，应当尊重妇女本人意愿。

《中华人民共和国人口与计划生育法》

第三十九条 严禁利用超声技术和其他技术手段进行非医学需要的胎儿性别鉴定；严禁非医学需要的选择性别的人工终止妊娠。

26. 怀孕生产时，发生意外情况到底该听谁的？

要点快答

在怀孕生产时，如果妇女本人与其家属或者关系人的意见不一致，应当以妇女本人的意愿为依据。

案情简介

小云和小明结婚后，公婆便搬到家中和他们一起居住。但是，小云怀孕以后，并没有得到一个孕妇应有的照顾，还经常承担繁重的家务劳动。

转眼间，距离小云的预产期仅剩不到一个月的时间。某天，小云下楼时不小心摔了一跤，造成大出血，情况十分危急。将小云送到医院后，小明和他的父母被医生告知，根据小云的情况需要进行手术生产。听到这里，小云的婆婆说："顺产对孩子好，女人不都是这么过来的嘛，我们不同意手术生产。"一边是躺在手术台上的妻子，另一边是强硬的母亲，小明陷入了犹豫。

情况危急，医生只得返回手术室，在征得小云本人的意见后，为其进行手术，最终母子平安。

律师说法

不仅是在影视剧作品中，在现实生活中，我们也曾听说过这种事情：孕妇因难产而生命垂危，丈夫却拒绝在手术同意单上签字。在无家属授权的情况下，医院无法进行手术，最终导致孕妇抢救无效死亡。

针对现实情况，《中华人民共和国妇女权益保障法》在本次修订中增加了一条规定，即医疗机构施行生育手术、特殊检查或者特殊治疗时，应当征得妇女本人同意，在妇女与其家属或者关系人意志不一致时，应尊重妇女本人意愿。这条规定明确将妇女的个人意愿作为医疗机构的救治原则，也是对于妇女生命权、身体权和健康权的一项有力保障。

律师支招

作为独立民事行为能力人，女性有权自由处分自己的生命权、身体权、健康权，任何人不得妨碍其行使权利，阻碍其权利的实现。

因此，在遇到上述情况时，妇女有权自主作出决定。在进行生育手术、特殊检查或者特殊治疗时，女性可提前向医院表达个人意愿，明确“若与家属意见相左，以本人意愿为准”，避免在遇到手术危险时，因家属的错误决定延误正常医疗行为的进行，给妇女本人造成伤害。

关联规定

《中华人民共和国妇女权益保障法》

第二十一条 妇女的生命权、身体权、健康权不受侵犯。禁止虐待、遗弃、残害、买卖以及其他侵害女性生命健康权益的行为。

禁止进行非医学需要的胎儿性别鉴定和选择性别的人工终止妊娠。

医疗机构施行生育手术、特殊检查或者特殊治疗时，应当征得妇女本人同意；在妇女与其家属或者关系人意见不一致时，应当尊重妇女本人意愿。

27. 父母遗弃、杀害女婴，应承担什么后果？

要点快答

根据具体情节的不同，遗弃抚养女婴的可能会构成遗弃罪或者故意杀人罪。

案情简介

案例1：被杀害的女婴

小周和丈夫结婚后，两人一直处在感情平淡的状态，后因为工作关系长期分居。某次，小周在和厂里同事外出时，认识了幽默风趣的小李。双方交换了联系方式，时常相约一起出行。后来，小周发现自己意外怀孕，她向丈夫隐瞒了自己的婚外情，准备把孩子生下来。但是，在临近预产期时，小周突然感到愧疚，想做人工流产已经来不及了，只得作罢。

就在预产期的前几天，小周独自待在家中，突然羊水破裂，自行产下一名女婴。由于担心孩子打乱自己的生活，小周一时头脑发热，通过外力致使婴儿窒息而亡，随后将婴儿扔进了垃圾桶。小周丈夫回家后，发现她躺在床上，床单上有很多血，急忙将其送往医院。在医生的询问下，小周坦白了生产事实。后医生报案。

案例 2：被遗弃的女婴

小李年纪轻轻就离家外出打工。遇到小赵时，她还是未成年人，面对小赵的猛烈追求，小李陷入了爱河。

二人确定关系后，小赵便经常邀请小李一起外出游玩，小李觉得遇到了真心待她的人。由于缺乏生理知识，小李并不知道自己意外怀孕了，直到孩子已经 6 个月时，她才察觉情况不妙，但此时流产风险较大，小李和小赵便决定将孩子留下。

有孕在身的小李并未停止工作。某天上班时，她感觉肚子有些不舒服，猜测自己可能是要生产了，便根据老家人提到的经验自行分娩。孩子出生后，小李见其是女孩，觉得无法帮小赵传宗接代，且孩子无生理活动反应，她判断孩子可能没有活下来，遂将婴儿放进黑色塑料袋并遗弃在厕所垃圾桶。第二天上午，清洁人员发现婴儿后报警。后经司法机关鉴定，女婴因吸入羊水和胎便引起窒息死亡。

律师说法

在案例 1 中，小周产下孩子后将其故意杀害，其行为已经侵犯了新生儿的生命权，构成故意杀人罪，应当依照《中华人民共和国刑法》的有关规定承担刑事责任。

在案例 2 中，未婚先孕的小李在产下孩子后将其遗弃，其作为孩子的母亲，理应承担起对孩子的抚养义务，其遗弃孩子的行为已经构成了《中华人民共和国刑法》中的遗弃罪，应依法承担刑事责任。

律师支招

受重男轻女思想的影响，极个别家庭对女婴十分嫌弃，可能会通过送养、遗弃、杀害等方式剥夺其人身权利，拒绝履行身为父母应当承担的抚养义务。

每个人都享有生命权、身体权、健康权，婴儿也不例外。如果遇到遗弃、杀害女婴的行为，应及时制止，并第一时间向公安机关报警，由公安机关处理。当然，如果施害行为针对的是别人的孩子，不仅要承担刑事责任，还要承担相应的民事赔偿责任。

关联规定

《中华人民共和国妇女权益保障法》

第二十一条 妇女的生命权、身体权、健康权不受侵犯。禁止虐待、遗弃、残害、买卖以及其他侵害女性生命健康权益的行为。

禁止进行非医学需要的胎儿性别鉴定和选择性别的人工终止妊娠。

医疗机构施行生育手术、特殊检查或者特殊治疗时，应当征得妇女本人同意；在妇女与其家属或者关系人意见不一致时，应当尊重妇女本人意愿。

《中华人民共和国刑法》

第二百六十一条 对于年老、年幼、患病或者其他没有独立生活能力的人，负有扶养义务而拒绝扶养，情节恶劣的，处五年以下有期徒刑、拘役或者管制。

第二百三十二条 故意杀人的，处死刑、无期徒刑或者十年以上有期徒刑；情节较轻的，处三年以上十年以下有期徒刑。

《中华人民共和国未成年人保护法》

第十七条 未成年人的父母或者其他监护人不得实施下列行为：

（一）虐待、遗弃、非法送养未成年人或者对未成年人实施家庭暴力；

（二）放任、教唆或者利用未成年人实施违法犯罪行为；

（三）放任、唆使未成年人参与邪教、迷信活动或者接受恐怖主义、分裂主义、极端主义等侵害；

（四）放任、唆使未成年人吸烟（含电子烟，下同）、饮酒、赌博、流浪乞讨或者欺凌他人；

（五）放任或者迫使应当接受义务教育的未成年人失学、辍学；

（六）放任未成年人沉迷网络，接触危害或者可能影响其身心健康的图书、报刊、电影、广播电视节目、音像制品、电子出版物和网络信息等；

（七）放任未成年人进入营业性娱乐场所、酒吧、互联网上网服务营业场所等不适宜未成年人活动的场所；

（八）允许或者迫使未成年人从事国家规定以外的劳动；

（九）允许、迫使未成年人结婚或者为未成年人订立婚约；

（十）违法处分、侵吞未成年人的财产或者利用未成年人牟取不正当利益；

（十一）其他侵犯未成年人身心健康、财产权益或者不依法履行未成年人保护义务的行为。

28. 妻子不愿生孩子，丈夫可以索赔吗？

要点快答

女性享有生育权，是否生育由其个人决定，他人无权干涉。

案情简介[①]

和小李结婚之前，小王就打算做丁克一族。她也明确和小李提过，自己不想生孩子，一方面，是未做好成为一个母亲的打算；另一方面，是不想让自

① 曹晓静：《律师来了》，法律出版社 2018 年版，第 259 页。

已陷入柴米油盐的烦琐生活当中，她希望两人的婚姻能够充满活力和新鲜感。对于小王的这一想法，小李表示了理解和同意，双方父母虽然不乐意，但也在小两口的软磨硬泡下松了口，就这么由着他们去了。

某天早上，小王觉得腹部隐隐坠痛，便向单位请了假去医院做检查。问诊后，医生建议她做孕期检查，结果显示她已怀孕6周。医生问她是否要生下这个孩子，她果断地选择了放弃，准备再约时间来做流产手术。

回到家里以后，小王跟小李讲了这一天发生的事情，她本来以为能得到丈夫的贴心安慰，没想到面对的却是丈夫一连串的发难："不为家庭考虑""自私""侵犯了我的生育权"，这些话像利箭一样穿进了小王心里。小李甚至还给双方父母打了电话，让他们前来解决这个问题。

小王不明白，为什么婚前同意丁克的丈夫会变成这样，自己不愿意生孩子，真的侵犯了他的生育权吗？

律师说法

夫妻双方平等地享有生育权，当夫妻之间因生育利益发生冲突时，立法选择优先保护女性。夫妻之间应当遵循平等原则就是否生育进行协商，一方不得将自己的意愿强加给另一方。

生育权的实现离不开女性的付出。大家都知道，整个生育过程是存在风险的，并且需要女性满足一定的生理及健康条件。在怀孕、分娩的过程中，女性不仅要忍受身体上的不适，面临分娩的风险，在生育和抚养孩子的过程中也是付出、牺牲较多的一方，这一切往往会给女性的心理健康造成压力。所以，从实际情况来看，生育给女性带来的影响要远远超出男性。出于对女性利益的保护，法律赋予女性自主决定生育的权利，也就是我们常说的"生育自由"。生育自由不仅包括不生育的自由，也包括不怀孕、怀孕后终止妊娠的自由，妇女无须在任何人的意志强加下生育子女，他人也无法强迫女性进行生育，这是女性所独有的法律权利。

律师支招

当家人与妇女本身的生育意愿无法达成一致时，应该如何处理？

首先，生育是个人生命的延续，一方有生育的意愿，是完全合理的。但是，如果就生育问题产生矛盾，双方应当尽可能地站在对方角度、缓和情绪，尊重对方的生育意愿。生育并非一件小事，也无法通过强迫和争吵来达到目的。

其次，如果双方就生育问题协商不成，一方可以通过诉讼方式主张损害赔偿吗？答案是否定的。

根据《最高人民法院关于适用〈中华人民共和国民法典〉婚姻家庭编的解释（一）》第二十三条的规定，夫以妻擅自中止妊娠侵犯其生育权为由请求损害赔偿的，人民法院不予支持；夫妻双方因是否生育发生纠纷，致使感情确已破裂，一方请求离婚的，人民法院经调解无效，应依照民法典第一千零七十九条第三款第五项的规定处理。夫妻一方因生育问题提起诉讼，或者丈夫对擅自中止妊娠的妻子提起损害赔偿之诉，人民法院不予受理。女性享有生育的决定权，丈夫生育权的实现不得侵害女性享有的生育自由权。女性决定不生育或者终止妊娠，都是合法行使生育决定权的行为，二者的纷争只能按照生育权冲突来处理。当然，如果男方认为因生育问题导致夫妻感情破裂，可以此为由提出离婚。

关联规定

《中华人民共和国妇女权益保障法》

第三十二条　妇女依法享有生育子女的权利，也有不生育子女的自由。

《中华人民共和国人口与计划生育法》

第十七条　公民有生育的权利，也有依法实行计划生育的义务，夫妻双方在实行计划生育中负有共同的责任。

29. 虚构事实对妇女名誉造成极大损害的，应该如何处理造谣者？

要点快答

虚构事实给他人名誉造成损害的，可能会因违反《中华人民共和国治安管理处罚法》而受到行政处罚，对于情节严重、构成诽谤罪的，行为人需要承担刑事责任。

案情简介

小何面容姣好，性格温柔，个人工作能力也很突出，称得上是事业、爱情双丰收。不料，生活和她开了一个巨大的玩笑：一次取快递的经历让她陷入了长达两年的痛苦生活。

某天下班，小何像往常一样前往小区快递点取快递。让人没想到的是，她在几天后接到了一个朋友的电话，说所有人都知道了她和别人出轨的事情。小何一头雾水，自己的异性好友都没几个，哪来的出轨一说？更让人意外的是，在这个电话之后，她竟然收到大量的询问和谩骂的信息。之后她才得知，这些可怕的遭遇由一篇公众号文章引起。

在文章中，小何被描写成一个出轨快递小哥的少妇。写作者还放上了小何取快递时被偷拍的视频。这篇文章，尤其是其中的聊天记录、视频被不断传播，阅读量很快破了十万次。了解情况后，小何忍不住崩溃大哭。她明明只是去取了次快递，怎么就变成了出轨？在之后的一周内，小何的公司联系到她，希望她能主动辞职，借此降低此事对公司名誉的影响，就连小何的男友也因此丢掉了工作。事情发酵了一段时间后，小何被医生诊断为抑郁症。

在家人的鼓励和陪伴下，小何决定振作起来，她收集了相关证据向公安机关报案。公安机关经调查得知，整件事情都是由小何所在小区的便利店老板李某策划的。在小何前去取快递时，李某偷偷拍摄了视频，与朋友王某编造了“少妇出轨快递小哥”的聊天记录，并发至微信群。结果，该内容引起大量转发，对小何的名誉权造成了极大的损害。随后，小何委托律师向法院提起刑事自诉，要求以诽谤罪追究李某和王某的刑事责任，最后二人承担了相应的法律责任。

律师说法

本案中，被告人李某和王某出于恶意损害他人名誉，并在互联网上大规模散布，传播范围广泛，对小何的名誉权造成了严重侵害，不仅影响了小何的个人生活，使她遭受经济损失，还严重贬低了小何的社会评价。尽管对于该事件，公安机关已经辟谣，但小何遭受的精神损害是难以弥补的，且此事对网络公共秩序造成了极大危害，被告的行为构成诽谤罪，不仅要面临民事责任赔偿，还要承担刑事责任。

律师支招

对于互联网名誉侵权案件，由于侵权主体较多、传播范围广、取证困难等，受害人维权往往比较困难。

在遇到类似情况时，受害人要第一时间保存相关证据，以便后续维权。对于一般的侵害人格权行为，受害人可以选择民事侵权的救济途径，以名誉权纠纷为由向法院提起诉讼，要求对方赔偿；对于严重的名誉侵权行为，受害人可以提起刑事自诉，要求对方承担更为严厉的刑事责任。

关联规定

《中华人民共和国妇女权益保障法》

第二十八条　妇女的姓名权、肖像权、名誉权、荣誉权、隐私权和个人信息等人格权益受法律保护。

媒体报道涉及妇女事件应当客观、适度，不得通过夸大事实、过度渲染等方式侵害妇女的人格权益。

禁止通过大众传播媒介或者其他方式贬低损害妇女人格。未经本人同意，不得通过广告、商标、展览橱窗、报纸、期刊、图书、音像制品、电子出版物、网络等形式使用妇女肖像，但法律另有规定的除外。

《中华人民共和国民法典》

第一千零二十四条 民事主体享有名誉权。任何组织或者个人不得以侮辱、诽谤等方式侵害他人的名誉权。

名誉是对民事主体的品德、声望、才能、信用等的社会评价。

《中华人民共和国刑法》

第二百四十六条 以暴力或者其他方法公然侮辱他人或者捏造事实诽谤他人，情节严重的，处三年以下有期徒刑、拘役、管制或者剥夺政治权利。

前款罪，告诉的才处理，但是严重危害社会秩序和国家利益的除外。

通过信息网络实施第一款规定的行为，被害人向人民法院告诉，但提供证据确有困难的，人民法院可以要求公安机关提供协助。

30. 擅自将妇女肖像用作广告宣传，妇女应如何维权？

要点快答

以营利为目的，擅自使用他人照片用作广告宣传的，侵犯了他人的肖像权，应依法承担民事侵权责任。

案情简介

从小到大，小张一直对自己的长相不太满意，总想去做个医美手术。有了一定积蓄后，小张在当地找到一家知名度较高的医美公司，选择了“自体脂肪全脸填充”手术。手术结束之后，小张在医院恢复了几天，便在医生的建议下回家静养，临走之前还添加了医院咨询人员的微信，以便后续情况反馈。

在家休养期间，小张用照片的形式对自己的每日变化进行记录。等过了恢复期，她的脸发生了明显的变化。看着自己的变化，小张兴冲冲地把之前的照片和现在的照片凑了个九宫格，发到了朋友圈里，微信好友纷纷点赞评论，说她变得更漂亮了。看到大家的正面反馈，小张觉得这次手术做得值得，便又将自己恢复期的照片发到了朋友圈，主动向朋友介绍这家公司。

转眼间，距离当初小张做手术已经过去了两年。某天，她像往常一样刷着朋友圈，看到之前医美公司的咨询人员转发了一篇公众号文章，用来宣传该公司的“自体脂肪全脸填充”手术。点开一看，自己的照片赫然在内，包括她整形前、恢复期及术后照片，这些都是她之前发布在朋友圈的照片。

在该文章发布之前，小张从未收到过征询其意愿的消息，明显是该公司盗用了她的照片用于广告宣传。于是，小张将上述文章截图保存，并前往公证处进行了公证，后以肖像权纠纷为由向法院提起诉讼，要求该公司赔礼道歉、删除文章，并赔偿损失。

律师说法

根据《中华人民共和国民法典》的规定，自然人享有肖像权，在未经其同意的情况下，不得以营利为目的擅自使用他人肖像。对于侵犯肖像权的行为，被侵权人有权要求侵权人停止侵害、消除影响、赔礼道歉，还可以根据实际情况要求对方赔偿损失。

在上述案例中，医美公司未经小张同意盗用其发布于朋友圈的照片，并用作广告宣传，以获得更多客源，无疑是用作营利目的，小张有权以肖像权受侵为由要求赔偿。

律师支招

随着互联网社交网络的发展，越来越多的人选择通过网络分享个人生活，这大大提高了肖像权侵权事件的概率。在日常生活中，我们经常能看到他人照片遭盗用的情况。

互联网侵权事件的取证和举证较为困难。因此，一旦遇到个人肖像权受侵，一定要想办法及时保留证据，以便后续起诉。在使用社交网络的时候，一定要注意个人信息和隐私的保护，避免有心之人盗取有关内容，实现其非法目的。

关联规定

《中华人民共和国妇女权益保障法》

第二十八条 妇女的姓名权、肖像权、名誉权、荣誉权、隐私权和个人信息等人格权益受法律保护。

媒体报道涉及妇女事件应当客观、适度，不得通过夸大事实、过度渲染等方式侵害妇女的人格权益。

禁止通过大众传播媒介或者其他方式贬低损害妇女人格。未经本人同意，不得通过广告、商标、展览橱窗、报纸、期刊、图书、音像制品、电子出版物、网络等形式使用妇女肖像，但法律另有规定的除外。

《中华人民共和国民法典》

第一千零一十八条 自然人享有肖像权，有权依法制作、使用、公开或者许可他人使用自己的肖像。

肖像是通过影像、雕塑、绘画等方式在一定载体上所反映的特定自然人可以被识别的外部形象。

第一千零一十九条 任何组织或者个人不得以丑化、污损，或者利用信息技术手段伪造等方式侵害他人的肖像权。未经肖像权人同意，不得制作、使用、公开肖像权人的肖像，但是法律另有规定的除外。

未经肖像权人同意，肖像作品权利人不得以发表、复制、发行、出租、展览等方式使用或者公开肖像权人的肖像。

31. 孩子生下来是女孩，父母将孩子送养给别人要承担什么责任？

要点快答

根据《中华人民共和国民法典》第一千零九十三条的规定，下列未成年人，可以被收养：（1）丧失父母的孤儿；（2）查找不到生父母的未成年人；（3）生父母有特殊困难无力抚养的子女。根据第一千零九十四条的规定，下列个人、组织可以作送养人：（1）孤儿的监护人；（2）儿童福利机构；（3）有特殊困难无力抚养子女的生父母。

根据《中华人民共和国民法典》第一千零九十五条的规定，未成年人的父母均不具备完全民事行为能力且可能严重危害该未成年人的，该未成年人的监护人可以将其送养。由此可知，父母将孩子送养给他人是需要满足法定条件的。如果擅自将孩子送养，尤其是要求收养方支付对价的，可能会构成遗弃罪或者拐卖儿童罪。

案情简介[①]

小吴和小郑结婚多年，有两个可爱乖巧的女儿。村里有人觉得，小吴这一家什么都好，就差个儿子。

受传统思想的影响，小吴也觉得有个儿子才算圆满，甚至想法极端时，会觉得有了男孩才算实现了传宗接代。为了怀上男孩，小吴夫妇在备孕过程中尝试了很多“生子偏方”，不管是喝药还是运动，夫妇俩都十分努力。终于，小郑又一次怀孕了。一家人都期待着这次能生个男孩，不仅早早买好了男孩的婴幼儿用品，还提前找了算命先生为孩子起好了名字，可以说是做好了迎

① 最高人民法院少年法庭工作办公室、全国妇联权益部、中国女法官协会编：《依法维护妇女儿童权益典型案例》，人民法院出版社 2021 年版，第 147 页。

接儿子到来的万全准备。

转眼就到了小郑的预产期，全家人一起来到医院等待新生儿的降临。然而，这次依然是个女孩，这对小吴夫妇来说无疑是当头一棒。

回家以后，小吴和小郑一直愁容满面，他们既不想再多抚养一个女儿，又狠不下心直接把孩子丢掉。同村的李某了解到这一情况后，主动向夫妇俩支招，说自己表哥和表嫂无法生育，很想领养一个孩子，小吴可以考虑把孩子交由他的表哥夫妇抚养，表哥夫妇也会支付领养费。考虑再三后，小吴夫妇同意了李某的建议，与李某的表哥签订了送养协议，李某表哥还支付了 1 万元的费用。

律师说法

小吴和小郑将未满一周岁的孩子送给他人抚养，本质并非以获利为目的，这与出卖儿童以期获利的“拐卖儿童罪”有根本性区别，而更符合拒绝履行抚养义务的遗弃罪的构成要件。

遗弃罪的主要表现为：客观上拒绝履行抚养义务，主观上也限制于此，并不包含将孩子作为商品进行售卖以期获利的动机。如果小吴和小郑想将孩子合法送养，必须满足法律规定的条件，即孩子的生父母双方一致同意送养，且家中确实存在特殊困难，无力抚养孩子。显而易见，小吴和小郑的经济条件足以抚养女儿，只是受传统思想的影响而拒绝履行抚养义务，因而，小吴和小郑的行为理应构成遗弃罪，需依法承担刑事责任。

律师支招

根据相关法律规定，送养要满足送养主体合法、送养条件合法的条件。

在现实生活中，存在家庭情况极度困难、无法抚养孩子的情况。法律也考虑到了这一点，设置了合法送养的条款。对于违反送养规定的，非法收养人可能会面临罚款，而非法送养人则可能根据情况的不同，构成遗弃罪或者拐卖儿童罪，承担严厉的刑事处罚。

作为父母，抚养孩子是其应履行的义务和应承担的责任，应当尽可能履行监护人职责，将孩子抚养长大。

关联规定

《中华人民共和国妇女权益保障法》

第二十一条　妇女的生命权、身体权、健康权不受侵犯。禁止虐待、遗弃、残害、买卖以及其他侵害女性生命健康权益的行为。

禁止进行非医学需要的胎儿性别鉴定和选择性别的人工终止妊娠。

医疗机构施行生育手术、特殊检查或者特殊治疗时，应当征得妇女本人同意；在妇女与其家属或者关系人意见不一致时，应当尊重妇女本人意愿。

《中华人民共和国民法典》

第一千零九十四条　下列个人、组织可以作送养人：

（一）孤儿的监护人；

（二）儿童福利机构；

（三）有特殊困难无力抚养子女的生父母。

第一千零九十七条　生父母送养子女，应当双方共同送养。生父母一方不明或者查找不到的，可以单方送养。

《中华人民共和国未成年人保护法》

第十七条　未成年人的父母或者其他监护人不得实施下列行为：

（一）虐待、遗弃、非法送养未成年人或者对未成年人实施家庭暴力；

（二）放任、教唆或者利用未成年人实施违法犯罪行为；

（三）放任、唆使未成年人参与邪教、迷信活动或者接受恐怖主义、分裂主义、极端主义等侵害；

（四）放任、唆使未成年人吸烟（含电子烟，下同）、饮酒、赌博、流浪乞讨或者欺凌他人；

（五）放任或者迫使应当接受义务教育的未成年人失学、辍学；

（六）放任未成年人沉迷网络，接触危害或者可能影响其身心健康的图书、报刊、电影、广播电视节目、音像制品、电子出版物和网络信息等；

（七）放任未成年人进入营业性娱乐场所、酒吧、互联网上网服务营业场所等不适宜未成年人活动的场所；

（八）允许或者迫使未成年人从事国家规定以外的劳动；

（九）允许、迫使未成年人结婚或者为未成年人订立婚约；

（十）违法处分、侵吞未成年人的财产或者利用未成年人牟取不正当利益；

（十一）其他侵犯未成年人身心健康、财产权益或者不依法履行未成年人保护义务的行为。

32. 非法拘禁妇女、限制妇女人身自由的，应受什么处罚？

要点快答

非法拘禁妇女、限制妇女人身自由的，根据具体情节的不同，可能会面临相应的治安管理处罚或者承担刑事责任。

案情简介[①]

自丈夫外出打工以后，小敏的生活就成了一潭死水：除了处理日常家务和农活，就只能靠到处串门，和邻居大姐唠唠家常打发时间。

某日，当她像往常一样去邻居家串门时，大姐神神秘秘地跟她说同村的大壮在家里设了一个麻将摊，并问她要不要一起去玩两把。一开始，小敏还在犹豫，但抵不过邻居大姐的再三邀请，小敏便和大姐一起来到了大壮家。

刚开始的时候大家都比较慎重，明确表示打麻将不涉及钱款，只为了消磨时间。可后来，也记不清是谁起了个头将几十块钱作为赌注摆在明面上，说要讨个好彩头，渐渐地，跟风的人就多了起来。小敏的手气好，一天麻将

① 法律出版社实务中心编：《农村妇女权益保障法律手册》，法律出版社 2022 年版，第 52 页。

打下来，兜里能多好几百块的“彩头”，这结果令她十分惊喜，心里想着之后要多组局，多赚点小钱。

随着“甜头”越尝越多，小敏逐渐不满足于麻将桌上小数额的赌金，希望能加大筹码，牌友们也大都赞成，于是村里人打麻将的赌注越来越高。十赌九输，一段时间下来，小敏已经欠了大壮 1 万多块的赌金。以往，面对大壮的催债，她每次都能找到理由搪塞过去，可搪塞终究不是治本之法，终于，再一次上门催债的大壮对小敏失去了耐心，直接将小敏捆绑后带回自家地窖关押起来，借此强迫其还款。

在被大壮关了两天两夜后，小敏严重脱水，并出现休克状态。大壮看到小敏陷入昏迷，害怕闹出人命，才将小敏送回家。小敏醒来后第一时间选择了报警。她将大壮拘禁她的事实告知了警方，警方以非法拘禁为由将大壮行政拘留。

律师说法

根据我国法律规定，禁止非法拘禁妇女、限制妇女人身自由。对于实施拘禁行为者，处以治安管理处罚，行为特别严重的，还可能构成刑法上的非法拘禁罪，面临程度不等的严厉刑事责任。

本案中，大壮因讨要赌资将小敏非法拘禁在自家地窖，限制其人身自由，并造成小敏严重脱水、休克，大壮的伤害行为已经超过了《中华人民共和国治安管理处罚法》的适用范围，理应适用《中华人民共和国刑法》中有关非法拘禁罪的规定，处以刑事责任。

律师支招

人身自由是每个公民所享有的最基本的人身权利，任何个人和单位不得侵犯妇女的人身自由，哪怕是国家机关也无权随意拘禁或者剥夺妇女的人身自由。

因此，对于有违法律规定、限制他人人身自由的行为，受害人要在第一时间向公安机关报警，由公安机关依照法律规定对行为人进行处罚或追究其他责任。

关联规定

《中华人民共和国妇女权益保障法》

第十九条 妇女的人身自由不受侵犯。禁止非法拘禁和以其他非法手段剥夺或者限制妇女的人身自由；禁止非法搜查妇女的身体。

《中华人民共和国刑法》

第二百三十八条 非法拘禁他人或者以其他方法非法剥夺他人人身自由的，处三年以下有期徒刑、拘役、管制或者剥夺政治权利。具有殴打、侮辱情节的，从重处罚。

犯前款罪，致人重伤的，处三年以上十年以下有期徒刑；致人死亡的，处十年以上有期徒刑。使用暴力致人伤残、死亡的，依照本法第二百三十四条、第二百三十二条的规定定罪处罚。

为索取债务非法扣押、拘禁他人的，依照前两款的规定处罚。

国家机关工作人员利用职权犯前三款罪的，依照前三款的规定从重处罚。

《中华人民共和国治安管理处罚法》

第四十条 有下列行为之一的，处十日以上十五日以下拘留，并处五百元以上一千元以下罚款；情节较轻的，处五日以上十日以下拘留，并处二百元以上五百元以下罚款：

（一）组织、胁迫、诱骗不满十六周岁的人或者残疾人进行恐怖、残忍表演的；

（二）以暴力、威胁或者其他手段强迫他人劳动的；

（三）非法限制他人人身自由、非法侵入他人住宅或者非法搜查他人身体的。

33. 看到有人带醉酒女孩住宿，住宿经营者应该怎么做？

要点快答

住宿经营者应当及时准确登记住宿人员信息，发现可能侵害妇女权益的违法犯罪行为，应当及时向公安机关报告。

案情简介

小雪大学毕业后入职了一家公司从事销售工作，年薪高达 40 万元。一时间，小雪成了众多同学羡慕的对象——大家都说她前途一定不可估量。

其实，小雪并不像同学们想象得那么高兴。虽然她工资很高，但是从入职开始，小雪每天都面临业绩压力和高强度的工作安排，这让她长期处在精神高度紧张的状态。

由于要拓展业务，小雪长期需要应酬、出差。作为一名女性员工，她被迫周旋在各种酒局中。买卖场上，别人并不会看她是女生就对她有所照顾，因此，一场应酬下来，小雪常常是醉得不省人事，得在同事的搀扶下才能回到住处。

某日，小雪和几个同事一起参加晚上的应酬。像往常一样，小雪不断被劝酒，很快就进入了醉酒状态。让她没想到的是，同桌的一名男性从一开始便对她不怀好意，趁着她醉酒无意识，强行对她实施猥亵行为，而小雪的同事对此无动于衷。在酒局结束后，该名男子更是以送小雪回酒店为由，单独带其返回酒店，并以小雪男友的名义开了一间房，在小雪毫无意识的状态下对其实施了持续猥亵行为。次日早晨，男人提前离开酒店。

小雪醒来后，发现所在房间一片狼藉，她的随身物品也不知所踪，她便马上向公安机关报警。公安机关调取了酒店监控，迅速锁定了嫌疑人，以强制猥亵罪为由将其移送检察机关起诉。之后，小雪以酒店未尽到安全保障义务为由向法院提起侵权之诉，要求酒店予以赔偿。

律师说法

对于以暴力、胁迫或者其他手段强奸、猥亵、侮辱妇女的，根据具体情节的不同，可能会构成强奸罪或者强制猥亵罪。

由于这种暴力、胁迫方式经常发生在酒店、住宅等密闭空间，《中华人民共和国妇女权益保障法》明确将住宿经营者纳入强制报告的义务人范围内，要求住宿经营者应当及时准确登记住宿人员信息，加强安全保障措施。如果遇到形迹可疑、可能会侵犯妇女人身权益的人，住宿经营者必须及时向公安机关报告，积极维护妇女的人身安全。

对于未履行安全保障义务、报告义务的，住宿经营者不仅要面临行政处罚，还要承担民事赔偿责任。

律师支招

就多数发生在酒店内的性侵、猥亵案件而言，受害女性大多处于一个意识不清的状态，难以对自己所处环境作出一个正确认知。如果遭遇人身侵害，作为被害人，一定要及时留存证据，如现场衣物、就诊记录、通话记录、视频监控，等等，尤其要注意生物检材的提取和保存，这是性侵、猥亵案件中的关键性证据。

除向公安机关报警外，对于未尽到安全保障义务和报告义务的酒店等住宿经营者，受害女性也可以要求对方承担赔偿责任。

关联规定

《中华人民共和国妇女权益保障法》

第二十六条 住宿经营者应当及时准确登记住宿人员信息，健全住宿服务规章制度，加强安全保障措施；发现可能侵害妇女权益的违法犯罪行为，应当及时向公安机关报告。

第二十七条 禁止卖淫、嫖娼；禁止组织、强迫、引诱、容留、介绍妇女卖淫或者对妇女进行猥亵活动；禁止组织、强迫、引诱、容留、介绍妇女在任何场所或者利用网络进行淫秽表演活动。

《中华人民共和国民法典》

第一千一百九十八条　宾馆、商场、银行、车站、机场、体育场馆、娱乐场所等经营场所、公共场所的经营者、管理者或者群众性活动的组织者，未尽到安全保障义务，造成他人损害的，应当承担侵权责任。

因第三人的行为造成他人损害的，由第三人承担侵权责任；经营者、管理者或者组织者未尽到安全保障义务的，承担相应的补充责任。经营者、管理者或者组织者承担补充责任后，可以向第三人追偿。

《中华人民共和国刑法》

第二百三十六条　以暴力、胁迫或者其他手段强奸妇女的，处三年以上十年以下有期徒刑。

奸淫不满十四周岁的幼女的，以强奸论，从重处罚。

强奸妇女、奸淫幼女，有下列情形之一的，处十年以上有期徒刑、无期徒刑或者死刑：

（一）强奸妇女、奸淫幼女情节恶劣的；

（二）强奸妇女、奸淫幼女多人的；

（三）在公共场所当众强奸妇女、奸淫幼女的；

（四）二人以上轮奸的；

（五）奸淫不满十周岁的幼女或者造成幼女伤害的；

（六）致使被害人重伤、死亡或者造成其他严重后果的。

第二百三十七条　以暴力、胁迫或者其他方法强制猥亵他人或者侮辱妇女的，处五年以下有期徒刑或者拘役。

聚众或者在公共场所当众犯前款罪的，或者有其他恶劣情节的，处五年以上有期徒刑。

猥亵儿童的，处五年以下有期徒刑；有下列情形之一的，处五年以上有期徒刑：

（一）猥亵儿童多人或者多次的；

（二）聚众猥亵儿童的，或者在公共场所当众猥亵儿童，情节恶劣的；

（三）造成儿童伤害或者其他严重后果的；

（四）猥亵手段恶劣或者有其他恶劣情节的。

34. 对恋爱对象进行精神控制，也要承担法律责任吗?

要点快答

根据我国法律规定，禁止使用精神控制等手段残害妇女，危害妇女的生命及身体健康，对妇女造成人身损害的，应承担相应责任。

案情简介

小丽虽然成绩优异，但她并不是只会读书的“书呆子”。相反，她经常在课余时间参加活动，父母也从未对她的交友、感情生活加以限制。和谐的家庭氛围让小丽对爱情无限憧憬，她以为爱情可以填满人生的遗憾，殊不知，给她制造更多遗憾的，偏偏是爱情。

在同学的介绍下，小丽认识了学长小波。他的成熟和幽默深深地打动了小丽。于是，经过一段时间的相处后，两人顺理成章地确定了恋爱关系。一开始，小波对小丽的关怀无微不至，这让小丽备受感动。但随着两人交往的加深，小丽发觉这种关怀朝着一种难以控制的方向发展。

小波不仅每天询问小丽的活动安排，还翻看她的手机，如果发现小丽跟其他异性聊天，小波就会大发脾气，骂小丽不知检点。后来，小波的控制欲越发严重，提出的要求也越来越过分：他不仅强迫小丽拍裸照，还在小丽意外怀孕后要求她流产，甚至让小丽前往医院进行绝育手术。由于长期处在身心的双重折磨中，小丽的健康状态每况愈下，还被医院诊断为抑郁症。她想结束这段感情，但每次提出分手时，都会遭到小波激烈的反对。更可怕的是，小波还经常在同学和老师面前诋毁她。

终于有一天，小丽无法再忍受这种生活，竟然选择在校外某个酒店服药自杀。通过恢复小丽的手机数据，公安机关最终锁定了嫌疑人小波，并以虐待罪为由将其移送至公诉机关。

律师说法

从《中华人民共和国刑法》的规定来看，虐待罪一般发生在家庭成员间，《最高人民法院、最高人民检察院、公安部、司法部关于依法办理家庭暴力犯罪案件的意见》明确了具有监护、扶养、寄养、同居等关系的共同生活人员之间的家庭暴力犯罪等情形[①]，因此，亲密关系中的肢体暴力、精神控制等行为也可以被认定为虐待罪，以虐待罪的相关规定进行处理。

在上述案例中，小波不仅对小丽实施了极强的精神控制，还以裸照、殴打等胁迫形式给小丽造成身心双重的伤害，最后致使小丽自杀死亡，小波可能被依法追究虐待罪的刑事责任。

律师支招

由于恋爱关系具有一定的隐私性，所以其中所发生的人身伤害行为往往难以被发现，尤其是更加隐蔽的精神控制和伤害。

对于恋爱中的女性来说，切记不要让自己处在不理智的感情状态中。如果对方有肢体暴力、言语贬低等行为，一定要警惕，在可能的情况下尽快脱身。若对方有持续性骚扰、言语威胁或者其他现实危险行为的，可以报警求助；在发生实际身体、精神伤害或者经济损失的，受害人可以直接向法院提起诉讼。

关联规定

《中华人民共和国妇女权益保障法》

第二十一条 妇女的生命权、身体权、健康权不受侵犯。禁止虐待、遗弃、

① 参见《关于依法办理家庭暴力犯罪案件的意见》，载最高人民检察院，https://www.spp.gov.cn/flfg/201503/t20150305_92175.shtml，最后访问时间：2023年2月24日。

残害、买卖以及其他侵害女性生命健康权益的行为。

禁止进行非医学需要的胎儿性别鉴定和选择性别的人工终止妊娠。

医疗机构施行生育手术、特殊检查或者特殊治疗时，应当征得妇女本人同意；在妇女与其家属或者关系人意见不一致时，应当尊重妇女本人意愿。

《中华人民共和国刑法》

第二百六十条 虐待家庭成员，情节恶劣的，处二年以下有期徒刑、拘役或者管制。

犯前款罪，致使被害人重伤、死亡的，处二年以上七年以下有期徒刑。

第一款罪，告诉的才处理，但被害人没有能力告诉，或者因受到强制、威吓无法告诉的除外。

35. 性骚扰是什么？通常的表现形式有哪些？

要点快答

性骚扰通常是指以身体、语言、动作、文字或者图像等方式，违背他人意愿而对其实施的以性为取向的有辱其尊严的性暗示、性挑逗以及性暴力等行为，经常发生在校园、职场、公园、网络等场所。

案情简介

案例 1：言语性骚扰

大学毕业后，小琳进入了一家外贸公司工作。在日常工作中，部门同事都对她多加照顾，这让刚从学校毕业的小琳感觉十分温暖。但随着彼此间认识加深，同事小明的行为已经远远超出了正常的同事交往范围。

从小琳入职第二个月起，小明每天都要向她发送骚扰信息，涉及短信等多个社交平台，内容极其低俗、露骨，甚至还带有“强奸”等违法犯罪的字眼，这让小琳觉得十分恐慌。小琳不断更换自己的社交平台账号，将小明的手机号拉入黑名单，上班时间也尽量避免和他接触，但是依然无法阻止小明的骚扰行为，小琳无奈只得向公司求助。在公司的要求下，小明写下保证书，保证再也不会骚扰小琳，不然就主动辞职，接受公司的处理并承担法律责任。

但公司的介入并没有对小明造成任何威慑，他仍然对小琳进行言语骚扰。面对他的反复骚扰，小琳患上了抑郁症、精神恍惚，不得不请假在家休养。在医生和家人的帮助下，小琳选择报警，并向法院提起了诉讼。

最终，公安机关作出处罚决定书，对小明给予 7 天行政拘留并处以罚款 200 元；法院认为小明的行为对小琳的人格利益造成了严重损害后果，应当赔偿相关损失并公开赔礼道歉，最终判决小明需赔偿小琳医疗费、误工费、精神损失费等共计 10 万元人民币。

案例 2：行为性骚扰

小兰和小赵都是某知名外贸公司的员工，但因所在部门不同，两人之前从未见过面，谁也想不到这样的两个陌生人最终会闹到法庭相见。

在年末的公司年会上，小赵见到了美丽优雅的小兰，便上前与她聊天。在聊天的过程中，小赵向小兰表达了自己的爱慕之情，希望他们能有更进一步的发展，但遭到了小兰的拒绝。小赵听后恼羞成怒，拦住了准备离开的小兰，并从背后勒住她的脖颈使其身体紧贴自己、动弹不得。小兰随即进行强烈反抗，成功挣脱后迅速离开了年会现场。第二天，小兰向公司反映此事，公司召集了一场情况反映和协调会，结果是小赵向小兰致歉，并保证再也不会骚扰小兰。小兰本以为自己的生活会恢复正常，没想到小赵经常趁着午休或者下班时间对她进行骚扰，言语和行为都越发过分，严重影响她的正常工作和生活。小兰忍无可忍，向法院提起了民事诉讼，要求小赵对她进行书面道歉，并依法赔偿精神损失费。

法院认为，小赵在公共场所对小兰所实施的行为，给小兰本人带来了强烈的反感和恐慌，是违反小兰个人意志的行为，对其人格尊严和精神自由造成了损害，并对其工作和生活产生极大负面影响，理应向小兰书面道歉，并支付精神损害赔偿金。

律师说法

性骚扰行为本质上是一种侵权行为，通常以言语、肢体、图片、视频等形式实施。在日常生活中，性骚扰行为的受害对象多为女性，往往会给妇女的人格权益以及精神自由造成巨大伤害。另外，由于性骚扰行为具有一定的隐蔽性，取证留证比较困难，受害人举证存在一定难度。

对于性骚扰行为，如果单位、学校、公共场所的经营者未能作出及时处理，确实存在过错的，受害人可以将相关主体与行为人作为共同被告，要求相关主体与行为人承担连带责任，向受害人进行赔偿。

律师支招

性骚扰行为不仅具有隐蔽性，受害人还会因为内心的羞耻感而选择隐忍，这往往让对方变本加厉。

在面对性骚扰时，受害者可以先向单位进行投诉，单位的介入也会对行为人产生一定的威慑。如果投诉无效，受害者可以通过报警、起诉等法律途径进行维权，此时就要面临取证的问题。

对于言语骚扰，受害人要保留骚扰信息内容及电话记录等，证明对方存在多次言语骚扰行为。若性骚扰行为对受害人造成严重身心伤害，导致受害人产生医疗费、误工费、交通费等额外经济损失，要留存有关凭证，要求对方予以赔偿。

关联规定

《中华人民共和国妇女权益保障法》

第二十三条 禁止违背妇女意愿，以言语、文字、图像、肢体行为等方式对其实施性骚扰。

受害妇女可以向有关单位和国家机关投诉。接到投诉的有关单位和国家机关应当及时处理，并书面告知处理结果。

受害妇女可以向公安机关报案，也可以向人民法院提起民事诉讼，依法请求行为人承担民事责任。

《中华人民共和国民法典》

第一千零一十条 违背他人意愿，以言语、文字、图像、肢体行为等方式对他人实施性骚扰的，受害人有权依法请求行为人承担民事责任。

机关、企业、学校等单位应当采取合理的预防、受理投诉、调查处置等措施，防止和制止利用职权、从属关系等实施性骚扰。

《中华人民共和国治安管理处罚法》

第四十二条 有下列行为之一的，处五日以下拘留或者五百元以下罚款；情节较重的，处五日以上十日以下拘留，可以并处五百元以下罚款：

（一）写恐吓信或者以其他方法威胁他人人身安全的；

（二）公然侮辱他人或者捏造事实诽谤他人的；

（三）捏造事实诬告陷害他人，企图使他人受到刑事追究或者受到治安管理处罚的；

（四）对证人及其近亲属进行威胁、侮辱、殴打或者打击报复的；

（五）多次发送淫秽、侮辱、恐吓或者其他信息，干扰他人正常生活的；

（六）偷窥、偷拍、窃听、散布他人隐私的。

36. 在遭遇职场性骚扰时，女性应该如何保护自己？男性应该如何做？

要点快答

遭遇职场性骚扰时，受害人可以首先向单位进行投诉，用人单位应当及时处理并书面告知结果；受害人也可以直接向公安机关报案，或者向法院提起诉讼。单位的其他人员应当向受害人提供帮助，并保护其隐私。

案情简介[1]

小敏从上家公司辞职后，跳槽到了某知名外资企业。入职的时候，小敏觉得她的直属上司小任还挺热心的——经常对她嘘寒问暖，在工作上提供帮助，但是渐渐地，小敏觉得小任的行为开始偏离正常的同事交往范围。

下班后，小敏经常收到来自小任的信息，其内容极其露骨、低俗，甚至还包含小任的裸体照片。收到信息的小敏既害怕又无助，她尝试过删除小任的联系方式，也警告过他，但小任不仅没有收敛，反而越发过分：由起初的言语骚扰上升到行为骚扰，还时常以工作为借口对小敏进行身体接触。小敏忍无可忍，便向部门总经理小王投诉，要求小王对小任的行为进行调查并采取合理措施保障自己的人身安全，为女性员工提供一个安全、正常的工作环境。

令人没想到的是，在了解这一情况后，小王非但没有依照规章制度对小任作出处分，甚至话里话外还透着“撮合”小敏和小任的意思。小王的言语中甚至充满了对小敏的诋毁和侮辱，这让小敏难以接受。

之后，小敏整理了与小任、小王的聊天记录，将这部分材料提交至公司工会，希望公司能够对小任和小王进行应有的处置，采取必要的措施保障女性员工的安全。通过调查，公司确认小任对小敏所实施的行为构成性骚扰行为，而小王作为主管人员完全无视公司的性骚扰防范机制，没有对员工的求助做出专业、及时的帮助，使小敏依然被困于性骚扰行为中，二者的行为严重违反了公司现有的《员工手册》及《行为准则》，符合立即辞退的情形。最终，公司解除了小任和小王的劳动合同。

律师说法

由于性骚扰行为常发生于职场之中，所以法律将用人单位及管理人员作

① 法律出版社大众出版编委会编：《中华人民共和国妇女权益保障法（实用问题版）》（第 2 版），法律出版社 2016 年版，第 70 页。

为防范性骚扰的责任主体，要求用人单位制定防范性骚扰的规章制度，采取安全保卫措施，并积极开展培训活动。对于被性骚扰员工的投诉，管理人员应当进行及时、合理的处置。

律师支招

女性员工作为职场性骚扰的常见受害者，往往面临着更困难、不稳定的工作环境，也会因传统观念的影响而犹豫是否要进行维权。

在遭遇性骚扰时，女性要打破内心顾虑，勇敢地进行反抗。受害者对性骚扰行为所表现出的激烈反抗，不仅是对自己的一种保护，也是表明性骚扰行为成立的一项重要证据。另外，对于不同形式的性骚扰，受害人也要采取不同的方式进行及时取证。比如，对于通过信息网络等途径实施的性骚扰行为，可以对相关信息、图片、视频等进行保存，并确保内容的清晰明确；如果是当面实施的言语、行为等性骚扰行为，在有见证人的情况下，可以争取见证人进行作证。无见证人时可通过监控、录音、录像等方式进行取证。

要想有效地防范性骚扰行为，除了女性受害者要进行自我保护外，更重要的是用人单位和其他人员要有所作为。在看到女性同事面临性骚扰行为时，男性同事应该主动站出来向受害者提供帮助，并对该种行为表示谴责。协助受害女性向工会、部门主管等反映相关情况，必要时予以作证，并保护受害女性的隐私，避免对其造成二次伤害。

关联规定

《中华人民共和国妇女权益保障法》

第二十三条　禁止违背妇女意愿，以言语、文字、图像、肢体行为等方式对其实施性骚扰。

受害妇女可以向有关单位和国家机关投诉。接到投诉的有关单位和国家机关应当及时处理，并书面告知处理结果。

受害妇女可以向公安机关报案，也可以向人民法院提起民事诉讼，依法请求行为人承担民事责任。

第二十五条 用人单位应当采取下列措施预防和制止对妇女的性骚扰：

（一）制定禁止性骚扰的规章制度；

（二）明确负责机构或者人员；

（三）开展预防和制止性骚扰的教育培训活动；

（四）采取必要的安全保卫措施；

（五）设置投诉电话、信箱等，畅通投诉渠道；

（六）建立和完善调查处置程序，及时处置纠纷并保护当事人隐私和个人信息；

（七）支持、协助受害妇女依法维权，必要时为受害妇女提供心理疏导；

（八）其他合理的预防和制止性骚扰措施。

《中华人民共和国民法典》

第一千零一十条 违背他人意愿，以言语、文字、图像、肢体行为等方式对他人实施性骚扰的，受害人有权依法请求行为人承担民事责任。

机关、企业、学校等单位应当采取合理的预防、受理投诉、调查处置等措施，防止和制止利用职权、从属关系等实施性骚扰。

37. 对于校园性骚扰，学校该怎么做?

要点快答

作为责任主体，学校应该建立预防性侵害、性骚扰的工作制度。对性侵害、性骚扰女学生的违法犯罪行为，学校应当尽到及时通知、报告的义务，配合相关部门依法处理，并保护受害者的个人隐私。

案情简介

小汪是某小学三年级的老师，个人工作能力突出，跟学生相处时也十分有耐心，所在班级的平均成绩一直处于年级前三名，很多家长都觉得孩子跟着汪老师肯定没问题。可看似美好的背后却隐藏着难堪的现实。

某天，小李放学后没有像往常一样去看她最喜欢的电视节目，而是一直心不在焉，就连吃饭的时候也坐立难安。察觉到女儿的异常，小李妈妈来到她的房间，询问她今天在学校的生活。在妈妈的耐心询问下，小李讲出了她在学校的遭遇。

原来，午休时汪老师以补课为由将小李单独叫到办公室，还对她动手动脚。小李不敢反抗，只能默默忍受老师对她的骚扰。回到教室后，小李呆呆地坐在座位上，班里的另一个女同学来问她："你也被叫到汪老师办公室了吗？好多女生都去过。"这时她才知道，自己并不是第一个被汪老师骚扰的人。

听完小李的讲述，妈妈险些无法站稳，她没想到女儿会在学校里遭遇来自老师的性骚扰，更没想到班级内的不少女生都遇到过这种情况。冷静过后，小李妈妈联络了其他受害女生的家长，得知事实后的家长愤怒不已，决定前往学校揭发小汪的违法行径，让他受到应有的惩罚。

第二天，家长来到校长办公室，举报了小汪的所作所为，校长做了调查了解后就拨打了报警电话。警方调查后确认，小汪利用担任小学教师的便利，多次以补课为借口将女学生带往办公室，对其实行抚摸、亲吻等行为，应移交检察机关提起公诉。经人民法院审理，小汪在公共场所多次猥亵儿童，其行为已经构成猥亵儿童罪，依法判处有期徒刑。学校也对小汪作出了辞退处理。

律师说法

在校园性骚扰事件中，受害者多为年龄较小的未成年人。尽管近些年来，我国已经针对青少年儿童开展了性教育普及，但部分青少年儿童依然谈性色变。如果遇到性骚扰，在羞耻心和保守观念的影响下，受害人往往会因惧怕心理而选择隐忍，不敢维护自身权利。

考虑到这种情况，我国通过多部立法对未成年人的人身、人格权利进行保护，将学校纳入未成年人保护的责任主体中。学校不仅要主动建立预防性骚扰、性侵害的工作制度，更要在发生校园性骚扰行为时履行通知、报告义务，及时通知受害人的监护人，向公安机关、教育行政部门报告，并保护受害人的个人信息，避免信息泄露对其造成二次伤害。

律师支招

预防校园性骚扰，不仅要教会孩子如何保护自己，更要督促责任主体承担其相应的责任。

在日常的家庭、学校教育中，监护人和学校要帮助孩子打破“性羞耻”的观念，树立正确的性意识，传播在面对性骚扰行为时敢于向家长、学校求助，勇于维护自己的人身权利的理念。

学校作为主要责任主体，更应该密切关注学生的心理健康，定期排查校园内存在的人身安全隐患。对于校园内发生的性骚扰行为，要秉持依法、负责的原则，及时向公安机关、教育机关等部门进行报告，配合调查，保护受害学生的个人隐私，关注后续的学生心理疏导，为学生提供一个安全、健康的学习生活环境。

关联规定

《中华人民共和国妇女权益保障法》

第二十四条　学校应当根据女学生的年龄阶段，进行生理卫生、心理健康和自我保护教育，在教育、管理、设施等方面采取措施，提高其防范性侵害、性骚扰的自我保护意识和能力，保障女学生的人身安全和身心健康发展。

学校应当建立有效预防和科学处置性侵害、性骚扰的工作制度。对性侵害、性骚扰女学生的违法犯罪行为，学校不得隐瞒，应当及时通知受害未成年女学生的父母或者其他监护人，向公安机关、教育行政部门报告，并配合相关部门依法处理。

对遭受性侵害、性骚扰的女学生，学校、公安机关、教育行政部门等相关单位和人员应当保护其隐私和个人信息，并提供必要的保护措施。

《中华人民共和国未成年人保护法》

第四十条　学校、幼儿园应当建立预防性侵害、性骚扰未成年人工作制度。对性侵害、性骚扰未成年人等违法犯罪行为，学校、幼儿园不得隐瞒，应当及时向公安机关、教育行政部门报告，并配合相关部门依法处理。

学校、幼儿园应当对未成年人开展适合其年龄的性教育，提高未成年人防范性侵害、性骚扰的自我保护意识和能力。对遭受性侵害、性骚扰的未成年人，学校、幼儿园应当及时采取相关的保护措施。

38. 在公共交通工具上遭遇性骚扰，女性应如何维权？

要点快答

在公共交通工具上遭遇性骚扰的，受害女性可以先求助于身边乘客，一方面要制止行为人的性骚扰行为，另一方面要进行取证，为后续维权做好准备。在制止性骚扰行为后，要及时拨打报警电话，由警方依法处理。

案情简介

小祁任职于某咨询公司，为了方便上班通勤，她在地铁站附近租了一套房子，每天都乘坐地铁前往公司，一直没出现过什么问题。但是，在某天中午和同事闲聊的时候，小祁得知她所乘坐的地铁线路最近有“地铁色狼”频频出没，这让她感到一丝担忧。

一天早上，小祁像往常一样乘坐地铁前往公司。早晚高峰的通勤环境用“恶劣”来形容都表现不出其程度，小祁被拥挤的人群挤来挤去，勉强能够站稳。就在她努力克服早高峰带来的不适时，小祁察觉到有人碰到了她的隐私部位。一开始小祁将其视为对方无意中的动作，便主动挪换了个位置。没想到的是，对方紧跟其后，还将整个人都贴在自己身上，并多次用手触碰自己的大腿等部位，小祁这才反应过来自己是遇见“地铁色狼”了。

小祁虽然内心十分害怕，但是她没有放任对方的骚扰行为，而是马上抓住对方的胳膊，并大声质问。对方没想到小祁会直接反抗，一时间愣在了原地。旁边的乘客纷纷帮忙控制住该行为人，并拨打报警电话。

在车厢众人的帮助下，该行为人被顺利控制，只能老老实实等着公安机关的到来。通过查询地铁监控，公安机关确认该行为人就是他们近期一直寻找的“地铁色狼”。在小祁和其他几名乘客的协助下，公安机关将该男子带回警局，等待“地铁色狼”的将是法律的惩罚。

律师说法

根据《中华人民共和国治安管理处罚法》的规定，猥亵他人，情节恶劣的，处五日以上十日以下拘留。据此，在公共交通工具内实施性骚扰行为的，已经构成《中华人民共和国治安管理处罚法》中的猥亵行为，应当依法予以行政处罚。

与其他公众场合不同的是，公共交通工具是一个半封闭式的空间，且处在运行状态，往往人流量大、环境嘈杂，为行为人逃离现场创造了良好的条件，也给性骚扰行为的取证工作带来了极大的困难。因此，在公共场所面临性骚扰时，及时阻止对方的违法犯罪行为很重要，如何有效取证以便后续维权也不容忽视。

律师支招

女性在乘坐公共交通工具面临性骚扰时，可以通过大声呵斥和反抗给对方造成威慑，请求同乘的乘客伸出援手。激烈的肢体反抗不仅可以打断对方的骚扰行为，也便于后续取证，证明双方确因骚扰行为产生争执。

另外，在发现行为人的猥亵行为时，可以就近移动到摄像头等监控设备的覆盖范围内，通过摄像头拍下行为人的体貌特征，为警方的抓捕行为打下基础。

当然，最直接有效的维权方式还是报警。在控制住行为人后，受害女性可以直接拨打报警电话，协助警方制作报案笔录、陈述事实经过、提供相关证据，由警方依法对行为人作出行政处罚。

关联规定

《中华人民共和国妇女权益保障法》

第二十三条　禁止违背妇女意愿，以言语、文字、图像、肢体行为等方式对其实施性骚扰。

受害妇女可以向有关单位和国家机关投诉。接到投诉的有关单位和国家机关应当及时处理，并书面告知处理结果。

受害妇女可以向公安机关报案，也可以向人民法院提起民事诉讼，依法请求行为人承担民事责任。

《中华人民共和国民法典》

第一千零一十条　违背他人意愿，以言语、文字、图像、肢体行为等方式对他人实施性骚扰的，受害人有权依法请求行为人承担民事责任。

机关、企业、学校等单位应当采取合理的预防、受理投诉、调查处置等措施，防止和制止利用职权、从属关系等实施性骚扰。

《中华人民共和国治安管理处罚法》

第四十四条　猥亵他人的，或者在公共场所故意裸露身体，情节恶劣的，处五日以上十日以下拘留；猥亵智力残疾人、精神病人、不满十四周岁的人或者有其他严重情节的，处十日以上十五日以下拘留。

39. 公共场合遇到“暴露狂”，女性应如何保护自己？对方要承担什么责任？

要点快答

在公共场所故意向女性裸露身体、引起对方反感或者恐慌的，受害女性可以直接向公安机关报案，对方应承担相应的行政处罚。

案情简介

小李是某学校的一名大三学生，因毕业在即，她也开始寻找实习机会，为之后的求职做准备。在经过一段时间的简历投递后，小李选择了一家位于学校附近的公司，开始了自己的实习生活。

在平时的通勤路线中，小李都会穿过学校附近的中央公园。刚开始实习时，小李的工作任务不多，每天都能按时下班，返校路上还是人声鼎沸。但是，随着工作任务的增加，小李下班的时间也越来越晚，有好几次回去时，路上都十分冷清。

某天晚上，小李终于结束了一天的工作，拖着疲惫的身体离开了公司。在穿过中央公园时，她突然注意到路灯下有个模糊的身影，对危险的直觉让她下意识远离，加快步伐向前走。让人没想到的是，对方直接朝小李冲了过来。一个陌生的中年男子，将自己的隐私部位裸露在外，还对着小李露出诡异的笑容，小李大惊失色，一边呼救，一边迅速逃离公园。

回到学校后，小李惊魂未定，向舍友讲述了今晚的遭遇。听完之后，舍友提出要去接小李下班。于是，在之后的几天里，小李的舍友都一起陪她下班，她们再也没见过那个奇怪的人。就这么过了半个月，小李觉得对方应该不会再出现了，又开始自己上下班。

一天，就在她像往常一样穿过中央公园时，又看到了那个奇怪的人。这次，小李并没有像上次一样惊慌失措，在离开公园的同时拨打了报警电话，并等待警察前来。根据小李提供的线索，警方将该暴露男子抓获，并对其处以14日的行政拘留。

律师说法

在公共场合故意裸露身体，不仅是一种性骚扰行为，情节恶劣、给他人造成伤害的，还可能以猥亵他人论处。

在上述案例中，该男子的行为给小李的心理造成了严重伤害，且实施骚扰行为的场所是公共场所，受害对象不定，这对公共秩序的维护造成了不良影响。因此，该行为理应以猥亵他人论处，行为人会面临行政处罚。

律师支招

如果在公共场合遇到“暴露狂”，首先，要及时离开对方的活动范围，前往人多、热闹的场所，避免和对方单独处在同一空间。其次，在确定位于安全范围后，应当迅速拨打报警电话，向警方求助，并配合警方做好相关工作。最后，受害女性也可以向警方明确提出自己的要求，如要求行为人进行道歉、书面检讨等，由公安机关依法作出行政处罚。

关联规定

《中华人民共和国妇女权益保障法》

第二十三条　禁止违背妇女意愿，以言语、文字、图像、肢体行为等方式对其实施性骚扰。

受害妇女可以向有关单位和国家机关投诉。接到投诉的有关单位和国家机关应当及时处理，并书面告知处理结果。

受害妇女可以向公安机关报案，也可以向人民法院提起民事诉讼，依法请求行为人承担民事责任。

《中华人民共和国治安管理处罚法》

第四十四条 猥亵他人的，或者在公共场所故意裸露身体，情节恶劣的，处五日以上十日以下拘留；猥亵智力残疾人、精神病人、不满十四周岁的人或者有其他严重情节的，处十日以上十五日以下拘留。

40. 遗弃年迈母亲，儿子会受到什么惩罚？

要点快答

儿子遗弃年迈母亲，造成严重后果的，构成遗弃罪。

案情简介[①]

楚老太太半生辛劳，生育了五个子女。她年事已高，还患有阿尔茨海默病，于是，在当地村委会和派出所的协调下，五名子女协议轮流赡养老太太一周。轮到大儿子赡养时，在派出所民警的警告下，大儿子才把老太太领走，两天后，他又将老太太扔到街上。当晚，五儿子跟派出所联系说老太太走失了，并立刻将消息告诉了其他兄弟姐妹，只有大儿子不闻不问，拒绝回复消息。在苦苦寻找三天后，村干部和民警才在隔壁村旁的竹林里找到了楚老太太的遗体。经法医鉴定，楚老太太因饥寒交迫，诱发疾病而导致死亡。

其间，大儿子一直没有露面。

---

① 江西省上饶市中级人民法院（2021）赣11刑终460号刑事裁定书，载中国裁判文书网，https：//wenshu.court.gov.cn/website/wenshu/181107ANFZ0BXSK4/index.html?docId=kPOB9XJWQheJ4pp/8+c8H5BFuIf5ozLJu8XkpiMkzXG+UIAH6Jxo65O3qNaLMqsJA5iCdx0IBWKCTRlER5Kj+lLYdZtDCZayWllbczIKweqvqNNh6QdeYSPSb4cWbGyU，最后访问时间：2022年10月18日。

法院裁判

法院认为，五名子女都负有对楚老太太的法定赡养义务，因没有协商处理好赡养问题，互相推诿，导致老太太独自外出、受尽饥寒而亡。法院对大儿子提出的无罪辩护意见不予采纳，原因在于：大儿子负有法定赡养义务，且主观上对老太太的遗弃具有故意性；行为上主动遗弃了母亲，甚至在得知母亲失踪后依旧不闻不问。综上所述，大儿子的一系列行为最终导致了楚老太太的死亡，情节恶劣，构成了遗弃罪。法院最终判处大儿子有期徒刑七个月。

律师说法

为继承和发扬中华民族传统美德，法律规定了成年子女对年老的父母有赡养义务。一般情况下，此类赡养问题属民事行为，依据民法进行处理。但在造成了严重后果、情节恶劣的情况下，可能构成刑法中的遗弃罪。就如此案中，大儿子的遗弃行为导致了楚老太太的最终死亡，情节恶劣，不但于情不合、于理不依，亦为刑法所不容。

关联规定

《中华人民共和国刑法》

第二百六十一条 对于年老、年幼、患病或者其他没有独立生活能力的人，负有扶养义务而拒绝扶养，情节恶劣的，处五年以下有期徒刑、拘役或者管制。

《中华人民共和国老年人权益保障法》

第二十四条 赡养人、扶养人不履行赡养、扶养义务的，基层群众性自治组织、老年人组织或者赡养人、扶养人所在单位应当督促其履行。

受害妇女可以向有关单位和国家机关投诉。接到投诉的有关单位和国家机关应当及时处理，并书面告知处理结果。

受害妇女可以向公安机关报案，也可以向人民法院提起民事诉讼，依法请求行为人承担民事责任。

41. 发现疑似妇女被拐卖、绑架时，单位和个人负什么义务？

要点快答

个人和单位负有向公安机关报告的义务。

案情简介①

老冯在当地专门给大龄未婚男性介绍异性朋友。某日，他出差回到家，还带回了一个看起来懵懵懂懂的女人。老冯以48000元的价格将女子“卖”给了同村的冯某。和这个女子生活几个月后，冯某发现女子无法生育，便把这女子“退给”了老冯。老冯只得自己养着这个女子，随时不忘找接手的下家。老冯邻居家的女儿小程回家，无意中发现老冯家竟关着一个女人，尽管小程父母都劝她不要多管闲事，可第二天一大早，小程还是悄悄打电话给当地的妇女联合会，报告了老冯家南屋里关着个女人的事情。妇联听后立刻报案，公安机关接到报案后，当天就解救了被关女子。

法院裁判

老冯曾数次将外地妇女骗去当地，通过多方牵线将其卖出，其行为构成

---

① 河北省邯郸市中级人民法院（2020）冀04刑终459号刑事裁定书，载中国裁判文书网，https：//wenshu.court.gov.cn/website/wenshu/181107ANFZ0BXSK4/index.html?docId=930s85qhV2OtZodMWtZT3D2GacLikvcyT0GG837Rc3R8B/hyyLc0LpO3qNaLMqsJA5iCdx0IBWKCTRlER5Kj+lLYdZtDCZayWllbczIKwerri24CNU5+wh+4zVkNaDRJ，最后访问时间：2022年10月18日。

拐卖妇女罪。由于老冯拐卖妇女的数量较多，仅查明案情的就有三名受害者，情节严重，最后法院以拐卖妇女罪判处老冯有期徒刑十年，并处罚金 2 万元。老冯不服上诉，辩解称自己只是介绍婚事，不构成拐卖妇女罪，后被法院驳回上诉，维持原判。

律师说法

在打击拐卖、绑架妇女这一类刑事犯罪中，会有人认为公安机关才是负责部门，实际并不是这样。本次修订的《中华人民共和国妇女权益保障法》规定了民政部门、人力资源和社会保障部门、卫生健康部门、居民委员会、村民委员会按照各自的职责及时发现报告，并采取措施解救被拐卖、绑架的妇女，还要做好被解救妇女的安置、救助、关爱等工作。妇女联合会也有义务协助、配合做好相关工作。并且，任何组织或个人都不得歧视被拐卖、绑架的妇女。

律师支招

在遇到拐卖、绑架妇女案件时，虽然普通人很难对受害人立即展开施救，但要保持对此类事件的警惕，意识到受害妇女很可能陷入了不能或不敢报案的境地，此时要求助一切相关部门和相关工作人员将其解救。法律也规定了可能遇到此类案件的婚姻登记机关、乡镇人民政府、街道办事处、居民委员会、村民委员会、妇女联合会及工作人员都有向公安机关报告的义务。

关联规定

《中华人民共和国妇女权益保障法》

第二十二条　禁止拐卖、绑架妇女；禁止收买被拐卖、绑架的妇女；禁止阻碍解救被拐卖、绑架的妇女。

各级人民政府和公安、民政、人力资源和社会保障、卫生健康等部门及村民委员会、居民委员会按照各自的职责及时发现报告，并采取措施解救被拐卖、绑架的妇女，做好被解救妇女的安置、救助和关爱等工作。妇女联合会协助和配合做好有关工作。任何组织和个人不得歧视被拐卖、绑架的妇女。

42. 收买被拐卖的妇女，触犯了哪些法律规定?

要点快答

收买被拐卖的妇女，触犯了《中华人民共和国刑法》的相关规定。

案情简介[①]

老吴因为儿子小吴精神发育中度迟滞，一直为给孩子找对象发愁。婚恋介绍人老何得知情况后就给他介绍了老郑家的闺女小郑，小郑同样是精神发育中度迟滞。但老郑并不同意闺女出嫁，认为自家能更好地照看闺女一辈子。

两家在婚事上没有谈妥，本来一拍两散就好，可是中间人老何有一天在小区门口见到了小郑，在没有知会老郑的情况下私自将小郑带走，并开车几十公里将小郑带到老吴家做新媳妇。老吴喜出望外，给老何300元作为酬劳，并承诺结婚事成后还要酬谢老何。老郑在发现闺女不见后，急得焦头烂额，慌忙报警。经警方侦破，老何与老吴先后被公安机关抓获。

法院裁判

法院认为，虽然说是介绍儿女婚事，但两家并未谈妥。老何私自将小郑带走，构成了拐卖妇女罪，老吴给付老何酬劳，构成收买被拐卖的妇女罪。

---

① 重庆市高级人民法院发布6起打击拐卖妇女儿童犯罪典型案例之六，载重庆市高级人民法院微信公众号（2022年6月1日），https://mp.weixin.qq.com/s/THZBIv_BoDKU9dwXO_dI5A，最后访问时间：2022年10月18日。

最终，法院因老何构成拐卖妇女罪判处其有期徒刑五年，老吴虽对老郑家进行了赔偿且取得谅解，但仍构成收买被拐卖的妇女罪，判处有期徒刑一年六个月，缓刑二年。

律师说法

我国将婚姻自由写入法律，禁止包办、买卖婚姻和干涉婚姻自由的行为。本案中，由于大龄青年结婚难的原因，由中间人介绍促成男女婚姻，本无可非议，但介绍不成反而私自将妇女带走，违背妇女意志进行婚嫁，实质上构成了拐卖妇女罪，触犯了《中华人民共和国刑法》。在一些民众法治意识淡薄的地区，居民很可能没有意识到类似老何的行为已经构成拐卖妇女罪，更没有意识到收买被拐卖的妇女也构成犯罪，以及未意识到以所谓“介绍费”“感谢费”为名，给拐卖者费用，会造成恶劣的社会影响，也是法律所不容许的。

律师支招

除公、检、法等机关对拐卖妇女、收买被拐卖的妇女负有执法、司法义务外，《中华人民共和国妇女权益保障法》还规定了各级人民政府、民政、人力资源和社会保障、卫生健康等部门及村民委员会、居民委员会的报告义务，妇女联合会也应协助有关部门做好有关的工作。各级人民政府和公安、民政、人力资源和社会保障、卫生健康等部门都应及时采取措施解救被拐卖、绑架的妇女，做好被解救妇女的安置、救助和关爱等工作。遇到拐卖的类似情况时，可以及时向这些部门和工作人员求助。

关联规定

《中华人民共和国刑法》

第二百四十一条　收买被拐卖的妇女、儿童的，处三年以下有期徒刑、拘役或者管制。

收买被拐卖的妇女，强行与其发生性关系的，依照本法第二百三十六条的规定定罪处罚。

收买被拐卖的妇女、儿童，非法剥夺、限制其人身自由或者有伤害、侮辱等犯罪行为的，依照本法的有关规定定罪处罚。

收买被拐卖的妇女、儿童，并有第二款、第三款规定的犯罪行为的，依照数罪并罚的规定处罚。

收买被拐卖的妇女、儿童又出卖的，依照本法第二百四十条的规定定罪处罚。

收买被拐卖的妇女、儿童，对被买儿童没有虐待行为，不阻碍对其进行解救的，可以从轻处罚；按照被买妇女的意愿，不阻碍其返回原居住地的，可以从轻或者减轻处罚。

《中华人民共和国民法典》

第一千零四十一条 婚姻家庭受国家保护。

实行婚姻自由、一夫一妻、男女平等的婚姻制度。

保护妇女、未成年人、老年人、残疾人的合法权益。

第一千零四十二条 禁止包办、买卖婚姻和其他干涉婚姻自由的行为。禁止借婚姻索取财物。

禁止重婚。禁止有配偶者与他人同居。

禁止家庭暴力。禁止家庭成员间的虐待和遗弃。

《中华人民共和国妇女权益保障法》

第二十二条 禁止拐卖、绑架妇女；禁止收买被拐卖、绑架的妇女；禁止阻碍解救被拐卖、绑架的妇女。

各级人民政府和公安、民政、人力资源和社会保障、卫生健康等部门及村民委员会、居民委员会按照各自的职责及时发现报告，并采取措施解救被拐卖、绑架的妇女，做好被解救妇女的安置、救助和关爱等工作。妇女联合会协助和配合做好有关工作。任何组织和个人不得歧视被拐卖、绑架的妇女。

43. 妇女在面对家暴时，可以求助哪些部门？有关部门应该如何处理？

要点快答

受害人可以向加害人或者受害人所在单位、居民委员会、村民委员会、妇女联合会等单位投诉、反映或者求助。有关单位接到家庭暴力投诉、反映或者求助后，应当给予帮助、处理。受害人也可以向公安机关报案或者依法向人民法院起诉。

案情简介[①]

小王被同村的小赵多次威胁，不得已和他结婚。婚后，小赵多次辱骂、殴打小王，小王为了自己年迈的父母选择忍气吞声。谁料小王的容忍让小赵变本加厉：以往针对小王的暴力行为非但没有收敛，反而还新添了找小王父母麻烦、损毁小王父母家财物的行为。某次，小王被打伤了，住院四天，她忍无可忍，终于决定向公安机关报警，公安机关登记了案件，并依法对小王做了笔录、进行了伤情鉴定。随后，小王向法院申请了人身安全保护令。

法院裁判

法院在查看了小王提供的报警记录和医院的病例报告、诊断证明后，又去派出所调取了讯问笔录和司法鉴定意见书，认定事实——小赵对小王实施

---

① 湖南省石门县人民法院（2020）湘 0726 民保令 3 号民事裁定书，载中国裁判文书网，https：//wenshu.court.gov.cn/website/wenshu/181107ANFZ0BXSK4/index.html?docId=7vKE4vsMMe8ueK4tZX6P0NWvmsc5fR3qrOQkfRUDRbswjSCn2BDGO5O3qNaLMqsJA5iCdx0IBWKCTRlER5Kj+lLYdZtDCZayWllbczIKweofUYAoozhWT4Ki+ogzWkwU，最后访问时间：2022 年 10 月 18 日。

了殴打等家庭暴力的行为，并依法向小王做出了人身安全保护令的裁定——禁止小赵对小王实施殴打、威胁等家庭暴力行为；禁止小赵骚扰、跟踪小王和她的近亲属。

律师说法

在遭受家庭暴力时，除了鼓励受害妇女自身要勇敢地运用法律武器保护自己之外，法律也容许受害人的法定代理人、近亲属向有关部门投诉、反映或者求助。其中，有关部门包括加害人或受害人所在单位、居民委员会、村民委员会、妇女联合会以及公安机关和人民法院。这些单位在接到有关家庭暴力的投诉时，应当依法给予帮助和处理。

律师支招

法律规定了妇女在遭受家庭暴力时可以求助的多个部门，如何从这些部门中做好选择蕴含一定的生活智慧。如果加害人或受害人的单位对家庭暴力事件较为看重或有过处理先例，那么可以向所在单位投诉举报。如果当地居委会或村委会对家庭暴力事件处理比较重视或有经验，那么可以向居委会或村委会求助。如果希望找到主要精力投放在妇女保护上的机构，那么可以向妇女联合会求助。如果自己注重隐私保护，或者希望执法部门和司法部门以法律的公信力帮助妇女，那么可以报警，并向法院申请人身安全保护令。

关联规定

《中华人民共和国反家庭暴力法》

第十三条 家庭暴力受害人及其法定代理人、近亲属可以向加害人或者受害人所在单位、居民委员会、村民委员会、妇女联合会等单位投诉、反映或者求助。有关单位接到家庭暴力投诉、反映或者求助后，应当给予帮助、处理。

家庭暴力受害人及其法定代理人、近亲属也可以向公安机关报案或者依法向人民法院起诉。

单位、个人发现正在发生的家庭暴力行为，有权及时劝阻。

第十五条　公安机关接到家庭暴力报案后应当及时出警，制止家庭暴力，按照有关规定调查取证，协助受害人就医、鉴定伤情。

无民事行为能力人、限制民事行为能力人因家庭暴力身体受到严重伤害、面临人身安全威胁或者处于无人照料等危险状态的，公安机关应当通知并协助民政部门将其安置到临时庇护场所、救助管理机构或者福利机构。

44. 分手后被对方尾随、施暴，可以申请人身安全保护令吗？

要点快答

可以申请人身安全保护令。

案情简介①

小桃和小李在刚工作时认识，很快发展成为男女朋友并同居。两个年轻人的恋爱经历了八年长跑，最终小桃因为现实原因向小李提出了分手，小李一气之下同意了。可他越想越不甘心，分手三个月后找小桃复合，却被小桃拒绝，之后产生了偏激的心态。小李开始跟踪、骚扰、殴打小桃，还曾强行闯进小桃的住处和工作地点，甚至限制小桃的人身自由，抢小桃的钥匙、手机，不让她和外界联系。小李还在小桃的住处张贴了污蔑、辱骂、威胁小桃的材料。公安部门介入后，对小李进行教育、警告，小李反而变本加厉。小桃忍无可忍，向法院申请了人身安全保护令。

① 最高人民法院人身安全保护令十大典型案例之八，载最高人民法院网站，https://www.court.gov.cn/zixun-xiangqing-274801.html，最后访问时间：2022 年 7 月 19 日。

法院裁判

人民法院裁定：（1）禁止小李对小桃实施暴力行为；（2）禁止小李对小桃及其家属实施骚扰、跟踪、接触；（3）禁止小李接近、进入小桃的住所及工作场所。

律师说法

小李和小桃曾是同居关系，没想到这对曾经的恋人需要靠一方申请人身安全保护令来彻底断开关系，令人唏嘘。与人交往时，保护自身安全十分重要。《中华人民共和国反家庭暴力法》规定，人身安全保护令不只是制止家庭成员之间的暴力行为，还包括共同生活的人员之间实施的暴力行为。在同居关系中，暴力行为的受害者，其人身权利受到法律保护。如果同居关系中的一方实施暴力行为或有实施暴力行为的现实危险，法院也会依照另一方的申请作出人身安全保护令。

律师支招

女性面对家庭暴力时，常常因生理体格和力量的原因处于难以反抗的境地。在人身安全遭受危害时，应当寻求法律和有关部门的帮助。如果妇女因受到强制、威吓等，不敢或不能寻求法律的帮助，可以通过近亲属向公安部门、妇女联合会、村委会和居委会等组织求救，向人民法院代为申请人身安全保护令。

关联规定

《中华人民共和国反家庭暴力法》

第二十三条 当事人因遭受家庭暴力或者面临家庭暴力的现实危险，向人民法院申请人身安全保护令的，人民法院应当受理。

当事人是无民事行为能力人、限制民事行为能力人，或者因受到强制、威吓等原因无法申请人身安全保护令的，其近亲属、公安机关、妇女联合会、居民委员会、村民委员会、救助管理机构可以代为申请。

《中华人民共和国妇女权益保障法》

第二十九条　禁止以恋爱、交友为由或者在终止恋爱关系、离婚之后，纠缠、骚扰妇女，泄露、传播妇女隐私和个人信息。

妇女遭受上述侵害或者面临上述侵害现实危险的，可以向人民法院申请人身安全保护令。

第三章

劳动与社会保障权益

45. 什么是女职工的劳动权益和特殊权益?

律师说法

女职工的劳动权益，是指女职工享受《中华人民共和国宪法》及法律法规规定的公民、职工所享有的一般劳动和社会保障权益。依据《中华人民共和国劳动法》等法律法规，女职工享有的劳动权益主要包括：平等就业和选择职业的权利；取得劳动报酬的权利；休息休假的权利；获得劳动安全卫生保障的权利；接受职业技能培训的权利；享受社会保险和保障的权利；提请劳动争议处理的权利。

女职工的特殊权益，是指女职工除享受国家规定的女性应享有的合法权益外，还享受国家针对女职工生理特点、体力状况、"四期"（经期、孕期、产期、哺乳期）的特殊情况等，对女职工在劳动过程中所给予的特别保护，主要包括不得安排女职工从事紧急劳动，以及对女职工在"四期"的特殊劳动保护。

此外，女职工在工作中享有政治权利。维护女职工的政治权利，主要体现在为女职工参政议政创造条件，组织女职工参与国家事务和所在单位的民主管理，在女职工较多的行业和部门配备一定数量的女干部等。

关联规定

《中华人民共和国妇女权益保障法》

第十五条第二款 国家机关、群团组织、企业事业单位培养、选拔和任用干部，应当坚持男女平等的原则，并有适当数量的妇女担任领导成员。

第四十一条 国家保障妇女享有与男子平等的劳动权利和社会保障权利。

第四十二条 各级人民政府和有关部门应当完善就业保障政策措施，防止和纠正就业性别歧视，为妇女创造公平的就业创业环境，为就业困难的妇女提供必要的扶持和援助。

第四十七条 用人单位应当根据妇女的特点，依法保护妇女在工作和劳动时的安全、健康以及休息的权利。

妇女在经期、孕期、产期、哺乳期受特殊保护。

第五十一条第二款 国家建立健全职工生育休假制度，保障孕产期女职工依法享有休息休假权益。

《中华人民共和国劳动法》

第十三条 妇女享有与男子平等的就业权利。在录用职工时，除国家规定的不适合妇女的工种或者岗位外，不得以性别为由拒绝录用妇女或者提高对妇女的录用标准。

第五十八条 国家对女职工和未成年工实行特殊劳动保护。

未成年工是指年满十六周岁未满十八周岁的劳动者。

《女职工劳动保护特别规定》

第一条 为了减少和解决女职工在劳动中因生理特点造成的特殊困难，保护女职工健康，制定本规定。

46. 招聘条件中注明“只限男性”“男性优先”是否合法?

要点快答

一般情况下，是不合法的，但国家明确规定不适合妇女的工种或岗位除外。

案情简介

小梁是个热爱美食的女生。2015年，小梁取得中式烹调师三级高级技能职业资格证书。之后，小梁在招聘网站上看到某餐饮公司招聘厨房学徒，满怀憧憬的她决定去应聘。

然而，该餐饮公司拒绝安排小梁面试，并声称厨房学徒已经招满。小梁接受了这个理由，并准备继续寻找别的工作机会。不料，在浏览招聘网站的过程中，小梁发现拒绝面试自己的餐饮公司仍在招人，而且在应聘条件中赫然多了一条："仅限男性"。

小梁决心去餐饮公司问个清楚。未曾想，前台直接向她反复抛出"厨房学徒就是不要女的，有厨师证也不行""我们就是不招女工，填了招聘表也没用"等类似的话。小梁这才反应过来，之前不安排面试仅仅是因为她的性别为女，而不是职位满员。她不懂餐饮公司连面试机会都不给她，怎么就确定她比男性差？小梁越想越生气、郁愤，最终决定把该餐饮公司告上法庭。

那么，公司招聘条件中注明"只限男性""男性优先"的做法合法吗？

律师说法

招聘条件中注明"只限男性""男性优先"在一般情况下是不合法的，但国家明确规定不适合妇女的工种或岗位除外。

我国保护女性的平等就业权。劳动者就业，不因民族、种族、性别、宗教信仰不同而受歧视。因此，用人单位在招聘时，除国家明确规定不适合妇女的工种或岗位外，不得单纯基于性别而拒绝录用或是提高录用标准，否则就属于就业性别歧视。

至于国家明确规定不适合妇女的工种或岗位，可以参照国务院颁布的《女职工劳动保护特别规定》附录一，主要包括：（1）矿山井下作业；（2）体力劳动强度分级标准中规定的第四级体力劳动强度的作业；（3）每小时负重 6 次以上、每次负重超过 20 公斤的作业，或者间断负重、每次负重超过 25 公斤的作业。

前述案例中，小梁应聘的职位是厨房学徒，招聘广告中明确说明劳动强度是每天工作 8 小时，每周休息 1 天，远未达到第四级体力劳动的标准，不属于国家明确规定不适合妇女的工种或岗位。因此，该餐饮公司侵犯了小梁的平等就业权。最终，法院判决小梁胜诉。

律师支招

在企业招聘中，当招聘条件中明确注明“只限男性”或“男性优先”，并且该岗位不属于不适合妇女的工种或岗位时，求职女性应注意收集涉嫌就业性别歧视的证据，必要时，可以通过以下途径维权：

（1）向当地劳动保障监察大队举报。举报方式包括直接来访、书面来信、拨打热线电话等。

（2）直接向人民法院提起诉讼。

（3）寻求妇女联合会组织帮助。

关联规定

《中华人民共和国宪法》

第四十八条 中华人民共和国妇女在政治的、经济的、文化的、社会的和家庭的生活等各方面享有同男子平等的权利。

国家保护妇女的权利和利益，实行男女同工同酬，培养和选拔妇女干部。

《中华人民共和国妇女权益保障法》

第四十一条 国家保障妇女享有与男子平等的劳动权利和社会保障权利。

第四十三条 用人单位在招录（聘）过程中，除国家另有规定外，不得实施下列行为：

（一）限定为男性或者规定男性优先；

（二）除个人基本信息外，进一步询问或者调查女性求职者的婚育情况；

（三）将妊娠测试作为入职体检项目；

（四）将限制结婚、生育或者婚姻、生育状况作为录（聘）用条件；

（五）其他以性别为由拒绝录（聘）用妇女或者差别化地提高对妇女录（聘）用标准的行为。

《中华人民共和国劳动法》

第十二条　劳动者就业，不因民族、种族、性别、宗教信仰不同而受歧视。

第十三条　妇女享有与男子平等的就业权利。在录用职工时，除国家规定的不适合妇女的工种或者岗位外，不得以性别为由拒绝录用妇女或者提高对妇女的录用标准。

《中华人民共和国就业促进法》

第二十七条　国家保障妇女享有与男子平等的劳动权利。

用人单位招用人员，除国家规定的不适合妇女的工种或者岗位外，不得以性别为由拒绝录用妇女或者提高对妇女的录用标准。

用人单位录用女职工，不得在劳动合同中规定限制女职工结婚、生育的内容。

《女职工劳动保护特别规定》

附录：

一、女职工禁忌从事的劳动范围：

（一）矿山井下作业；

（二）体力劳动强度分级标准中规定的第四级体力劳动强度的作业；

（三）每小时负重 6 次以上、每次负重超过 20 公斤的作业，或者间断负重、每次负重超过 25 公斤的作业。

47. 用人单位招聘时可以要求女性求职者任职期间不准结婚吗？

要点快答

用人单位招聘时不可以要求女性求职者不结婚，任何人都不能限制他人的婚姻自由。

案情简介

春节过后，酒店想要招聘一位新的前台女领班。在招聘公告中，酒店要求领班人员身高在168厘米以上，体重不超过60千克，年龄不超过30岁。

小黄相貌出众，身材高挑，形象气质俱佳，刚刚23岁，外形和年龄都符合酒店前台领班的招聘要求。于是，小黄信心满满地去参加面试，一路过关斩将来到面试的最终环节，让她没有想到的是，酒店开始调查她的婚育状况和相关计划，这让她非常为难。

酒店的面试官得知小黄未婚后非常满意，随后告知小黄如果想要获得这个职位，在入职以后三年内不能结婚，如果能够认同并且签署协议，那么会被立刻录用。假如计划三年内结婚，需要经过领导批准，如果未经批准任意结婚，将视为自动解除劳动合同。同时，面试官暗示小黄，其实酒店领导从来没有批准同意员工结婚的先例，凡是结婚的前台领班，都被酒店辞退了。

事实上，小黄和男友已经交往两年，正准备工作稳定后筹备结婚事宜。面对这样隐性的招聘条件，小黄非常犹豫又觉得无奈，难道她的劳动权利和婚姻自由权利不能兼得吗?

律师说法

当然不是。酒店作为用人单位将限制婚姻自由作为招聘条件的行为违法。

婚姻自由是公民的基本权利，在《中华人民共和国宪法》和《中华人民共和国民法典》中，都规定了禁止破坏或干涉婚姻自由。同时法律也明确规定，用人单位招聘时，不得将限制结婚、生育或者将婚姻、生育状况作为录用或聘用条件。即使用人单位和劳动者签订的劳动合同中有限制婚姻自由的条款也属于法定的无效情形。

事实上，在现实生活中，用人单位出于经营管理或者工作性质的需要，会对劳动者进行各种各样的限制，如要求具有良好的形象气质、要求统一着装、要求讲普通话或者方言、要求微笑服务，等等。如果这些限制是出于工作的实际需要，那么无可非议。但是如果用人单位虽然招聘信息上不说明，私下却要求女性承诺几年内不能结婚、生孩子，则违反了法律规定，即使签订了劳动合同，也对双方没有约束力。

除非用人单位对职位有明确要求，并且在招聘时公示，否则法律禁止用人单位以婚姻状况等原因拒绝录用女性员工。如果女性员工是因上述原因而作出虚假陈述，即使违反劳动合同中限制婚姻状况的约定，也不构成欺诈。而用人单位限制女性员工婚姻状况的合同约定，违反了法律强制性规定，因此，用人单位无权据此解除劳动关系，否则即应支付解除劳动合同的赔偿金。

律师支招

如果现实中面临上述情况，女性可以采取以下措施维护自身权益：

（1）劳动者可以向用人单位所在地的劳动行政部门投诉，由劳动行政部门责令改正。

（2）如果签订劳动合同后，用人单位以劳动者的婚育状况为由解除劳动合同，劳动者可以要求用人单位继续履行合同，或者要求用人单位支付违法解除劳动合同的赔偿金。

关联规定

《中华人民共和国宪法》

第四十九条　婚姻、家庭、母亲和儿童受国家的保护。

夫妻双方有实行计划生育的义务。

父母有抚养教育未成年子女的义务，成年子女有赡养扶助父母的义务。

禁止破坏婚姻自由，禁止虐待老人、妇女和儿童。

《中华人民共和国妇女权益保障法》

第四十三条第二项、第四项　用人单位在招录（聘）过程中，除国家另有规定外，不得实施下列行为：

……

（二）除个人基本信息外，进一步询问或者调查女性求职者的婚育情况；

……

（四）将限制结婚、生育或者婚姻、生育状况作为录（聘）用条件

……

第六十一条 国家保护妇女的婚姻自主权。禁止干涉妇女的结婚、离婚自由。

《中华人民共和国民法典》

第一千零四十一条第二款 实行婚姻自由、一夫一妻、男女平等的婚姻制度。

第一千零四十二条第一款 禁止包办、买卖婚姻和其他干涉婚姻自由的行为。禁止借婚姻索取财物。

《中华人民共和国劳动法》

第九十五条 用人单位违反本法对女职工和未成年工的保护规定，侵害其合法权益的，由劳动行政部门责令改正，处以罚款；对女职工或者未成年工造成损害的，应当承担赔偿责任。

48. 用人单位可以将妊娠测试作为入职体检项目吗？

要点快答

不可以。

案情简介

小英自大学毕业在职场摸爬滚打了六七年后希望换一份新工作。凭借多年工作经验，在面试多家公司、拒绝好几份高薪工作后，她得到了梦寐以求的工作邀约——来自行业内知名的信息咨询公司的邀约。打开公司发来的工作邀请邮件，慢慢滑动手机屏幕的小英，已经开始幻想入职以后的美好生活。但这一切美好的幻想都被邮件中的一行小字硬生生掐断了：“入职体检请提供一个月内区级以上医院的证明（女士需增加尿检 HCG 项）。”

“尿检 HCG 项？这不是测怀孕的吗？”小英内心嘀咕道，同时忐忑不安地拨通了应征公司人事的电话。电话那头的回应带着点惊讶与慌乱：“啊，这只是个检测而已，不是想看你有没有怀孕，我们公司绝对不会歧视女性的，你就去医院直接做检测，十分钟就能拿到结果。”

听到回复的小英内心一阵挣扎，用人单位可以将妊娠测试作为入职体检项目吗？

律师说法

不可以。

法律规定，用人单位在招录或招聘过程中，除国家另有规定外，不得将妊娠测试作为入职体检项目。从医学上看，尿检 HCG 项即尿妊娠试验，用来检查是否怀孕。用人单位在入职体检中要求女性增加尿检 HCG 项（尿妊娠试验），显然不符合法律对女性权益保护的规定。

女职工的合法权益受到法律、法规的保障。劳动者婚育状况一般不属于用人单位在招聘时需要了解的基本情况，而属于个人隐私，劳动者不负有向用人单位进行说明的义务，用人单位也不得将妊娠测试作为入职体检项目。

律师支招

若女性在求职过程中遭遇性别歧视，可采取以下途径进行维权：

（1）拨打 12333、12338、12351 热线，对就业性别歧视举报投诉，相关部门会对涉嫌就业性别歧视的用人单位开展联合约谈、调查和调解，督促限期纠正，拒不接受约谈或约谈后拒不改正的，依法进行查处，并通过媒体向社会曝光。

（2）寻求司法救济，可以以平等就业权纠纷为由，向法院提起诉讼，符合条件的女性还可以申请法律援助。

关联规定

《中华人民共和国妇女权益保障法》

第四十三条 用人单位在招录（聘）过程中，除国家另有规定外，不得实施下列行为：

（一）限定为男性或者规定男性优先；

（二）除个人基本信息外，进一步询问或者调查女性求职者的婚育情况；

（三）将妊娠测试作为入职体检项目；

（四）将限制结婚、生育或者婚姻、生育状况作为录（聘）用条件；

（五）其他以性别为由拒绝录（聘）用妇女或者差别化地提高对妇女录（聘）用标准的行为。

《人力资源社会保障部、教育部等九部门关于进一步规范招聘行为促进妇女就业的通知》

二、依法禁止招聘环节中的就业性别歧视。各类用人单位、人力资源服务机构在拟定招聘计划、发布招聘信息、招用人员过程中，不得限定性别（国家规定的女职工禁忌劳动范围等情况除外）或性别优先，不得以性别为由限制妇女求职就业、拒绝录用妇女，不得询问妇女婚育情况，不得将妊娠测试作为入职体检项目，不得将限制生育作为录用条件，不得差别化地提高对妇女的录用标准。国有企事业单位、公共就业人才服务机构及各部门所属人力资源服务机构要带头遵法守法，坚决禁止就业性别歧视行为。

三、强化人力资源市场监管。监督人力资源服务机构建立健全信息发布审查和投诉处理机制，切实履行招聘信息发布审核义务，及时纠正发布含有性别歧视内容招聘信息的行为，确保发布的信息真实、合法、有效。对用人单位、人力资源服务机构发布含有性别歧视内容招聘信息的，依法责令改正；拒不改正的，处1万元以上5万元以下的罚款；情节严重的人力资源服务机构，吊销人力资源服务许可证。将用人单位、人力资源服务机构因发布含有性别歧视内容的招聘信息接受行政处罚等情况纳入人力资源市场诚信记录，依法实施失信惩戒。

49. 劳动合同中规定“女职工两年之内不得结婚”是否合法？

要点快答

不合法。

案情简介

一年前，小薛硕士毕业后来到某留学机构做英语老师，日常工作非常繁忙。最近，小薛办理了结婚登记，并晒出结婚证，分享新婚的喜悦。没想到的是，没过多久她就收到人事部门的通知——公司根据劳动合同要将小薛解雇。这时小薛仔细阅读劳动合同才发现，其中的附加条款约定了“女职工两年之内不得结婚”。

小薛认为这样的合同条款很不人性，就去找公司领导理论。领导却说劳动合同是小薛当初自愿签订的，现在违反了合同约定，公司只能解雇她。另一位女领导也跟小薛解释说，公司80%的员工都是女性，并且绝大多数都是通过应届毕业招聘来的年轻女性，处于适婚期，如果工作后两年内就都结婚，随后可能会因为生育休产假造成公司的人力资源严重不足，所以才会有这样的规定，公司希望小薛能够理解，并且自行承担没有认真阅读合同条款的责任。

小薛认为自己虽然有错，但公司的规定似乎哪里不对，于是她打电话咨询了留学机构所在市的总工会。该市总工会工作人员告诉小薛，劳动合同中约定“两年之内不得结婚”违反了法律规定。事实果真如此吗？

律师说法

是的。用人单位在劳动合同中限制结婚的约定是违法的。

根据我国法律规定，用人单位不得在劳动合同中设置限制结婚的条款，也不得因女职工结婚而单方面解除劳动合同。公司限制结婚的权利侵害了劳动者的基本人权，同时不利于劳动关系的和谐稳定，也会对企业的长远发展起到负面作用。

本案中，该留学机构应当恢复小薛的工作岗位，对公司的规章制度和劳动合同进行修订，与女职工依法重新签订劳动合同，不再限制女职工的结婚权利。

律师支招

如果用人单位坚持在劳动合同中设置限制结婚的条款，劳动者可以采取以下措施维护自己的权利：

（1）拨打当地总工会的热线电话进行投诉，由工会联系用人单位负责人进行整改。

（2）如果用人单位拒不接受工会的建议进行整改，劳动者可以向劳动争议仲裁委员会申请仲裁。

（3）对仲裁裁决不服的，可以向人民法院提起诉讼。

关联规定

《中华人民共和国宪法》

第四十九条 婚姻、家庭、母亲和儿童受国家的保护。

夫妻双方有实行计划生育的义务。

父母有抚养教育未成年子女的义务，成年子女有赡养扶助父母的义务。

禁止破坏婚姻自由，禁止虐待老人、妇女和儿童。

《中华人民共和国妇女权益保障法》

第四十四条第一款 用人单位在录（聘）用女职工时，应当依法与其签订劳动（聘用）合同或者服务协议，劳动（聘用）合同或者服务协议中应当具备女职工特殊保护条款，并不得规定限制女职工结婚、生育等内容。

第四十八条第一款 用人单位不得因结婚、怀孕、产假、哺乳等情形，降低女职工的工资和福利待遇，限制女职工晋职、晋级、评聘专业技术职称和职务，辞退女职工，单方解除劳动（聘用）合同或者服务协议。

50. 用人单位可以要求女职工“排队生育”吗?

要点快答

不可以。

案情简介

小吴是某医院妇产科的护士，三十多岁，儿子刚刚上小学。小吴在工作中看到那么多婴儿诞生，所以也想再生一个宝宝和儿子做伴。但让她感到为难的是，根据医院新的规章制度，她的怀孕时机必须在医院主张的“规定时间”内。

事情是这样的，小吴所在医院共有女护士近 200 人，随着国家生育政策的改变，医院为了防止因女护士集中休产假导致人手不足的情况出现，特地制定了新的规章制度，要求女护士“排队生育”，各个科室同时怀孕的女护士不得超过 3 人。

对此，小吴的丈夫说：“生育是每个人的权利，医院居然限制生育权，这简直太荒唐了！”那么，医院可以要求女职工“排队生育”吗?

律师说法

用人单位不可以要求女职工“排队生育”。

根据我国法律规定，生育权是我国公民依法享有的权利，任何单位或个人不得非法剥夺或限制公民的生育权。用人单位也不得限制女性的生育权，“排队生育”实际是在变相限制女性的生育权。

本案中，医院担心出现扎堆生育的现象，影响工作开展，于是想通过“排队生育”的方式限制女护士的生育权，此举侵犯了女职工的合法权益。从长远来看，这一规定也不利于维护医疗队伍的稳定。

律师支招

即使用人单位要求“排队生育”，若女职工怀孕，用人单位也不得据此与其解除劳动合同、给其转岗或降低工资。如果因此出现劳动争议，女职工可以采取以下措施维护自己的合法权益：

（1）与用人单位进行协商，协商不成，可以向本单位劳动争议调解委员会申请调解。

（2）调解不成，可以向劳动争议仲裁委员会申请仲裁。

（3）对仲裁裁决不服的，可以向人民法院提起诉讼。

（4）除此之外，女职工可以依法投诉、举报、申诉：依法请求县级以上人民政府人力资源社会保障行政部门责令用人单位限期改正，按照受侵害女职工每人1000元以上5000元以下的标准计算，处以罚款。

关联规定

《中华人民共和国妇女权益保障法》

第四十四条第一款 用人单位在录（聘）用女职工时，应当依法与其签订劳动（聘用）合同或者服务协议，劳动（聘用）合同或者服务协议中应当具备女职工特殊保护条款，并不得规定限制女职工结婚、生育等内容。

《中华人民共和国劳动合同法》

第四十二条 劳动者有下列情形之一的，用人单位不得依照本法第四十条、第四十一条的规定解除劳动合同：

（一）从事接触职业病危害作业的劳动者未进行离岗前职业健康检查，或者疑似职业病病人在诊断或者医学观察期间的；

（二）在本单位患职业病或者因工负伤并被确认丧失或者部分丧失劳动能力的；

（三）患病或者非因工负伤，在规定的医疗期内的；

（四）女职工在孕期、产期、哺乳期的；

（五）在本单位连续工作满十五年，且距法定退休年龄不足五年的；

（六）法律、行政法规规定的其他情形。

《女职工劳动保护特别规定》

第五条 用人单位不得因女职工怀孕、生育、哺乳降低其工资、予以辞退、与其解除劳动或者聘用合同。

51. 女职工在经期可以享受哪些特殊保护？

要点快答

月经期间的女职工可以照常劳动，但用人单位不得要求其参加过重的体力劳动，或者参加高处、低温、冷水等作业。

案情简介

小周今年30岁，多年来一直就职于一家生鲜销售公司，从事冷库商品入库、分拣、出库等工作。由于工作性质的原因，即使在月经期间，她也不得不在零下十几摄氏度的冷库中工作。

虽然以前生理期工作时小周会觉得身体有些不适，但都在可忍受的范围内。最近每当月经来临时，小周在冷库中总感觉非常痛苦。她跟自己的闺蜜诉苦时，聪明的闺蜜帮她出主意说：“听说用人单位不能安排经期女性从事低温工作，如果是从事低温工作的女职工，在月经期间可以获得一天到两天的假期。”

于是，小周向领导提出请假申请，但是领导却说已经发放了“低温作业津贴”，拒绝批准小周的假期申请。那么，小周的申请有法可依吗？

律师说法

我国法律规定：妇女在经期受特殊保护，用人单位不得安排女职工在经期从事高处、低温、冷水作业和国家规定的第三级体力劳动强度的劳动。具体来说，禁止从事的高空作业主要指工作高度在 5 米以上，或存在 11 种直接引起坠落的客观危险因素之一且工作高度在 2 米以上的作业；低温、冷水作业是指在劳动生产过程中，操作人员接触冷水温度等于或小于 12℃的作业或者是其工作地点平均气温等于或低于 5℃的作业。

本案中，小周日常工作地点的平均气温在零下十几摄氏度，显然远远低于 5℃，所以她所从事的工作内容实际上是女职工在经期所禁止的。公司领导不仅没有安排小周暂时到其他岗位工作，也没有允许小周的请假要求，显然不符合法律的规定。即使发放经期作业的经济补偿，也不能代替女性经期享有的特殊劳动权益。

此外，如果女职工患有重度痛经或者月经过多等疾病，经医疗或妇幼保健机构确诊后，月经期间可以适当获得 1 天至 2 天的休假。尽管在现实中，有些用人单位为了提高效益，无视法律规定，漠视女性权利，但是随着社会的不断发展和进步，或许在不久的将来，用人单位能够对女性给予更多的关爱与理解，让更多职场女性都可以真正享受到特殊的劳动权益保护。

律师支招

女职工经期的特殊劳动保护权益受到侵害时，可以采取以下方式维权：

（1）可以先尝试与单位领导进行协商，如果协商不成，可以向所在单位的主管部门或者当地劳动部门提出申诉。

（2）用人单位侵害女职工合法权益，女性也可以向劳动人事争议仲裁机构申请调解、仲裁，或者依法向人民法院提起诉讼。

关联规定

《中华人民共和国妇女权益保障法》

第四十七条　用人单位应当根据妇女的特点，依法保护妇女在工作和劳动时的安全、健康以及休息的权利。

妇女在经期、孕期、产期、哺乳期受特殊保护。

《中华人民共和国劳动法》

第六十条　不得安排女职工在经期从事高处、低温、冷水作业和国家规定的第三级体力劳动强度的劳动。

《女职工劳动保护特别规定》

附录：女职工禁忌从事的劳动范围

二、女职工在经期禁忌从事的劳动范围：（一）冷水作业分级标准中规定的第二级、第三级、第四级冷水作业；（二）低温作业分级标准中规定的第二级、第三级、第四级低温作业；（三）体力劳动强度分级标准中规定的第三级、第四级体力劳动强度的作业；（四）高处作业分级标准中规定的第三级、第四级高处作业。

《女职工保健工作规定》

第七条　月经期保健

4. 患有重度痛经及月经过多的女职工，经医疗或妇幼保健机构确诊后，月经期间可适当给予 1 至 2 天的休假。

52. 女职工在孕期可以享受哪些特殊保护？

要点快答

用人单位应当保障怀孕女职工的劳动权利和休息权利，同时不得安排女职工从事怀孕期间禁忌从事的工作，以保证孕妇健康和胎儿的正常发育。

案情简介

小刘在县城的卷烟厂工作，常常需要上夜班，就连怀孕后也没有停止夜间工作。最近，小刘去医院做检查，医生签发的检查结果证明：小刘已经怀孕七个多月，建议停止夜班劳动，并且在工作时间内安排中间休息，以免影响胎儿和孕妇健康。

于是第二天，小刘就拿着医院的产检报告，来到卷烟厂劳资科，询问是否可以停止每三天一次的夜班劳动，并允许她工作中途离岗休息。劳资科的工作人员当场拒绝，告诉小刘要么继续上夜班，要么扣发工资奖金。

小刘非常困惑，卷烟厂的做法合适吗？

律师说法

不仅不合适，而且不合法。

根据我国法律法规的规定，怀孕7个月以上的女职工，一般不得安排其从事夜班劳动，并应当在劳动时间内安排一定的休息时间。在本案中，小刘已经怀孕7个多月，按规定可以要求停止夜班劳动和享受工间休息的待遇，但是卷烟厂劳资科拒不同意，并且以扣发工资奖金相威胁，这种做法不仅不合适，而且不合法，应当加以纠正。

律师支招

用人单位违反法律规定安排夜班劳动，怀孕7个月以上的女职工可以依法投诉、举报、申诉：

（1）依法请求县级以上人民政府人力资源社会保障行政部门责令用人单位限期改正，按照受侵害女职工每人1000元以上5000元以下的标准计算，处以罚款。

（2）依法向劳动人事争议调解仲裁机构申请调解仲裁，对仲裁裁决不服的，依法向人民法院提起诉讼。

关联规定

《中华人民共和国妇女权益保障法》

第四十七条　用人单位应当根据妇女的特点，依法保护妇女在工作和劳动时的安全、健康以及休息的权利。

妇女在经期、孕期、产期、哺乳期受特殊保护。

第五十一条第二款　国家建立健全职工生育休假制度，保障孕产期女职工依法享有休息休假权益。

《中华人民共和国劳动法》

第六十一条　不得安排女职工在怀孕期间从事国家规定的第三级体力劳动强度的劳动和孕期禁忌从事的劳动。对怀孕七个月以上的女职工，不得安排其延长工作时间和夜班劳动。

《女职工劳动保护特别规定》

第六条第二款　对怀孕7个月以上的女职工，用人单位不得延长劳动时间或者安排夜班劳动，并应当在劳动时间内安排一定的休息时间。

第十三条第一款　用人单位违反本规定第六条第二款、第七条、第九条第一款规定的，由县级以上人民政府人力资源社会保障行政部门责令限期改正，按照受侵害女职工每人1000元以上5000元以下的标准计算，处以罚款。

附录　三、女职工在孕期禁忌从事的劳动范围：

（一）作业场所空气中铅及其化合物、汞及其化合物、苯、镉、铍、砷、氰化物、氮氧化物、一氧化碳、二硫化碳、氯、己内酰胺、氯丁二烯、氯乙烯、环氧乙烷、苯胺、甲醛等有毒物质浓度超过国家职业卫生标准的作业；

（二）从事抗癌药物、己烯雌酚生产，接触麻醉剂气体等的作业；

（三）非密封源放射性物质的操作，核事故与放射事故的应急处置；

（四）高处作业分级标准中规定的高处作业；

（五）冷水作业分级标准中规定的冷水作业；

（六）低温作业分级标准中规定的低温作业；

（七）高温作业分级标准中规定的第三级、第四级的作业；

（八）噪声作业分级标准中规定的第三级、第四级的作业；

（九）体力劳动强度分级标准中规定的第三级、第四级体力劳动强度的作业；

（十）在密闭空间、高压室作业或者潜水作业，伴有强烈振动的作业，或者需要频繁弯腰、攀高、下蹲的作业。

53. 女职工在孕期、产期、哺乳期，用人单位可以因此减薪吗？

要点快答

不可以。

案情简介

2018年7月，小蒋入职一家化妆品公司担任行政专员。双方签订了为期三年的劳动合同，约定小蒋的工资标准为每月6000元。2019年3月初，小蒋发现自己怀孕，由于需要请假去做产检，于是将此事如实告诉了公司。

没过多久，公司便告知小蒋，因其怀孕，身体状况无法满足现有岗位需求，工作效率将会下降，因此将其工资标准减少到每月3000元。但是小蒋表示，她原来的日常工作主要涉及起草、发布内部通知消息，撰写文件等书面工作，工作半年多，对于处理这些工作，她已经熟练掌握，怀孕后也能胜任。可化妆品公司不顾小蒋反对，在明知其怀孕的情况下还是降低了她的工资标准。

化妆品公司的做法是否违反了法律规定？

律师说法

化妆品公司以女职工怀孕为由降低其工资标准，违反了相关法律法规的规定。《中华人民共和国妇女权益保障法》规定用人单位不得因结婚、怀孕、产假、哺乳等情形，降低女职工的工资和福利待遇。

女性在孕期、产期、哺乳期内，因妊娠、生育、抚育婴儿而处于特殊的生理时期。在此期间，女职工因特殊的身体状况，常常会导致劳动权益受损。如部分用人单位在得知女职工怀孕后，便以此为由单方面降低女职工的薪资报酬，甚至以此逼迫女职工主动离职，这种做法显然不妥，用人单位可能需要承担相应的法律责任。

当然，如果女职工怀孕后确实无法胜任原工作，那么根据《中华人民共和国劳动合同法》的规定，经用人单位与劳动者协商一致，可以书面变更劳动合同约定的内容。同时，用人单位需要充分说明女职工原岗位的职责，以及女职工怀孕后完成工作的情况，以此证明女职工怀孕后无法胜任工作。否则，用人单位不可以不顾怀孕女职工反对，擅自降低其工资报酬。

律师支招

在女职工孕期、产期、哺乳期内，如果用人单位擅自变更劳动合同约定的内容，降低劳动者的工资报酬，双方协商不成的，劳动者可以提起劳动仲裁，要求用人单位支付工资差额。如果劳动者不服劳动仲裁裁决，还可以向人民法院提起诉讼。

关联规定

《中华人民共和国妇女权益保障法》

第四十八条第一款　用人单位不得因结婚、怀孕、产假、哺乳等情形，降低女职工的工资和福利待遇，限制女职工晋职、晋级、评聘专业技术职称和职务，辞退女职工，单方解除劳动（聘用）合同或者服务协议。

《中华人民共和国劳动合同法》

第三十五条第一款 用人单位与劳动者协商一致，可以变更劳动合同约定的内容。变更劳动合同，应当采用书面形式。

《女职工劳动保护特别规定》

第五条 用人单位不得因女职工怀孕、生育、哺乳降低其工资、予以辞退、与其解除劳动或者聘用合同。

54. 女职工在孕期、产期、哺乳期，用人单位可以因此解除劳动合同吗？

要点快答

不可以。

案情简介

小梅是家里的独生女，希望将来能留在父母身边。于是，大学毕业后，她回到家乡小城，进入一家百货公司担任行政文员。每月工资标准4800元。虽然工资没有大城市丰厚，但好在工作比较轻松。

不久后，小梅在游泳俱乐部认识了小刚。两个年轻人对对方都有好感，顺利地恋爱、结婚。一年之后，小梅怀孕了。某次孕期检查后，医院诊断小梅怀孕20周，有先兆流产的症状，建议全休三周。

因此，小梅向公司领导提出请假申请。但没想到的是，领导经过讨论后，居然让小梅主动辞职。小梅又气愤又不解，就去找领导询问原因。领导告诉小梅，因为孕妇的形象和特殊身体状况，导致她不再符合原本工作岗位的需求，希望小梅主动辞职。否则，公司将以不服从公司安排、严重违纪为由，将小梅开除。

公司真的可以这样做吗?

律师说法

不可以，这样做是不合法的。

我国法律规定，女职工在怀孕、生育、哺乳期间，在无明显过错的情形下，用人单位不得因其处于上述“三期”期间解除劳动关系。公司在知悉女员工怀孕后，在女员工并没有严重违纪行为的情况下，不考虑女员工特殊的身体状况，就以女性怀孕不能适应岗位需求为由解除劳动合同，显然不符合法律对妇女权益保护的特殊规定。

公司任意与怀孕的女员工解除劳动关系，既不利于保障妇女在怀孕、生育、哺乳期间的特殊劳动权益，也不利于公司生产经营的正常运行。妇女处于怀孕、生育、哺乳期间时，公司不应随意将其抛弃，而是应当为女性提供更多的工作便利和人文关怀，给予女性更多的尊重、理解和支持。

律师支招

实践中，如果用人单位刻意与处于怀孕、生育或哺乳期间的女员工解除劳动合同，那么，女性可以选择以下两种途径维护自身权益:

（1）不同意解除劳动合同，要求双方继续履行合同;

（2）不主张双方劳动合同继续存续，但要求用人单位支付违法解除劳动合同的赔偿金。

关联规定

《中华人民共和国妇女权益保障法》

第四十七条　用人单位应当根据妇女的特点，依法保护妇女在工作和劳

动时的安全、健康以及休息的权利。

妇女在经期、孕期、产期、哺乳期受特殊保护。

第四十八条第一款 用人单位不得因结婚、怀孕、产假、哺乳等情形，降低女职工的工资和福利待遇，限制女职工晋职、晋级、评聘专业技术职称和职务，辞退女职工，单方解除劳动（聘用）合同或者服务协议。

第五十一条第二款 国家建立健全职工生育休假制度，保障孕产期女职工依法享有休息休假权益。

《中华人民共和国劳动法》

第二十九条 劳动者有下列情形之一的，用人单位不得依据本法第二十六条、第二十七条的规定解除劳动合同：

（一）患职业病或者因工负伤并被确认丧失或者部分丧失劳动能力的；

（二）患病或者负伤，在规定的医疗期内的；

（三）女职工在孕期、产期、哺乳期内的；

（四）法律、行政法规规定的其他情形。

《中华人民共和国劳动合同法》

第四十二条 劳动者有下列情形之一的，用人单位不得依照本法第四十条、第四十一条的规定解除劳动合同：

（一）从事接触职业病危害作业的劳动者未进行离岗前职业健康检查，或者疑似职业病病人在诊断或者医学观察期间的；

（二）在本单位患职业病或者因工负伤并被确认丧失或者部分丧失劳动能力的；

（三）患病或者非因工负伤，在规定的医疗期内的；

（四）女职工在孕期、产期、哺乳期的；

（五）在本单位连续工作满十五年，且距法定退休年龄不足五年的；

（六）法律、行政法规规定的其他情形。

《女职工劳动保护特别规定》

第五条 用人单位不得因女职工怀孕、生育、哺乳降低其工资、予以辞退、与其解除劳动或者聘用合同。

55. 女职工在孕期、产期、哺乳期，用人单位是否一律不得解除劳动合同？

要点快答

不是。

案情简介

2019年3月，小刘入职了一家厨具公司的业务部，主要负责联系业务、与客户洽谈、签订销售合同等工作。小刘与该厨具公司签订了为期三年的书面劳动合同。2019年5月，小刘怀孕，厨具公司为照顾孕妇，减轻了小刘每月的业绩考核指标，但是没有降低其工资标准，薪资待遇仍然维持原来的水平。

渐渐地，同事发现小刘来公司上班的时间越来越短，多次出现迟到、早退的情况。部门领导注意到这个现象与小刘联系时，常会被告知在外与客户沟通业务，或者时常打不通电话。此外，曾经的老客户也向厨具公司投诉小刘，说经常联系不到她，导致合同延期，造成了经济损失，因此客户要求与厨具公司终止合作。

因此，厨具公司领导找来小刘了解情况。小刘称自己怀孕后身体百般不适，所以才常常在家休息，也无法按时上下班，无法及时回应客户的需求，更不敢接听领导的电话。当领导问及能否提供医院开具的需要休息的诊断证明或者提交病假条时，小刘却支支吾吾拿不出，也始终拒不承认由于自己的失误给公司造成了损失。

无奈之下，厨具公司以小刘严重违反公司劳动规章制度为由，要求与其解除劳动关系，并向小刘送达了《解除劳动合同通知书》。小刘认为自己处于怀孕期间，厨具公司不能与自己解除劳动合同。

那么，公司与孕期女职工一律不得解除劳动合同吗？

律师说法

女职工在孕期、产期、哺乳期，用人单位并非一律不得解除劳动合同。

法律虽然赋予孕期、产期、哺乳期的女职工特殊保护权利，但并非对这些权利毫无边界限制。对于严重违反劳动纪律或者用人单位规章制度的女职工，即使处于怀孕、生育、哺乳期间，用人单位仍然可以依法与其解除劳动合同。

本案中，厨具公司提供了小刘签署的公司规章制度确认书，其中明确记载业务部员工的工作时间、工作职责和相关纪律。但是小刘怀孕后未能按时出勤，未能严格履行与客户签署业务合同的工作职责，也无法出具请假条或病假条，明显严重违反了厨具公司的规章制度。所以即使在小刘怀孕期间，厨具公司也可以依法与其解除劳动合同。

《中华人民共和国宪法》规定，任何公民在享有法律规定的权利的同时，也必须履行法律规定的义务。尽管《中华人民共和国妇女权益保障法》规定，用人单位不得因怀孕、产假、哺乳等情形单方解除劳动合同，但在某些法定情形下，用人单位也可以依法解除劳动合同。作为劳动者一方，在享有权利的同时，也应当严格遵守劳动纪律和用人单位的规章制度，互相尊重，共同发展。

关联规定

《中华人民共和国宪法》

第三十三条第四款 任何公民享有宪法和法律规定的权利，同时必须履行宪法和法律规定的义务。

《中华人民共和国妇女权益保障法》

第四十八条 用人单位不得因结婚、怀孕、产假、哺乳等情形，降低女职工的工资和福利待遇，限制女职工晋职、晋级、评聘专业技术职称和职务，辞退女职工，单方解除劳动（聘用）合同或者服务协议。

女职工在怀孕以及依法享受产假期间，劳动（聘用）合同或者服务协议期满的，劳动（聘用）合同或者服务协议期限自动延续至产假结束。但是，用人单位依法解除、终止劳动（聘用）合同、服务协议，或者女职工依法要求解除、终止劳动（聘用）合同、服务协议的除外。

用人单位在执行国家退休制度时，不得以性别为由歧视妇女。

《中华人民共和国劳动法》

第二十五条　劳动者有下列情形之一的，用人单位可以解除劳动合同：

（一）在试用期间被证明不符合录用条件的；

（二）严重违反劳动纪律或者用人单位规章制度的；

（三）严重失职，营私舞弊，对用人单位利益造成重大损害的；

（四）被依法追究刑事责任的。

《中华人民共和国劳动合同法》

第三十九条　劳动者有下列情形之一的，用人单位可以解除劳动合同：

（一）在试用期间被证明不符合录用条件的；

（二）严重违反用人单位的规章制度的；

（三）严重失职，营私舞弊，给用人单位造成重大损害的；

（四）劳动者同时与其他用人单位建立劳动关系，对完成本单位的工作任务造成严重影响，或者经用人单位提出，拒不改正的；

（五）因本法第二十六条第一款第一项规定的情形致使劳动合同无效的；

（六）被依法追究刑事责任的。

《女职工劳动保护特别规定》

第五条　用人单位不得因女职工怀孕、生育、哺乳降低其工资、予以辞退、与其解除劳动或者聘用合同。

56. 女职工在孕期、产期、哺乳期恰逢劳动合同期满，可以要求用人单位续签吗?

要点快答

可以。

案情简介

2019 年 6 月 1 日，小贺在某会展中心找到一份活动策划工作。双方签订了一份为期两年的书面劳动合同，合同期限为 2019 年 6 月 1 日至 2021 年 5 月 31 日。2021 年 3 月，小贺发现自己怀孕后，因做产前检查需要请假，于是将怀孕的事告知人事部门，并且出示了医院的怀孕证明报告。

2021 年 4 月 30 日，小贺收到会展中心的通知，称双方劳动合同即将期满，中心将于 2021 年 5 月 31 日与其终止劳动关系，并且向小贺送达了《终止劳动合同通知书》，书面告知她在合同期满前按照公司规定办理工作交接和离职手续。

怀孕后恰逢劳动合同到期，小贺知道此时很难找到新工作，但她想在生产前多给孩子赚一点奶粉钱。听说小贺的遭遇后，懂法的闺蜜告诉她别着急：劳动合同到期时小贺已经怀孕，按照法律规定，小贺可以请求会展中心续签劳动合同，直至哺乳期结束为止。事实果真如此吗?

律师说法

是的。女职工在孕期、产期、哺乳期恰逢劳动合同期满，可以要求用人单位续签劳动合同。

一般来说，劳动合同期满后，用人单位可以终止与职工的劳动关系。但是，对处于孕期、产期、哺乳期的女职工来说，如果此时劳动合同期满，除非女职工主动要求终止劳动关系，否则用人单位一般不得终止其劳动合同，还应将劳动合同期限自动延续至女职工产假结束或者哺乳期满。

本案中，会展中心与小贺签订的劳动合同于 2021 年 5 月 31 日到期，但是小贺在 2021 年 3 月检查出自己怀孕，劳动合同到期时她刚好处于孕期。在这种情况下，除非小贺作为劳动者一方主动提出终止劳动合同，否则会展中心作为用人单位，不应主张终止与小贺的劳动合同。小贺收到《终止劳动合同通知书》后，可以请求会展中心续签劳动合同。

律师支招

女职工在孕期、产期、哺乳期内恰逢劳动合同到期，如果用人单位主张期满终止劳动合同，那么女职工可以请求用人单位撤销终止劳动合同的决定，继续履行劳动合同。如果双方协商不成，女职工可以依法申请仲裁、提起诉讼。

关联规定

《中华人民共和国妇女权益保障法》

第五十一条第二款　国家建立健全职工生育休假制度，保障孕产期女职工依法享有休息休假权益。

《中华人民共和国劳动合同法》

第四十二条　劳动者有下列情形之一的，用人单位不得依照本法第四十条、第四十一条的规定解除劳动合同：

（一）从事接触职业病危害作业的劳动者未进行离岗前职业健康检查，或者疑似职业病病人在诊断或者医学观察期间的；

（二）在本单位患职业病或者因工负伤并被确认丧失或者部分丧失劳动能力的；

（三）患病或者非因工负伤，在规定的医疗期内的；

（四）女职工在孕期、产期、哺乳期的；

（五）在本单位连续工作满十五年，且距法定退休年龄不足五年的；

（六）法律、行政法规规定的其他情形。

第四十四条　有下列情形之一的，劳动合同终止：

（一）劳动合同期满的；

（二）劳动者开始依法享受基本养老保险待遇的；

（三）劳动者死亡，或者被人民法院宣告死亡或者宣告失踪的；

（四）用人单位被依法宣告破产的；

（五）用人单位被吊销营业执照、责令关闭、撤销或者用人单位决定提前解散的；

（六）法律、行政法规规定的其他情形。

第四十五条 劳动合同期满，有本法第四十二条规定情形之一的，劳动合同应当续延至相应的情形消失时终止。但是，本法第四十二条第二项规定丧失或者部分丧失劳动能力劳动者的劳动合同的终止，按照国家有关工伤保险的规定执行。

57. 女职工在工作时间产检，用人单位应该扣工资吗？

要点快答

不应该。

案情简介

小周是某玩具厂生产车间的女职工，怀孕后需要定期到医院进行产前检查，因此，她每隔一段时间就需要向厂里的人事管理科请一次假。两三个月过后，小周发现工资收入有点不对劲，自己除产检需要请假外，从未因怀孕迟到早退，也没有其他违反玩具厂生产规章制度的情况。可奇怪的是，每个月到手的工资却比原来少了 1000 多元。

小周只好去财务科询问原因，这才得知产检期间请假是按照病假处理的，工资也是按照病假工资扣除后发放。而且，因为小周的“病假”次数超过玩具厂的规定次数，所以每月奖金也相应被扣除。

小周认为玩具厂的做法不对，却不知道该怎么维护自己的权益。她在下班路上遇到了邻居家的林老师，便询问林老师，怀孕时产检请假是否也被学校扣过工资？林老师告诉小周，怀孕的女职工上班时间做产检是计入劳动时间的，不应该被扣工资。那么，小周可以请求玩具厂按照正常标准发放产检期间的工资吗?

律师说法

可以，女职工在工作时间进行产前检查不应该被扣工资。

工作时间产检不扣工资，是国家和法律对怀孕女职工的特别保护。根据法律法规的规定，怀孕女职工在劳动时间内进行产前检查，所需时间计入劳动时间。也就是说，即使劳动者因为产检而无法在工作时间向用人单位提供劳动，用人单位也不能将产检等同于病假、事假或旷工处理，而应当以正常出勤为标准，正常发放女职工产检期间的工资。

本案中，玩具厂因小周上班时间进行产检，按照病假发放工资同时扣除相应奖金的行为明显欠妥，违背了法律对怀孕女职工的特别保护规定。除此之外，对于小周这样在生产第一线工作的怀孕女职工，工厂还应该为其适当减少工作量，保证女职工的产前检查时间。

律师支招

如果用人单位因女职工在工作时间产检，而以各种理由扣工资，那么怀孕女职工可以请求用人单位按正常标准补足工资差额。如果协商不成，则可以依法申请仲裁、提起诉讼。

另外需注意，孕期女职工在工作时间产检，为避免出现程序或证据瑕疵，应按用人单位管理规定，办理必要的请假手续，同时注意保存好相关的医疗检查记录，依法维护自己孕期的劳动权益。

关联规定

《中华人民共和国妇女权益保障法》

第四十七条 用人单位应当根据妇女的特点，依法保护妇女在工作和劳

动时的安全、健康以及休息的权利。

妇女在经期、孕期、产期、哺乳期受特殊保护。

第五十一条第二款 国家建立健全职工生育休假制度，保障孕产期女职工依法享有休息休假权益。

《女职工劳动保护特别规定》

第六条第三款 怀孕女职工在劳动时间内进行产前检查，所需时间计入劳动时间。

58. 女员工怀孕可以要求公司调换工作岗位吗？

要点快答

某些情况下可以依法申请。

案情简介

小丁是某汽车厂的技术维修员，她主要从事的日常工作是检修不良产品。小丁结婚数年一直未孕，一年前经过调理终于怀孕，她和丈夫非常开心。怀孕后的小丁凡事小心谨慎，从不穿高跟鞋，也不提重物。

在小丁怀孕三个月的时候，她觉得自己的日常工作可能会对胎儿发育不利，因为她经常要做弯腰、下蹲等技术检修工作。于是小丁的丈夫建议她向厂里反映一下自己的特殊情况，询问能否帮她调离原来的岗位，换一个适合目前身体状况的工作，比如小丁也可以胜任产品缺陷分析和改善类的工作。

但是，当小丁向领导提出调换工作的要求时，领导却让她再坚持工作四个月，等怀孕七个月的时候再考虑给她调换岗位。那么，领导是否应该给小丁及时调换工作岗位呢？

律师说法

领导应当为怀孕女职工调换孕期禁忌从事的劳动岗位。

根据我国法律法规的规定，不得安排女职工在怀孕期间从事孕期禁忌从事的劳动，如需要频繁弯腰、下蹲或攀高的工作等。除此之外，为保障怀孕女职工和胎儿的健康，我国法律法规对其工作环境和工作性质也作出了相应规定。

女职工怀孕时，如果原本从事的工作属于孕期禁忌从事的工作，则可以要求用人单位将其调离原来的劳动岗位。同时，对于不能胜任原工作的怀孕女职工，可以根据医疗证明，请求用人单位为其减轻工作量或者安排其他工作。

本案中，小丁从事的检修工作需要经常弯腰、下蹲，属于孕期禁忌从事的劳动。因此，领导应当照顾小丁的特殊情况，为其调换工作岗位，不应以任何理由拒绝或拖延。

律师支招

用人单位违反法律规定安排怀孕女职工从事孕期禁忌从事的劳动，怀孕女职工可以先与用人单位协商调换工作岗位，协商不成，可以采取以下措施：

（1）依法投诉举报，请求县级以上人民政府人力资源社会保障行政部门责令用人单位限期改正，按照受侵害女职工每人 1000 元以上 5000 元以下的标准计算，处以罚款。

（2）依法向劳动人事争议调解仲裁机构申请调解仲裁，对仲裁裁决不服的，依法向人民法院提起诉讼。

关联规定

《中华人民共和国妇女权益保障法》

第四十七条　用人单位应当根据妇女的特点，依法保护妇女在工作和劳

动时的安全、健康以及休息的权利。

妇女在经期、孕期、产期、哺乳期受特殊保护。

第五十一条第二款 国家建立健全职工生育休假制度，保障孕产期女职工依法享有休息休假权益。

《中华人民共和国劳动法》

第六十一条第一款 不得安排女职工在怀孕期间从事国家规定的第三级体力劳动强度的劳动和孕期禁忌从事的劳动。

《女职工劳动保护特别规定》

附录 三、女职工在孕期禁忌从事的劳动范围：

（一）作业场所空气中铅及其化合物、汞及其化合物、苯、镉、铍、砷、氰化物、氮氧化物、一氧化碳、二硫化碳、氯、己内酰胺、氯丁二烯、氯乙烯、环氧乙烷、苯胺、甲醛等有毒物质浓度超过国家职业卫生标准的作业；

（二）从事抗癌药物、己烯雌酚生产，接触麻醉剂气体等的作业；

（三）非密封源放射性物质的操作，核事故与放射事故的应急处置；

（四）高处作业分级标准中规定的高处作业；

（五）冷水作业分级标准中规定的冷水作业；

（六）低温作业分级标准中规定的低温作业；

（七）高温作业分级标准中规定的第三级、第四级的作业；

（八）噪声作业分级标准中规定的第三级、第四级的作业；

（九）体力劳动强度分级标准中规定的第三级、第四级体力劳动强度的作业；

（十）在密闭空间、高压室作业或者潜水作业，伴有强烈振动的作业，或者需要频繁弯腰、攀高、下蹲的作业。

59. 用人单位可以调整怀孕女职工的工作岗位吗?

要点快答

如满足一定条件，用人单位可以调整怀孕女职工的工作岗位。

案情简介

小林是某科技公司的行政总监，一直勤勤恳恳为公司工作。2019 年，小林怀孕了，并且因孕期状态不好多次向公司请假就医。即便如此，小林也没耽误工作。

可随着小林的身体状况越来越差，因为孕期贫血、羊水过少等问题多次住院治疗后，小林决定听从医生建议在家静养。之后，小林向公司申请病假，并附上医疗证明书，但被公司拒绝。

更令小林没想到的是，公司在未和她沟通的前提下，直接将她的职位从行政总监调整至行政助理，月薪也由之前的 20000 元降为 8000 元。小林询问领导，得到的回复是："你这段时间一直请假，给公司的运营带来很大影响，仅调岗没辞退已经是对你仁至义尽了。"

那么，用人单位可以调整孕期女职工的工作岗位吗？

律师说法

只有在一定条件下，用人单位才可以调整孕期女职工的工作岗位。

孕期、产期和哺乳期被称作"三期"。我国法律对处于"三期"内的女性给予特殊保护，但个别用人单位为了追求更高的经济效益，对孕期女职工调岗降薪，或是恶意调岗以达到"劝退"目的的操作仍很常见。

实践中，对孕期女职工调岗大致分为两种类型：

（1）孕期女职工主动要求调岗。在怀孕期间，女职工可能会觉得自己很难再胜任现有工作，有权要求公司调整岗位或者减轻工作量，在提供相关医疗证明之后，用人单位有义务配合。

（2）用人单位认为孕期女职工不能胜任工作，意图给女职工调岗。此时用人单位需要和女职工沟通，在双方达成一致意见的情况下，可以变更劳动合同约定的内容，进行调岗或者减轻工作量，而非擅自将孕期女职工调离现有岗位。当然，如果职工所在岗位属于《女职工劳动保护特别规定》附录中规定的怀孕女职工禁止从事的岗位，用人单位有义务进行调岗。

关联规定

《中华人民共和国妇女权益保障法》

第四十八条 用人单位不得因结婚、怀孕、产假、哺乳等情形，降低女职工的工资和福利待遇，限制女职工晋职、晋级、评聘专业技术职称和职务，辞退女职工，单方解除劳动（聘用）合同或者服务协议。

女职工在怀孕以及依法享受产假期间，劳动（聘用）合同或者服务协议期满的，劳动（聘用）合同或者服务协议期限自动延续至产假结束。但是，用人单位依法解除、终止劳动（聘用）合同、服务协议，或者女职工依法要求解除、终止劳动（聘用）合同、服务协议的除外。

用人单位在执行国家退休制度时，不得以性别为由歧视妇女。

《中华人民共和国劳动法》

第六十一条 不得安排女职工在怀孕期间从事国家规定的第三级体力劳动强度的劳动和孕期禁忌从事的劳动。对怀孕七个月以上的女职工，不得安排其延长工作时间和夜班劳动。

《中华人民共和国劳动合同法》

第三十五条 用人单位与劳动者协商一致，可以变更劳动合同约定的内容。变更劳动合同，应当采用书面形式。

变更后的劳动合同文本由用人单位和劳动者各执一份。

《女职工劳动保护特别规定》

第六条 女职工在孕期不能适应原劳动的，用人单位应当根据医疗机构的证明，予以减轻劳动量或者安排其他能够适应的劳动。

对怀孕7个月以上的女职工，用人单位不得延长劳动时间或者安排夜班劳动，并应当在劳动时间内安排一定的休息时间。

怀孕女职工在劳动时间内进行产前检查，所需时间计入劳动时间。

附录 三、女职工在孕期禁忌从事的劳动范围：

（一）作业场所空气中铅及其化合物、汞及其化合物、苯、镉、铍、砷、氰化物、氮氧化物、一氧化碳、二硫化碳、氯、己内酰胺、氯丁二烯、氯乙烯、环氧乙烷、苯胺、甲醛等有毒物质浓度超过国家职业卫生标准的作业；

（二）从事抗癌药物、己烯雌酚生产，接触麻醉剂气体等的作业；

（三）非密封源放射性物质的操作，核事故与放射事故的应急处置；

（四）高处作业分级标准中规定的高处作业；

（五）冷水作业分级标准中规定的冷水作业；

（六）低温作业分级标准中规定的低温作业；

（七）高温作业分级标准中规定的第三级、第四级的作业；

（八）噪声作业分级标准中规定的第三级、第四级的作业；

（九）体力劳动强度分级标准中规定的第三级、第四级体力劳动强度的作业；

（十）在密闭空间、高压室作业或者潜水作业，伴有强烈振动的作业，或者需要频繁弯腰、攀高、下蹲的作业。

60. 女职工可以享受多长时间的产假？

要点快答

女职工生育期间一般可以享受 98 天产假。

此外，根据各地关于人口与计划生育的规定，在国家法定的 98 天产假外，还会在不同程度上延长产假期限。总体来说，各地延长产假期限在 30 天至 90 天。

案情简介

小胡是某艺术培训公司的人事主管，最近她的工作非常繁忙，因为公司有三位女员工同时怀孕，她们都来跟小胡反映情况，要求休产假。

第一位孕妇是张老师，她是一位 45 岁的高龄产妇。张老师认为自己年纪大，身体不太好，已经在公司工作了将近20年，所以她请求公司给她多放一段时间的产假，比如休息6个月，同时还要求照常发工资。

第二位孕妇是李老师，她是公司新来的艺校应届毕业生。李老师认为自己刚工作没多久就怀孕，给公司添了不少麻烦，感到非常不好意思，于是主动表示自己休1个月的产假就好，并且休假期间可以不用发工资。

第三位孕妇是公司的财务孙会计，她业余时间喜欢学习法律知识。孙会计说自己已经看过法律规定，公司至少应该给怀孕的女职工放98天产假，不仅如此，还需要正常发放工资，否则公司就违反法律规定了。

那么，三位孕妇谁的观点合法合理？

律师说法

本案中，只有财务孙会计的观点是合法合理的。

产假，是指在职女性产期前后的休假待遇，用人单位应当保障女职工的产前休息和产后休息时间。根据我国相关法律法规的规定，女职工生育可以享受98天产假，其中产前可以休假15天，产后可以休息83天。产前假是从预产期开始往前推算15天，若孕妇提前生产，可将不足的天数和产后假合并使用。如果实际生产日期晚于预产期，产前多休的假期可以按病假处理；并且应当保障产后83天的休息时间。

同时，女职工如果难产，需增加产假15天；生育多胞胎的，每多生育1个婴儿，增加产假15天。法律赋予女职工产前及产后的休假待遇，体现了国家和社会对女性的支持和爱护，用人单位应当对孕产期女职工的合法休假权利予以保障。

律师支招

如果女职工符合休产假的法定条件，用人单位又不让休产假的，女职工可先与用人单位协商，如协商不成，可以采取以下途径维护自己的权利：

（1）向公司的上级主管部门或劳动监察部门申诉。

（2）向劳动争议仲裁委员会申请仲裁。

（3）对劳动行政部门处理决定或仲裁裁决不服的，可向人民法院提起诉讼。

关联规定

《中华人民共和国妇女权益保障法》

第四十七条　用人单位应当根据妇女的特点，依法保护妇女在工作和劳动时的安全、健康以及休息的权利。

妇女在经期、孕期、产期、哺乳期受特殊保护。

第五十一条第二款　国家建立健全职工生育休假制度，保障孕产期女职工依法享有休息休假权益。

《中华人民共和国劳动法》

第六十二条　女职工生育享受不少于九十天的产假。

《女职工劳动保护特别规定》

第七条第一款　女职工生育享受98天产假，其中产前可以休假15天；难产的，增加产假15天；生育多胞胎的，每多生育1个婴儿，增加产假15天。

61. 女职工意外流产，可以休产假吗？

要点快答

可以。

案情简介

小罗毕业后通过了注册会计师执业资格考试，就职于某大型会计师事务所。工作一年多后小罗怀孕了。她一向严谨，怀孕后对待胎儿更是十分谨慎小心：上班穿平底鞋，从不提重物。就在怀孕4个多月的时候，一次晚饭后，小罗在小区遛弯儿，却被迎面冲来的外卖车撞倒，不幸流产了。

流产后小罗感到非常悲伤，身体状况和精神状态都非常差，需要好好休息调养。但当时正值企业工商年检，这是会计师事务所一年中最忙的时候，因此，小罗的领导不让她休息。小罗非常无奈，就将此事告诉了在律师事务所工作的闺蜜，闺蜜告诉小罗流产后可以休“小产假”。那么，真如闺蜜所说，女职工流产也可以休产假吗?

律师说法

是的，女职工流产可以休产假。

根据我国法律的规定，用人单位应当依法保护女职工的安全和健康，保障孕产期女职工依法享有休息休假的权益。因此，除了对孕期和产期的女性给予特殊保护，我国法律还非常人性化地考虑到女职工流产的情形。对流产的女职工，身体受到伤害后需要一定时间进行休养和调整，因此用人单位也应当保障其休息休假的权利。

根据我国《女职工劳动保护特别规定》第七条第二款的规定：“女职工怀孕未满 4 个月流产的，享受 15 天产假；怀孕满 4 个月流产的，享受 42 天产假。”本案中，小罗不幸意外流产，会计师事务所即使工作任务紧张，也应当保障女职工休息休假的权利，准许小罗休产假。由于小罗已经怀孕 4 个多月，因此，她可以享受 42 天的假期。需要提醒的是，按立法原意，产假是按自然日计算的，包括其间的法定休息日和法定节假日。

用人单位依法赋予流产女职工休息休假的权利，不仅维护了女职工的合法权益，同时展现了用人单位对女职工的关心爱护，从长远来说，更能促进用人单位自身的平稳健康发展。

律师支招

女职工流产后，如果用人单位不准予休假，女职工可以采取以下措施维护自己的合法权益：

（1）与用人单位进行协商，协商不成，可以向本单位劳动争议调解委员会申请调解。

（2）调解不成，可以向劳动争议仲裁委员会申请仲裁。

（3）对仲裁裁决不服的，可以向人民法院提起诉讼。

关联规定

《女职工劳动保护特别规定》

第七条第二款 女职工怀孕未满4个月流产的，享受15天产假；怀孕满4个月流产的，享受42天产假。

62. 什么是生育保险？

要点快答

生育保险是在劳动者因生育子女而导致劳动力暂时中断时，由国家和社会及时为其提供物质帮助的社会保险制度。

案情简介

小韩在2015年6月入职某大型超市做仓库保管员。2020年4月，小韩怀孕后搬家，距离超市仓库较远，于是向该超市提出辞职，双方于2020年5月初解除劳动关系。但是，双方劳动关系解除后，该超市迟迟不予办理解聘手续，在小韩的再三催促下，超市于2020年9月末为其办理了相关解聘手续。

由于该超市只为小韩缴纳了2015年6月至2020年5月初的社会保险，所以小韩的新公司给她补缴了2020年5月至9月的社会保险。约半年后，小韩生育了一个女儿，孕期检查费及生育医疗费共计约2万元。因为小韩怀孕生产期间暂时中断劳动，收入减少，邻居看望她时告诉她可以享受生育保险待遇。生育保险到底是什么呢？小韩能享受到生育保险待遇吗？

律师说法

生育保险是在劳动者因生育子女而导致劳动暂时中断时，由国家和社会及时为其提供物质帮助的社会保险制度。

我国生育保险待遇主要包括两项：一是生育津贴，用于保障女职工产假期间的基本生活需要；二是生育医疗待遇，用于保障女职工怀孕、分娩期间以及职工实施节育手术时的基本医疗保健需要。

本案中，因小韩 2020 年 5 月至 9 月的社会保险中断，虽然后来补缴，但连续缴费期间中断超过 2 个月，不符合当地《城镇职工生育保险办法》规定的享受生育保险待遇的条件，不能享受生育保险待遇。但是，该超市逾期办理解聘手续的过错行为，导致小韩因补缴社会保险超过 2 个月而不能享受生育保险待遇，因此，该超市应当赔偿小韩的生育津贴和生育医疗费损失。

律师支招

（1）社会保险最好连续缴纳。用人单位应在劳动关系解除或终止后的 15 日内为劳动者办理社会保险关系转移手续。此系用人单位的法定义务，用人单位逾期办理上述转移手续给劳动者造成损害的，应当承担赔偿责任。

（2）如果因用人单位原因导致怀孕、生育女职工无法享受生育保险待遇，女职工可以请求用人单位赔偿相应的生育津贴和生育医疗费损失。协商不成可以依法向劳动保障监察部门投诉，或者依法申请仲裁、提起诉讼。

关联规定

《中华人民共和国妇女权益保障法》

第五十条第一款 国家发展社会保障事业，保障妇女享有社会保险、社会救助和社会福利等权益。

第五十一条第一款　国家实行生育保险制度，建立健全婴幼儿托育服务等与生育相关的其他保障制度。

《中华人民共和国劳动法》

第七十二条　社会保险基金按照保险类型确定资金来源，逐步实行社会统筹。用人单位和劳动者必须依法参加社会保险，缴纳社会保险费。

第七十三条　劳动者在下列情形下，依法享受社会保险待遇：

（一）退休；

（二）患病、负伤；

（三）因工伤残或者患职业病；

（四）失业；

（五）生育。

劳动者死亡后，其遗属依法享受遗属津贴。

劳动者享受社会保险待遇的条件和标准由法律、法规规定。

劳动者享受的社会保险金必须按时足额支付。

《中华人民共和国社会保险法》

第五十四条　用人单位已经缴纳生育保险费的，其职工享受生育保险待遇；职工未就业配偶按照国家规定享受生育医疗费用待遇。所需资金从生育保险基金中支付。

生育保险待遇包括生育医疗费用和生育津贴。

63. 职工个人是否需要缴纳生育保险费？

要点快答

不需要。

案情简介

小江是上海某家政公司的员工，每月工资过万元。婚后不久小江怀孕生子，休完产假回到公司上班后，她从社保部门领到一笔生育津贴，但是津贴数额仅仅是自己一个月的工资。小江记得曾听闺蜜说起过自己领取的数额。比较之后，小江发现两人工资水平相当，但闺蜜领到的生育津贴却是自己的五倍。

刚开始，小江猜想可能是闺蜜自己额外缴纳了生育保险费，经过询问，闺蜜表示自己从未单独缴纳过生育保险费，一直是单位在缴纳。那么，职工个人到底是否需要缴纳生育保险费呢？

律师说法

生育保险费由用人单位缴纳，职工个人无须缴纳。

根据我国相关法律规定，职工应当参加生育保险，并且由用人单位按照国家规定缴纳生育保险费，职工不缴纳生育保险费。同时，女职工产假期间的生育津贴，对已经参加生育保险的，按照用人单位上年度职工月平均工资的标准由生育保险基金支付。

本案中，小江询问了公司人事才得知，公司没有按照实际工资基数缴纳生育保险费用。小江每月工资过万元，但仔细阅读才发现，在她与公司签订的劳动合同中，劳动报酬一项标明为每月 3000 元，并且以此为基数缴纳生育保险。同时，公司每月通过银行转账给小江发放 3000 元工资，其余工资都是以现金形式发放。这才导致她领取到的生育津贴标准降低。

律师支招

劳动者签订劳动合同前，需要仔细阅读合同条款，核实用人单位是否承诺足额缴纳生育保险费。同时注意，职工个人不需要缴纳生育保险费。

如果用人单位没有按照实际工资基数缴纳生育保险费，并因此给劳动者造成损失，协商不成，女职工可以采取以下方式维护自己的合法权益：

（1）请求社会保险行政部门或者社会保险费征收机构依法处理。

（2）依法申请调解、仲裁，提起诉讼。

关联规定

《中华人民共和国妇女权益保障法》

第五十条第一款　国家发展社会保障事业，保障妇女享有社会保险、社会救助和社会福利等权益。

第五十一条第一款　国家实行生育保险制度，建立健全婴幼儿托育服务等与生育相关的其他保障制度。

《中华人民共和国社会保险法》

第五十三条　职工应当参加生育保险，由用人单位按照国家规定缴纳生育保险费，职工不缴纳生育保险费。

第五十六条　职工有下列情形之一的，可以按照国家规定享受生育津贴：

（一）女职工生育享受产假；

（二）享受计划生育手术休假；

（三）法律、法规规定的其他情形。

生育津贴按照职工所在用人单位上年度职工月平均工资计发。

第八十三条第三款　个人与所在用人单位发生社会保险争议的，可以依法申请调解、仲裁，提起诉讼。用人单位侵害个人社会保险权益的，个人也可以要求社会保险行政部门或者社会保险费征收机构依法处理。

《女职工劳动保护特别规定》

第八条第一款　女职工产假期间的生育津贴，对已经参加生育保险的，按照用人单位上年度职工月平均工资的标准由生育保险基金支付；对未参加生育保险的，按照女职工产假前工资的标准由用人单位支付。

64. 公司未缴纳生育保险费用，可以要求公司承担相应的生育医疗费用吗？

要点快答

可以。

案情简介

小芸于2015年大学毕业，之后留在上海的一家外贸公司从事销售工作，但是一直未取得上海户口。2019年10月，小芸怀孕，于2020年7月在上海某医院产下一女婴。在此期间，小芸进行产前检查、住院生产、产后治疗共花费医疗费近15000元，其中，符合国家及上海市生育保险政策应予报销的费用金额约7500元。小芸一直无法报销这笔费用，于是她咨询了公司的人事。

该外贸公司称，小芸没有上海市户口，公司无法为其在沪办理生育保险，因此未缴纳生育保险费。相应地，生育医疗费用也就无法报销。小芸认为自己遭遇了不公平待遇，就咨询了律师朋友。律师告诉她，公司没有缴纳生育保险，她可以要求公司支付自己的相关生育医疗费用。

律师说法

公司未缴纳生育保险费，可以要求公司依法承担相应的生育医疗费用。

根据《中华人民共和国劳动法》的相关规定，用人单位和劳动者必须依法参加社会保险，缴纳社会保险费。女职工依法享受生育保险待遇。为劳动者缴纳生育保险费，是用人单位的法定义务，与劳动者是否为本地户籍无关。如果用人单位未缴纳生育保险费，导致劳动者无法报销生育医疗费用，则用人单位应当承担相应的法律后果，即依法支付女职工的相关生育医疗费用。

本案中，外贸公司未缴纳生育保险费，小芸可以要求公司承担相应的生育医疗费用。至于公司应当支付的生育费用具体金额，应当由社会保险行政部门进行核准。因此，外贸公司应当依照符合国家及上海市生育保险政策的部分，向小芸支付生育医疗费用。

律师支招

如果用人单位未缴纳生育保险费，劳动者可以要求公司承担相应的生育医疗费用。如果用人单位拒绝承担，协商不成，劳动者可以采取以下措施维护自己的合法权益：

（1）请求社会保险行政部门或者社会保险费征收机构依法处理。

（2）依法提请劳动监察，申请调解、仲裁，或者提起诉讼。

关联规定

《中华人民共和国妇女权益保障法》

第五十条第一款 国家发展社会保障事业，保障妇女享有社会保险、社会救助和社会福利等权益。

第五十一条第一款 国家实行生育保险制度，建立健全婴幼儿托育服务等与生育相关的其他保障制度。

《中华人民共和国社会保险法》

第五十五条 生育医疗费用包括下列各项：

（一）生育的医疗费用；

（二）计划生育的医疗费用；

（三）法律、法规规定的其他项目费用。

《女职工劳动保护特别规定》

第八条第二款 女职工生育或者流产的医疗费用，按照生育保险规定的项目和标准，对已经参加生育保险的，由生育保险基金支付；对未参加生育保险的，由用人单位支付。

65. 女职工还在哺乳期，公司却安排了很多任务，这合理吗？

要点快答

需要根据公司安排的具体工作量来确定合理性。

案情简介

为了不耽误工作，身为某科技公司主管的晓雯刚休完产假，还处于哺乳期，就直接回公司上班了。由于身体恢复得还算不错，晓雯每天保质保量地完成工作之余还能兼顾孩子的喂养。领导对她大加赞赏，号召其他员工多学习晓雯的敬业精神，并且嘱咐他们日常多照顾晓雯。

因为各种不可抗力，晓雯所处行业迎来凛冬时节。为了谋求生存，晓雯的公司决定拓展业务。这一决策的下达意味着员工需增加工作量。身为主管的晓雯在完成原来工作任务的基础上，又负责起新的项目，这导致她每天都加班至深夜，并且节假日也被工作占据。

此时尚处于哺乳期的晓雯为了工作已经持续一周没时间给宝宝喂奶了。她每天回到家，看到熟睡的宝宝，心中都充满愧疚，于是决定找领导谈谈自己的工作量问题。然而，之前表现得善解人意的领导却变了脸色，对晓雯说："你之前休了很久的产假，本就应该在回来后更加积极投入工作。现在行业又处寒冬，你身为主管，更应该以身作则，带头加班完成工作，与公司共患难。现在工作哪有这么轻松？为了不被淘汰，加班是常事。一些小问题，你就自行克服吧。"

晓雯不理解，自己正处于哺乳期，被公司安排很多任务，真的合理吗？

律师说法

我国相关法律对处于哺乳期的女职工有特殊保护，除了不得安排哺乳期女职工进行禁忌从事的劳动外，一般而言，对于哺乳未满1周岁婴儿的女职工，用人单位不得延长工作时间或者安排夜班劳动。有些企业由于业务调整，延长哺乳期女职工的工作时间或者安排她们夜班劳动，一些企业甚至故意增加哺乳期女职工的工作时间或安排她们夜班劳动，变相刁难她们，以达到劝退的目的，这些都是不合规的。

关于工作时间，《中华人民共和国劳动法》第三十六条规定："国家实行劳动者每日工作时间不超过八小时、平均每周工作时间不超过四十四小时的工时制度。"同时第三十八条规定："用人单位应当保证劳动者每周至少休息一日。"因此，在一般情况下，超出上述规定的工作时间，都属于延长工作时间；一些特殊行业由于工作性质和生产特点，不能实行标准工时制度，存在例外规定。上述案例中，科技行业不存在例外规定，而公司安排处于哺乳期的晓雯加班，节假日无休，很显然超过了标准工时，违反了相关法律规定。

当然，如果企业给哺乳期女职工安排任务的完成时间在必要限度内，也没有安排哺乳期女职工进行夜间劳作，即便哺乳期女职工主观上认为工作很多，也是合理的。

律师支招

社会赋予女性太多的角色，当身处哺乳期的女性被安排明显不合理的工作量时，应注意及时收集相关证据，通过合法的途径保障自己的权益：

（1）与公司协商，看能否就现有任务进行协调和变更，找出解决的办法；

（2）收集证据，向单位工会或者当地工会组织汇报，通过工会进行协商；

（3）收集证据，向劳动保障行政部门投诉；

（4）进行劳动仲裁，一般申请仲裁的时效期间为一年；

（5）向法院提起诉讼。

关联规定

《中华人民共和国妇女权益保障法》

第四十七条 用人单位应当根据妇女的特点，依法保护妇女在工作和劳动时的安全、健康以及休息的权利。

妇女在经期、孕期、产期、哺乳期受特殊保护。

第五十一条 国家实行生育保险制度，建立健全婴幼儿托育服务等与生育相关的其他保障制度。

国家建立健全职工生育休假制度，保障孕产期女职工依法享有休息休假权益。

地方各级人民政府和有关部门应当按照国家有关规定，为符合条件的困难妇女提供必要的生育救助。

《中华人民共和国劳动法》

第三十六条 国家实行劳动者每日工作时间不超过八小时、平均每周工作时间不超过四十四小时的工时制度。

第三十八条 用人单位应当保证劳动者每周至少休息一日。

第六十三条 不得安排女职工在哺乳未满一周岁的婴儿期间从事国家规定的第三级体力劳动强度的劳动和哺乳期禁忌从事的其他劳动，不得安排其延长工作时间和夜班劳动。

《国务院关于职工工作时间的规定》

第三条 职工每日工作8小时，每周工作40小时。

《女职工劳动保护特别规定》

第九条 对哺乳未满1周岁婴儿的女职工，用人单位不得延长劳动时间或者安排夜班劳动。

用人单位应当在每天的劳动时间内为哺乳期女职工安排1小时哺乳时间；女职工生育多胞胎的，每多哺乳1个婴儿每天增加1小时哺乳时间。

《女职工保健工作规定》

第十二条　哺乳期保健

4. 有未满1周岁婴儿的女职工，一般不得安排上夜班及加班、加点。

66. 哺乳期女职工的哺乳时间有多久？

要点快答

一般情况下为每天1小时，特殊情况可增加。

案情简介

小美于2019年入职上海某外贸公司，后结婚生子。生产后没休息多久，小美便直接回公司上班。

由于工作性质，小美重归职场后仅在前3个月享受了公司承诺的哺乳时间待遇，剩余的哺乳期时段，小美都得面对嗷嗷待哺的孩子和棘手的工作，身心俱疲。

小美曾找公司协商，公司却表示，前三个月给哺乳时间已经是对小美的施舍，一直享受哺乳时间待遇是对其他同事的不公平。小美决定申请劳动仲裁。

律师说法

上述案例中，公司很显然没有依法保障小美的哺乳时间，小美可以申请劳动仲裁。

根据《女职工劳动保护特别规定》第九条第二款的规定，用人单位应当在每天的劳动时间内为哺乳期女职工安排1小时哺乳时间；女职工生育多胞胎的，每多哺乳1个婴儿每天增加1小时哺乳时间。

此外，2021年11月，国家卫健委等十五个部门联合印发的《母乳喂养促进行动计划（2021—2025 年）》还要求，用人单位需要切实落实女职工劳动保护规定，合理安排哺乳期女职工的哺乳时间，哺乳时间视同提供正常劳动。

律师支招

这里特别需要注意的是，“哺乳期”“哺乳时间”和“哺乳假”是三个完全不同的概念。

哺乳期：女职工在生产后，对不满 1 周岁的婴儿进行哺乳的时期。无论是人工喂养还是母乳喂养，这一期间是法律规定不可变更的。

哺乳时间：用人单位应当安排哺乳期女职工在每天劳动时间内喂养婴儿的时间。只要符合条件即可享受，不需要申请。哺乳时间视为提供正常劳动。

哺乳假：女职工哺乳假在各地区会有一定差异。

关联规定

《中华人民共和国妇女权益保障法》

第四十七条 用人单位应当根据妇女的特点，依法保护妇女在工作和劳动时的安全、健康以及休息的权利。

妇女在经期、孕期、产期、哺乳期受特殊保护。

《女职工劳动保护特别规定》

第九条 对哺乳未满 1 周岁婴儿的女职工，用人单位不得延长劳动时间或者安排夜班劳动。

用人单位应当在每天的劳动时间内为哺乳期女职工安排 1 小时哺乳时间；女职工生育多胞胎的，每多哺乳 1 个婴儿每天增加 1 小时哺乳时间。

《母乳喂养促进行动计划（2021—2025 年）》

9. 保护哺乳期女职工权益。

用人单位要切实落实女职工劳动保护相关规定，确保女职工享受产假、生育奖励假，合理安排哺乳期女职工的哺乳时间。鼓励有条件的地方开展父母育儿假试点，合理确定父母育儿假待遇，健全假期用工成本分担机制。用人单位不得延长哺乳期女职工劳动时间或者安排夜班劳动，对哺乳未满1周岁婴儿的女职工，用人单位应当在每天的劳动时间内为其安排1小时哺乳时间；女职工生育多胞胎的，每多哺乳1个婴儿每天增加1小时哺乳时间，哺乳时间视同提供正常劳动。用人单位不得因女职工哺乳降低其工资福利待遇、予以辞退或解除劳动（聘用）合同。用人单位应确保工作场所安全卫生，避免哺乳期女职工从事有毒有害及放射污染等哺乳期禁忌从事的劳动。

67. 在开展突发事件应对和社会救助时，是否应当考虑女性的特殊需求？

要点快答

是的。

案情简介

吉林一所高校因突发事件暂时施行封闭管理，由于事发突然，小邓和室友们没有准备充足的女性卫生用品，当时也不方便购买，她们都非常焦虑。就在大家感到无助时，学校的志愿者通知各寝室派一名代表去领取物资。大家发现，女生领到的物资比男生多一箱，里面装的是女性卫生用品。原来，吉林市妇女联合会和市女企业家协会向当地高校捐赠了价值20万元的女性卫生用品。

吉林市妇联充分发挥职能优势，针对高校封闭管理，特别启动了“女大学生关怀行动”。女企业家响应号召纷纷捐款，献出爱心，切实解决了女大学生的实际困难，将温暖送到了她们身边。

律师说法

根据我国法律规定，各级人民政府和有关部门在开展突发事件应对和社会救助时，应当考虑女性卫生用品以及母婴用品的需求，依法为女性提供必要的社会救助和关爱服务。

2021 年，国务院发布的《中国妇女发展纲要（2021—2030 年）》也指出，应对突发事件，应当关切妇女特别是孕期、哺乳期妇女及困难妇女群体的特殊需求。在突发事件应急体系建设、预防和应急处置机制建设、相关应急预案和规划制订中统筹考虑妇女特殊需求，优先保障女性卫生用品、孕产妇用品和重要医用物资供给。同时面向妇女开展突发事件预防应对知识和自救互救技能指导培训，提高妇女的防灾减灾意识和自救互救能力。

律师支招

面对突发事件或者在日常工作和生活中，确有困难的妇女可以通过以下途径寻求帮助：

（1）前往当地居民委员会或村民委员会求助。

（2）拨打当地妇女联合会电话或者 12338 电话求助。

“12338”妇女维权公益服务热线是由全国妇联设立的妇女维权热线，主要为妇女儿童提供法律、婚姻、家庭、心理、教育等方面的咨询，并受理有关妇女儿童侵权案件的投诉。

关联规定

《中华人民共和国妇女权益保障法》

第五十五条 妇女在农村集体经济组织成员身份确认、土地承包经营、集体经济组织收益分配、土地征收补偿安置或者征用补偿以及宅基地使用等方面，享有与男子平等的权利。

申请农村土地承包经营权、宅基地使用权等不动产登记，应当在不动产登记簿和权属证书上将享有权利的妇女等家庭成员全部列明。征收补偿安置或者征用补偿协议应当将享有相关权益的妇女列入，并记载权益内容。

68. 用人单位可以为女职工配备哪些专属设施？

要点快答

女职工比较多的用人单位，可以为女职工配备卫生室、孕妇休息室、哺乳室等专属设施。

案情简介

2007年，刚大学毕业的小玲开始在一家餐饮公司工作，主要任务是对冷库货物进行清点。她工作勤勤恳恳，多次得到领导夸奖，终于在2012年，成功与公司订立无固定期限劳动合同。工作早已得心应手的小玲此时也和大学时期的恋人小刚修成正果。本以为自己从此能够过上顺风顺水的生活，但小玲却因为怀孕主动离职了。

原来，小玲在怀孕后没多久就流产了。流产后，小玲认为工作强度太大，自己难以胜任，为了身体着想，遂主动辞职。后来，在一次普法讲堂上，小玲得知，用人单位需要为女职工配备相应的专属设施。经过仔细回忆，小玲发现原公司并没有建立女职工配套设施。在咨询律师后，她以用人单位“未按照劳动合同约定提供劳动保护或者劳动条件”为由申请劳动仲裁，后向人民法院提起诉讼，请求公司支付经济补偿金。

律师说法

《女职工劳动保护特别规定》第十条规定："女职工比较多的用人单位应当根据女职工的需要，建立女职工卫生室、孕妇休息室、哺乳室等设施，妥善解决女职工在生理卫生、哺乳方面的困难。"虽然女职工数量是公司配备相关专属设施的前提，但目前对于女职工的人数没有明确规定，实践中具体可以参考《女职工保健工作规定》第七条有关月经期保健中的建立女职工卫生室的门槛人数。

回到本案，一审法院认为，该餐饮公司女职工占绝大多数，并且未配备"女职工卫生室""孕妇休息室""哺乳室"等设施，确实未解决女职工生理卫生、哺乳方面的困难。在小玲进行流产手术后，由于公司未配备上述设施，继续工作必然会损害其身心健康，属于"未按照劳动合同约定提供劳动保护或者劳动条件"。因此，一审法院支持小玲主张，要求餐饮公司支付经济补偿金。

然而，二审法院却给出了截然相反的判决。二审法院的理由主要有以下两点：（1）未配备"女职工卫生室""孕妇休息室""哺乳室"与造成小玲身心健康损害之间没有必然联系。没有证据表明小玲在流产休假后去公司工作，同时小玲并未与公司进行协商，直接提出辞职。（2）餐饮公司已设有女职工卫生间以及其他提供员工休息的场所，足以满足女职工需要，证明其提供了基本的劳动保护或劳动条件。所以，二审法院驳回小玲的诉讼请求。

律师支招

虽然《女职工劳动保护特别规定》中明确了对于女职工比较多的用人单位，可以为女职工配备卫生室、孕妇休息室、哺乳室等专属设施，但这些专属设施的配备需要满足一定的条件。如果女职工以此为由，认为公司侵犯了自己的合法权益，维权时需要注意以下几点：

（1）不是任何一家公司都必然要配备上述设施的，维权时要注意收集公司女职工数量足够多的证据；

（2）女职工维权时需要证明公司未配备卫生室、孕妇休息室、哺乳室等专属设施这一行为与自己身心健康受到损害之间的因果联系。

关联规定

《中华人民共和国妇女权益保障法》

第三十四条　各级人民政府在规划、建设基础设施时，应当考虑妇女的特殊需求，配备满足妇女需要的公共厕所和母婴室等公共设施。

《女职工劳动保护特别规定》

第十条　女职工比较多的用人单位应当根据女职工的需要，建立女职工卫生室、孕妇休息室、哺乳室等设施，妥善解决女职工在生理卫生、哺乳方面的困难。

《女职工保健工作规定》

第七条　月经期保健

2. 女职工在100人以上的单位，应逐步建立女职工卫生室，健全相应的制度并设专人管理，对卫生室管理人员应进行专业培训。女职工每班在100人以下的单位，应设置简易的温水箱及冲洗器。对流动、分散工作单位的女职工应发放单人自用冲洗器。

69. 女职工的劳动和社会保障权益受到侵害时应该如何维权？

要点快答

当劳动和社会保障权益受到侵害时，女职工可以通过协商、向工会或妇联组织寻求帮助、申请调解、申请仲裁、提起诉讼或向劳动监察部门投诉等途径进行维权。

律师说法

在我国,《中华人民共和国妇女权益保障法》《中华人民共和国劳动法》《中华人民共和国劳动合同法》《女职工劳动保护特别规定》《中华人民共和国劳动争议调解仲裁法》等多部法律、法规都明确规定，女职工的劳动和社会保障权益不受侵犯。当女职工在劳动和社会保障权益受到侵害时，需要提高自我保护意识，避免过激行为。学会通过拿起法律武器来维护自己的权益，具体有与用人单位进行协商、向工会或妇联组织寻求帮助、申请调解、申请仲裁、提起诉讼和向劳动监察部门举报、投诉六种维权途径。

（1）与用人单位进行协商

当权益受到侵害时，这是最常见的解决途径。女职工与用人单位可以就相关问题进行协商，找出症结所在，并提出双方都能接受的争议解决方式。此种方式效率相对较高，通过平和的方式解决问题，双方容易接受，并且“消化在内部”，方便日后相见。

（2）向工会或妇联组织寻求帮助

女职工相对于用人单位而言，经常会处于弱势地位，由于地位失衡，平等协商达成和解协议会变得十分困难。此时，女职工可以向工会或妇联组织寻求帮助。

工会可以为劳动者和用人单位搭建起沟通桥梁，并且帮助女职工与用人单位进行协商。除此之外，根据《中华人民共和国妇女权益保障法》第七十三条、第七十四条的规定，工会、妇联组织还可以对侵害妇女劳动和社会保障权益的用人单位进行依法监督并要求其限期纠正。

（3）申请调解

虽然调解并非发生劳动争议后的必经程序，但其对于仍想留在原单位工作的女职工解决劳动争议，维护自身合法权益而言，起着很重要的作用。

根据《中华人民共和国劳动争议调解仲裁法》第五条的规定，在发生劳动争议后，女职工不愿协商、协商不成或达成和解协议后不履行的，可以到企业劳动争议调解委员会、依法设立的基层人民调解组织或者在乡镇、街道设立的具有劳动争议调解职能的组织申请调解。

（4）申请仲裁

对于不愿调解、调解不成或者达成调解协议后不履行的，女职工可以就劳动争议申请仲裁。劳动仲裁是通过司法途径解决劳动争议的必经程序。

根据《中华人民共和国劳动争议调解仲裁法》第二十七条第一款的规定，劳动争议申请仲裁的时效期间为一年。仲裁时效期间从当事人知道或者应当知道其权利被侵害之日起计算。对仲裁决定不服的，女职工可以自收到仲裁决定之日起 15 日内向人民法院起诉。

（5）提起诉讼

女职工对仲裁决定不服的，可以就劳动争议向人民法院提起诉讼。女职工如果对一审判决结果不服，可以在 15 日内向上一级法院提起上诉。我国实行两审终审制，二审判决为最终生效判决，具有强制执行力，受到法律保护。

（6）向劳动监察部门举报、投诉

根据《劳动保障监察条例》第九条的规定，当面对劳动和社会保障权益侵害时，女职工有权向劳动保障行政部门举报、投诉。对于确实违反女职工权益的用人单位，劳动保障行政部门有权对其进行责令改正、要求加付赔偿金或者处以罚款。

关联规定

《中华人民共和国妇女权益保障法》

第七十三条 妇女的合法权益受到侵害的，可以向妇女联合会等妇女组织求助。妇女联合会等妇女组织应当维护被侵害妇女的合法权益，有权要求并协助有关部门或者单位查处。有关部门或者单位应当依法查处，并予以答复；不予处理或者处理不当的，县级以上人民政府负责妇女儿童工作的机构、妇女联合会可以向其提出督促处理意见，必要时可以提请同级人民政府开展督查。

受害妇女进行诉讼需要帮助的，妇女联合会应当给予支持和帮助。

第七十四条 用人单位侵害妇女劳动和社会保障权益的，人力资源和社会保障部门可以联合工会、妇女联合会约谈用人单位，依法进行监督并要求其限期纠正。

《中华人民共和国劳动争议仲裁调解法》

第四条 发生劳动争议，劳动者可以与用人单位协商，也可以请工会或者第三方共同与用人单位协商，达成和解协议。

第五条 发生劳动争议，当事人不愿协商、协商不成或者达成和解协议后不履行的，可以向调解组织申请调解；不愿调解、调解不成或者达成调解协议后不履行的，可以向劳动争议仲裁委员会申请仲裁；对仲裁裁决不服的，除本法另有规定的外，可以向人民法院提起诉讼。

第十条 发生劳动争议，当事人可以到下列调解组织申请调解：

（一）企业劳动争议调解委员会；

（二）依法设立的基层人民调解组织；

（三）在乡镇、街道设立的具有劳动争议调解职能的组织。

企业劳动争议调解委员会由职工代表和企业代表组成。职工代表由工会成员担任或者由全体职工推举产生，企业代表由企业负责人指定。企业劳动争议调解委员会主任由工会成员或者双方推举的人员担任。

第二十七条 劳动争议申请仲裁的时效期间为一年。仲裁时效期间从当事人知道或者应当知道其权利被侵害之日起计算。

《女职工劳动保护特别规定》

第十四条 用人单位违反本规定，侵害女职工合法权益的，女职工可以依法投诉、举报、申诉，依法向劳动人事争议调解仲裁机构申请调解仲裁，对仲裁裁决不服的，依法向人民法院提起诉讼。

《劳动保障监察条例》

第九条 任何组织或者个人对违反劳动保障法律、法规或者规章的行为，有权向劳动保障行政部门举报。

劳动者认为用人单位侵犯其劳动保障合法权益的，有权向劳动保障行政部门投诉。

劳动保障行政部门应当为举报人保密；对举报属实，为查处重大违反劳动保障法律、法规或者规章的行为提供主要线索和证据的举报人，给予奖励。

第四章

婚姻与家庭权益

70. 丈夫从不做家务，离婚时我可以要求他给予补偿吗?

要点快答

负担更多家庭义务的一方可以在离婚时申请“家务补偿”。

律师说法

《中华人民共和国妇女权益保障法》第六十八条第一款明确规定：“夫妻双方应当共同负担家庭义务，共同照顾家庭生活”，这意味着，“负担家庭义务、照顾家庭生活”从法律层面成为夫妻双方的义务，丈夫再也不能随便推脱家务了。

与此同时，本次修订还引入了“家务补偿制度”，在第六十八条第二款明确规定了：“女方因抚育子女、照料老人、协助男方工作等负担较多义务的，有权在离婚时要求男方予以补偿……”这意味着，在日常生活中承担了较多家务的女性，可以在离婚时要求另一半给予补偿。自《中华人民共和国民法典》实施以来，已经有全职太太成功获得了家务补偿的案例。

律师支招

实践中，请求“家务补偿”，要注意以下几点：

（1）需在离婚诉讼时提出。离婚前、离婚后再提出，都不会被支持。

（2）平时需注意收集“负担较多义务”的证据。在实践中，成功取得“家务补偿”的，多为全职太太，但究其原因，大多是非全职太太的女性，难以举证证明自己承担了较多家务，因而，需要在平时就有意收集这类证据。例如，双方的聊天记录、照片、老人的就医记录、购物记录、自己的请假证明、证人证言、对方或自己长期往返两地的车票等证据。

关联规定

《中华人民共和国妇女权益保障法》

第六十八条 夫妻双方应当共同负担家庭义务，共同照顾家庭生活。

女方因抚育子女、照料老人、协助男方工作等负担较多义务的，有权在离婚时要求男方予以补偿。补偿办法由双方协议确定；协议不成的，可以向人民法院提起诉讼。

《中华人民共和国民法典》

第一千零八十八条 夫妻一方因抚育子女、照料老年人、协助另一方工作等负担较多义务的，离婚时有权向另一方请求补偿，另一方应当给予补偿。具体办法由双方协议；协议不成的，由人民法院判决。

71. 我不知道家里有多少财产，离婚时该如何维护自己的利益？

要点快答

可以要求对方如实申报全部夫妻共同财产。

律师说法

《中华人民共和国妇女权益保障法》第六十七条第二款明确规定，离婚诉讼期间，夫妻双方均有向人民法院申报全部夫妻共同财产的义务。如果一方有隐藏、转移、变卖、损毁、挥霍夫妻共同财产等行为的，在分割财产时，可以要求该方少分或者不分财产。

虽然本次修法明确规定了双方都有如实申报的义务，但需注意的是，提出对方有隐藏、转移财产等行为的一方，需要有证据证明对方存在隐藏、转移财产等行为，也就是说，仍需要对财产状况有基本的了解。

律师支招

“法律不保护躺在权利上睡觉的人。”这句法谚最初指的是“对于法律赋予的权利，应当及时主张和行使，否则法律不予保护”，用在夫妻财产线索的收集上，也是有几分道理的：

在未约定夫妻财产制的家庭中，绝大多数婚后收入都属于夫妻共同财产，这一点不论双方收入多寡甚至有无收入，都是一视同仁的。因而，了解自己的家庭有多少财产、多少收入，是对自己应得的权利的一种保护，否则，待到夫妻关系破裂、双方对簿公堂时，才发现自己对共同财产一无所知，那便也算是一种“在权利上睡觉”的行为，最终只能任凭自己的权益受到损害。

因而在此建议：平时就要留心收集各类财产线索信息，如银行卡号、车牌号等，至于如何收集财产线索，详见本书第100问：对丈夫的财产一无所知，妻子要怎么调查他的财产？

关联规定

《中华人民共和国妇女权益保障法》

第六十七条 离婚诉讼期间，夫妻一方申请查询登记在对方名下财产状况且确因客观原因不能自行收集的，人民法院应当进行调查取证，有关部门和单位应当予以协助。

离婚诉讼期间，夫妻双方均有向人民法院申报全部夫妻共同财产的义务。一方隐藏、转移、变卖、损毁、挥霍夫妻共同财产，或者伪造夫妻共同债务企图侵占另一方财产的，在离婚分割夫妻共同财产时，对该方可以少分或者不分财产。

72. 结婚未迁出户口的女性是否能取得土地征收款?

要点快答

未迁出户口仍然具备该集体经济组织成员资格的女性，可以取得土地征收款。

案情简介[①]

陈姐自小就在红某村长大。在和老吴结婚以后，陈姐并没有把户口迁出红某村。2003 年，陈姐生下了独生子小吴，小吴一出生便落户在红某村。2005 年，老吴把自己的户口也迁到了红某村。

2018 年，区政府给陈姐一家发放了农村土地承包经营权证，确认陈姐享有承包经营权，家庭成员是陈姐、老吴以及小吴三人。

2020 年，红某村村民组开会确认土地征收款分配方案，明确外嫁女不得参与红某村土地款征收分配。根据分配方案，村民组认为陈姐一家三口并不具备村民组集体经济组织成员资格，不能参与分配。

陈姐认为自己是土生土长的红某村村民，虽然结了婚，但并没有把户口迁出，一家三口都住在红某村，也有承包土地，具备红某村集体经济组织成员资格，可以分配土地征收款。

两方争执不下，陈姐一家便提起了诉讼。

① 湖南省湘潭市雨湖区人民法院（2021）湘 0302 民再 26 号民事判决书，载中国裁判文书网，https：//wenshu.court.gov.cn/website/wenshu/181107ANFZ0BXSK4/index.html?docId=bJZNHdNjlweGssI2mFvKlJLyKcKA7gwW0AhvayuTrbrpf/Cnps3SPLfWnudOoarTSACHLwfoLBg3eG0GTxAj0FLYdZtDCZayWllbczIKwermYs1dwrEPwyi8RIBottuI，最后访问时间：2022 年 10 月 18 日。

法院裁判

法院认为，集体经济组织的成员均有权取得土地征收款。陈姐和小吴从出生起户口便在红某村，而老吴在结婚以后也将户口迁入了红某村。一家三口享受红某村村民待遇和补贴，也获得了红某村土地承包经营权，属于集体经济组织成员，有权取得土地征收款。

律师说法

（1）享有集体经济组织成员资格的女性有权取得土地征收补偿款

根据《中华人民共和国妇女权益保障法》第五十五条和第五十六条的规定，女性并不会仅仅因为结婚，就丧失取得土地征收补偿款的权利。享有集体经济组织成员资格的女性，与男性一样，有权取得土地征收补偿款。所以，如果陈姐是红某村集体经济组织成员，便能够要求取得土地征收款。

（2）如何判断女性是否享有集体经济组织成员资格？

审判实践中，会结合不同的因素综合考虑。

①女性户口是否在该集体经济组织中；

②女性是否在该集体经济组织中实际生活；

③女性是否依靠该集体经济组织维持基本生活，如果女性实际享有其他经济组织的福利补贴，将会影响成员资格的认定。

本案中，陈姐一家的户口都在红某村，也实际在红某村生活，并未享受其他村的补贴，而红某村也为他们提供了基本的生活保障，如陈姐一家享有承包土地的权利。所以，陈姐和家人都享有红某村集体经济组织成员资格。

律师支招

（1）女性在集体经济组织成员资格认定、土地征收补偿款取得等方面遭受侵害时，可以申请乡镇人民政府等进行协调，或者向法院起诉；如果该行为侵害了女性的合法权益，导致社会公共利益受损的，也可以申请由检察机关发出检察建议或者提起公益诉讼。

（2）如果村民会议等作出的决定损害了女性的合法权益，乡镇人民政府有义务责令改正。受侵害的女性也可以向农村土地承包仲裁机构或者法院起诉。

关联规定

《中华人民共和国妇女权益保障法》

第五十五条 妇女在农村集体经济组织成员身份确认、土地承包经营、集体经济组织收益分配、土地征收补偿安置或者征用补偿以及宅基地使用等方面，享有与男子平等的权利。

申请农村土地承包经营权、宅基地使用权等不动产登记，应当在不动产登记簿和权属证书上将享有权利的妇女等家庭成员全部列明。征收补偿安置或者征用补偿协议应当将享有相关权益的妇女列入，并记载权益内容。

第五十六条 村民自治章程、村规民约，村民会议、村民代表会议的决定以及其他涉及村民利益事项的决定，不得以妇女未婚、结婚、离婚、丧偶、户无男性等为由，侵害妇女在农村集体经济组织中的各项权益。

因结婚男方到女方住所落户的，男方和子女享有与所在地农村集体经济组织成员平等的权益。

第七十五条 妇女在农村集体经济组织成员身份确认等方面权益受到侵害的，可以申请乡镇人民政府等进行协调，或者向人民法院起诉。

乡镇人民政府应当对村民自治章程、村规民约，村民会议、村民代表会议的决定以及其他涉及村民利益事项的决定进行指导，对其中违反法律、法规和国家政策规定，侵害妇女合法权益的内容责令改正；受侵害妇女向农村土地承包仲裁机构申请仲裁或者向人民法院起诉的，农村土地承包仲裁机构或者人民法院应当依法受理。

第七十七条 侵害妇女合法权益，导致社会公共利益受损的，检察机关可以发出检察建议；有下列情形之一的，检察机关可以依法提起公益诉讼：

（一）确认农村妇女集体经济组织成员身份时侵害妇女权益或者侵害妇女享有的农村土地承包和集体收益、土地征收征用补偿分配权益和宅基地使用权益；

（二）侵害妇女平等就业权益；

（三）相关单位未采取合理措施预防和制止性骚扰；

（四）通过大众传播媒介或者其他方式贬低损害妇女人格；

（五）其他严重侵害妇女权益的情形。

73. 离婚后可以继续承包原居住地的土地吗？

要点快答

女性离婚以后，返回原居住地生活，或者虽没有返回原居住地但是也没有在新居住地承包土地的，可以继续承包原居住地土地，发包方不得收回原居住地土地。

案情简介[①]

小芳有两个姐姐，阿珍和阿林。小芳的父亲作为户主，在第一轮土地承包时，承包了一家五口人的土地。

不幸的是，小芳在 1998 年被拐卖到了其他省份。

在第二轮土地承包时，小芳父亲已经去世，土地被变更登记在了阿珍丈夫名下，并由阿珍和母亲管理。2011 年，阿珍、阿林和母亲达成协议，由阿

① 贵州省铜仁市中级人民法院（2017）黔 06 民终 1631 号民事判决书，载中国裁判文书网，https：//wenshu.court.gov.cn/website/wenshu/181107ANFZ0BXSK4/index.html?docId=4tKL/k1m5BC7DlnAgF5ok++aaO1sDrDj3YI0kgluO6qQLwSJQRn4erfWnudOoarTSACHLwfoLBg3eG0GTxAj0FLYdZtDCZayWllbczIKwer7qI0VUQPEaHSTDN75RRuB，最后访问时间：2022 年 10 月 18 日。

林耕种部分土地，其余由阿珍负责。

2016年，小芳离婚后回到了家乡，并要求确认自己享有部分土地的承包权。

法院裁判

一审法院认为，根据《中华人民共和国农村土地承包法》的相关规定，虽然小芳一家承包的土地变更到了阿珍丈夫名下，但只是为了方便管理，并不是承包方收回重新分包。虽然小芳很长时间没有管理土地，但不影响确认小芳的权利。一审法院支持了小芳承包其中五分之一土地的请求。

二审法院认为，由于第二轮土地承包是第一轮的延续，小芳作为第一轮土地承包户的成员，并不会因为户主的变更而丧失成员资格。小芳已经离婚并回到了原来居住的地方，也没有在外省承包过土地，故享有原承包土地的经营权。但是承包户如何分配土地的管理权，是成员之间内部协商的问题，所以二审法院改判，仅确认小芳享有承包经营权。

律师说法

（1）女性有权承包经营土地

根据《中华人民共和国妇女权益保障法》第五十五条的规定，女性有权承包土地，且在登记时需要将享有权利的女性全部列明，不能遗漏。在第一轮土地承包时，小芳的父亲作为户主，承包了一家五口人的土地，小芳作为家庭成员享有承包土地的权利，就需要登记在不动产登记簿等文件上。

（2）女性不会仅因结婚或者离婚就丧失原承包地的经营使用权

根据《中华人民共和国农村土地承包法》第三十一条的规定，发包方并不能仅因为女性结婚、离婚或者丧偶就直接收回原承包地。如果女性离婚以后，回到了原居住地生活，或者虽然没有返回原居住地但也没有在新居住地承包土地的，女性仍然可以承包原承包地。小芳虽然离开家多年，但在离婚以后回到了原居住地生活，并不会丧失原先的土地承包经营权，可以主张相应的权利。

律师支招

（1）当女性土地承包经营权遭受侵害时，如果无法通过协商的方式解决，可以请求村委会、乡镇政府介入调解。

（2）如果女性无法通过协商或者调解的方式解决问题，可以向农村土地承包仲裁机构申请仲裁，也可以选择起诉。

关联规定

《中华人民共和国妇女权益保障法》

第五十五条　妇女在农村集体经济组织成员身份确认、土地承包经营、集体经济组织收益分配、土地征收补偿安置或者征用补偿以及宅基地使用等方面，享有与男子平等的权利。

申请农村土地承包经营权、宅基地使用权等不动产登记，应当在不动产登记簿和权属证书上将享有权利的妇女等家庭成员全部列明。征收补偿安置或者征用补偿协议应当将享有相关权益的妇女列入，并记载权益内容。

《中华人民共和国农村土地承包法》

第三十一条　承包期内，妇女结婚，在新居住地未取得承包地的，发包方不得收回其原承包地；妇女离婚或者丧偶，仍在原居住地生活或者不在原居住地生活但在新居住地未取得承包地的，发包方不得收回其原承包地。

第五十五条　因土地承包经营发生纠纷的，双方当事人可以通过协商解决，也可以请求村民委员会、乡（镇）人民政府等调解解决。

当事人不愿协商、调解或者协商、调解不成的，可以向农村土地承包仲裁机构申请仲裁，也可以直接向人民法院起诉。

74. 弟弟说财产传男不传女，难道女性没有法定继承权吗？

要点快答

按照法定继承时，女性和男性一样享有法定继承权。

案情简介①

2014 年，胡老四去世。他生前并没有结婚生子，父母早年也已经去世。

由于胡老四没有订立遗嘱，遗产需要按照法定继承处理，也就是由胡老四的哥哥姐姐共同继承。但是哥哥却说，姐姐已经嫁出去很多年了，财产又是传男不传女，姐姐是没有继承权的，所以只有他一人可以继承胡老四的财产。

姐弟俩一直争执不下，没有办法，姐姐只能选择去法院起诉，由法院来判决。

法院裁判

法院认为，胡老四并没有订立遗嘱，且胡老四也没有第一顺序继承人，可以由第二顺序继承人，也就是他的兄姐继承遗产。因此，胡老四的哥哥和姐姐都有权继承遗产。

律师说法

根据《中华人民共和国妇女权益保障法》第五十八条第一款的规定，女

---

① 广东省广州市白云区人民法院（2020）粤 0111 民初 31896 号民事判决书，载中国裁判文书网，https：//wenshu.court.gov.cn/website/wenshu/181107ANFZ0BXSK4/index.html?docId=ZWUIqLwQkQwjXky+Rr6ia1UrP/rEpbunihENBvKOoioyacGZ0w2YPrfWnudOoarTSACHLwfoLBg3eG0GTxAj0FLYdZtDCZayWllbczIKweqvqNNh6QdeYaHrGrCbK+cg，最后访问时间：2022 年 10 月 18 日。

性和男性一样享有财产继承权。

按照法定继承时，被继承人的第一顺序继承人是配偶、父母和子女，第二顺序继承人是祖父母、外祖父母和兄弟姐妹。在没有第一顺序继承人的时候，会由第二顺序继承人继承。

所以，不管角色是妻子、母亲还是女儿，女性都享有法定继承权。不能因为女性出嫁了或者是外姓就直接剥夺女性的法定继承权。本案中，虽然姐姐出嫁多年，但这并不会影响她享有继承权。

律师支招

（1）女性享有法定的继承权，如果权利遭受侵害，可以及时向妇女联合会、村民委员会等组织求助，请求介入调解。

（2）如果无法通过协商的方式解决，可以向法院提起诉讼。

关联规定

《中华人民共和国妇女权益保障法》

第五十八条 妇女享有与男子平等的继承权。妇女依法行使继承权，不受歧视。

丧偶妇女有权依法处分继承的财产，任何组织和个人不得干涉。

《中华人民共和国民法典》

第一千一百二十七条 遗产按照下列顺序继承：

（一）第一顺序：配偶、子女、父母；

（二）第二顺序：兄弟姐妹、祖父母、外祖父母。

继承开始后，由第一顺序继承人继承，第二顺序继承人不继承；没有第一顺序继承人继承的，由第二顺序继承人继承。

本编所称子女，包括婚生子女、非婚生子女、养子女和有扶养关系的继子女。

本编所称父母，包括生父母、养父母和有扶养关系的继父母。

本编所称兄弟姐妹，包括同父母的兄弟姐妹、同父异母或者同母异父的兄弟姐妹、养兄弟姐妹、有扶养关系的继兄弟姐妹。

75. 父母不给未成年女儿抚养费，女儿该怎么办？

要点快答

女儿可以通过法律途径要求父母支付抚养费。

案情简介

小胡的父母外出打工，将还是婴儿的小胡留在了老家，由爷爷奶奶照顾。

小胡的爷爷奶奶欣然接过了养育孙女的任务。没想到，即便是得知小胡生了重病，小胡的父母也没有回来看看小胡。

爷爷奶奶花了大部分的积蓄，才将小胡拉扯长大。转眼，小胡已经上了初中。

没有收入来源的爷爷奶奶逐渐无力负担小胡的开销，便要求小胡的父母支付小胡的生活费。小胡的父母却说，小胡是女孩，迟早是要嫁人的，没有必要继续读书，可以直接让她工作了。

难道小胡真的就要这么辍学了吗？

律师说法

小胡有权通过法律途径要求父母支付抚养费。

根据《中华人民共和国民法典》第二十六条和第一千零六十七条第一款的规定，父母有义务抚养未成年子女，如果父母不履行义务，未成年子女有权利要求父母支付相应的抚养费。

小胡现在还在上初中，属于未成年人，小胡的父母有义务抚养小胡，不能拒绝支付抚养费。

那小胡应该怎么办呢?

第一，小胡可以向妇联、村委会、民政部门等组织求助，请求他们介入调解。

第二，由于小胡还是未成年人，可以由小胡的爷爷奶奶向法院起诉，要求其父母支付抚养费。妇联、民政部门也可以作为原告代小胡起诉。必要时，小胡也可以向检察院申请“支持起诉”，符合支持起诉情形的，检察院会提供一定的法律援助。

那如果只是父母中的一方不愿意支付抚养费，应该怎么办呢?

不管是处于分居还是离婚状态，父母均有义务抚养未成年子女。直接抚养孩子的一方可以像小胡的爷爷奶奶一样，向相关部门请求帮助，也可以作为孩子的法定代理人提起诉讼，要求对方支付一定的抚养费。

关联规定

《中华人民共和国民法典》

第二十六条　父母对未成年子女负有抚养、教育和保护的义务。

成年子女对父母负有赡养、扶助和保护的义务。

第一千零六十七条　父母不履行抚养义务的，未成年子女或者不能独立生活的成年子女，有要求父母给付抚养费的权利。

成年子女不履行赡养义务的，缺乏劳动能力或者生活困难的父母，有要求成年子女给付赡养费的权利。

《中华人民共和国未成年人保护法》

第十条　共产主义青年团、妇女联合会、工会、残疾人联合会、关心下一代工作委员会、青年联合会、学生联合会、少年先锋队以及其他人民团体、有关社会组织，应当协助各级人民政府及其有关部门、人民检察院、人民法院做好未成年人保护工作，维护未成年人合法权益。

第一百零四条 对需要法律援助或者司法救助的未成年人，法律援助机构或者公安机关、人民检察院、人民法院和司法行政部门应当给予帮助，依法为其提供法律援助或者司法救助。

法律援助机构应当指派熟悉未成年人身心特点的律师为未成年人提供法律援助服务。

法律援助机构和律师协会应当对办理未成年人法律援助案件的律师进行指导和培训。

第一百零六条 未成年人合法权益受到侵犯，相关组织和个人未代为提起诉讼的，人民检察院可以督促、支持其提起诉讼；涉及公共利益的，人民检察院有权提起公益诉讼。

76. 女性再婚，会丧失继承亡夫遗产的权利吗?

要点快答

女性再婚不会导致其丧失继承亡夫遗产的权利。

案情简介[①]

高大姐的丈夫老张于2015年去世。为了儿子结婚，高大姐拿出了和老张一起攒下的积蓄为儿子买了一套房屋，并将房屋登记在了儿子和儿媳名下。虽然存款花完了，但老张留下的房子和承包土地中的林木一直没有被分割。

后来，高大姐选择再婚，这也直接导致了母子关系的恶化。2020年，高大姐办理了采伐许可证，但儿子一再阻止高大姐，并声称高大姐没有权利继

① 四川省芦山县人民法院（2021）川1826民初82号民事判决书，载中国裁判文书网，https：//wenshu.court.gov.cn/website/wenshu/181107ANFZ0BXSK4/index.html?docId=TEBb1cfvywzda9TcAxbLlZw1SrNhKu5GtwgCQFQ+tsmo0C9tYQwIu7fWnudOoarTSACHLwfoLBg3eG0GTxAj0FLYdZtDCZayWllbczIKweopWZ+m0aGXoo1btWxwtQHN，最后访问时间：2022年10月18日。

承父亲的遗产，也没有权利采伐树木。

面对儿子的刁难，高大姐只好起诉至法院，请求法院判决。

法院裁判

法院认为，高大姐和老张结婚以后共同修建的房屋、承包土地上栽种的树木是双方的共同财产，在发生继承时，要先分割出属于高大姐个人的部分，剩下的才是老张的遗产。

而老张并没有订立遗嘱，所以由高大姐以及他的一儿一女共同继承老张的遗产，每人享有三分之一的遗产份额。高大姐再婚并不影响她继承老张遗产的权利。

由此，高大姐通过分割个人财产和继承，共获得了三分之二份额的房屋和林木。

律师说法

（1）发生继承时，女性需要先明确是否有夫妻共同财产的情形

当完成结婚登记手续以后，夫妻双方的工资、奖金、共同购买的房产等财产一般情况下都属于夫妻的共同财产，双方没有特殊约定的，一般一人一半。当发生继承时，需要先分割这部分共同财产，明确属于被继承人的个人财产，也就是遗产。

高大姐和老张结婚以后取得的房屋、通过承包土地取得的树木属于夫妻共同财产，发生继承时需要先分割出属于高大姐的个人财产，剩下的一半才由老张的法定继承人继承。

（2）女性有权继承亡夫的遗产，再嫁并不会直接影响其继承遗产的权利

根据《中华人民共和国妇女权益保障法》第五十八条和《中华人民共和国民法典》第一千一百五十七条的规定，女性有权继承亡夫的财产，即便再婚也不需要将遗产归还。女性在丈夫死亡时，作为妻子享有法定的继承权，并不会仅仅因为之后的再婚便丧失继承权。高大姐在老张去世时便可以继承

老张的房屋和林木，虽然遗产一直没有分割，但高大姐的再婚不会让她丧失继承的权利，高大姐可以主张继承老张的遗产。

律师支招

（1）发生继承后，应当尽早处理相应的遗产，明确各继承人享有的份额，并及时办理相应手续。

（2）如果因再嫁遭遇继承权被侵害，且无法通过协商等方式解决，可以及时向法院起诉来主张权益，以免超过诉讼时效。

关联规定

《中华人民共和国妇女权益保障法》

第五十八条 妇女享有与男子平等的继承权。妇女依法行使继承权，不受歧视。

丧偶妇女有权依法处分继承的财产，任何组织和个人不得干涉。

《中华人民共和国民法典》

第一千一百五十三条 夫妻共同所有的财产，除有约定的外，遗产分割时，应当先将共同所有的财产的一半分出为配偶所有，其余的为被继承人的遗产。

遗产在家庭共有财产之中的，遗产分割时，应当先分出他人的财产。

第一千一百五十七条 夫妻一方死亡后另一方再婚的，有权处分所继承的财产，任何组织或者个人不得干涉。

77. 丈夫去世后，妻子可以继承公公的财产吗？

要点快答

按照法定继承时，尽到赡养义务的妻子可以继承公公的财产。

案情简介[①]

老许和老杨一共有三个孩子，许大姐、许二姐和许三弟。许三弟和他的妻子郝姐、儿子小许一直和老许夫妇生活在一起。2003 年，老杨去世。

2015 年，许三弟去世以后，郝姐为了照顾生活不便的公公老许，决定继续带着儿子小许一起住在老许家。

2018 年，老许去世了。郝姐和小许想要继承老许留下的房子，但是许大姐和许二姐却认为只能由她们继承。郝姐只得向法院起诉。

法院裁判

法院认为，房产是老许和老杨的共同财产。2003 年，老杨去世时，其中 50% 的房产份额由老许、许大姐、许二姐和许三弟共同继承，也就是三姐弟每个人享有 12.5% 的房产份额，老许有 62.5% 的房产份额。

老许去世时，由于许三弟已经先于老许去世，由许三弟的晚辈直系血亲，也就是小许代位继承。而郝姐在丈夫去世以后一直照顾老许，承担了主要的赡养义务，可以作为第一顺序继承人继承遗产。所以，许大姐、许二姐、郝姐和小许都有权继承属于老许的房产份额。

律师说法

（1）丧偶儿媳尽到了主要赡养义务，有权继承公婆的遗产

根据《中华人民共和国妇女权益保障法》第五十九条的规定，丧偶儿媳

① 北京市高级人民法院（2019）京民申 6844 号民事裁定书，载中国裁判文书网，https://wenshu.court.gov.cn/website/wenshu/181107ANFZ0BXSK4/index.html?docId=8uT/bLVGgtFJngJKh/SXpilgkTDfpZ8Y06DYG9KPW+1i3LO0ukiOErfWnudOoarTSACHLwfoLBg3eG0GTxAj0FLYdZtDCZayWllbczIKweoY6bks3V6huqzKPCAIXKHo，最后访问时间：2022 年 10 月 18 日。

如果尽到了主要赡养义务，可以继承公婆的遗产，这也不会影响子女代位继承的权利。

这里尽到了主要赡养义务包括在生活上长期帮助公婆或者在经济上一直提供补贴，等等。郝姐在丈夫去世以后，一直照顾患病的老许，属于尽到了主要赡养义务的情形，可以继承老许的遗产。而郝姐的继承也没有影响小许代位继承的权利。

（2）当儿子先于父亲死亡时，可以由孙子代位继承

根据《中华人民共和国民法典》第一千一百二十八条第一款的规定，如果被继承人的子女先于被继承人死亡，会由子女的直系晚辈血亲代位继承。许三弟先于老许去世，小许作为许三弟的儿子，便代位继承了老许的遗产。

律师支招

（1）在照顾公婆时，可以适当留存证据以备不时之需。如在为公婆支付医药费时，可以添加备注并保留支付的凭证，证明自己尽到了主要赡养义务。

（2）如果发生纠纷，可以尝试寻找邻居等继承人以外的人为自己作证，证明自己和老人共同生活并照顾老人，提高证据的证明力。

关联规定

《中华人民共和国妇女权益保障法》

第五十九条 丧偶儿媳对公婆尽了主要赡养义务的，作为第一顺序继承人，其继承权不受子女代位继承的影响。

《中华人民共和国民法典》

第一千一百二十八条 被继承人的子女先于被继承人死亡的，由被继承人的子女的直系晚辈血亲代位继承。

被继承人的兄弟姐妹先于被继承人死亡的，由被继承人的兄弟姐妹的子女代位继承。

代位继承人一般只能继承被代位继承人有权继承的遗产份额。

第一千一百三十条　同一顺序继承人继承遗产的份额，一般应当均等。

对生活有特殊困难又缺乏劳动能力的继承人，分配遗产时，应当予以照顾。

对被继承人尽了主要扶养义务或者与被继承人共同生活的继承人，分配遗产时，可以多分。

有扶养能力和有扶养条件的继承人，不尽扶养义务的，分配遗产时，应当不分或者少分。

继承人协商同意的，也可以不均等。

78. 外婆去世了，外孙女能继承外婆的财产吗？

要点快答

外孙女不是外婆的法定继承人，但是可以通过遗嘱继承或代位继承的方式继承外婆的遗产。

案情简介[①]

谷老太有三个儿女，长子和长女早年去世，长子的女儿叫小麦，长女的女儿叫小程。考虑到自己年事已高，谷老太选择去公证处办理公证遗嘱，将房产平分给孙女小麦和外孙女小程。

不久，谷老太去世了。谷老太的二儿子麦某却说，谷老太在住院期间亲口跟自己说要把房屋留给自己，谷老太也从未告知自己立过遗嘱。麦某便向

① 辽宁省沈阳市中级人民法院（2021）辽 01 民终 21100 号民事判决书，载中国裁判文书网，https：//wenshu.court.gov.cn/website/wenshu/181107ANFZ0BXSK4/index.html?docId=SgtEef6D6MlROIANoLXtNsMrEOgeotvM+K+PR0LGGhRfjTLs/ItfGrfWnudOoarTSACHLwfoLBg3eG0GTxAj0FLYdZtDCZayWllbczIKweqk94kEcG4/yl7bxcjxu/+p，最后访问时间：2022 年 10 月 18 日。

法院提起诉讼，要求继承谷老太的房产以及存款。

法院裁判

一审法院认为，麦某并没有证据表明谷老太修改了遗嘱，谷老太订立的公证遗嘱合法有效，谷老太的孙女和外孙女可以依照遗嘱继承房产。

当然，由于谷老太并没有在遗嘱中对她的存款进行分配，存款需要按照法定继承处理。此时，麦某作为谷老太的儿子有法定继承权；而谷老太的长子和长女先于谷老太去世，长子和长女的后代，也就是谷老太的孙女和外孙女，可以代位继承相应的存款份额。

律师说法

（1）遗嘱中没有处分的遗产需按照法定继承处理

根据《中华人民共和国民法典》第一千一百五十四条的规定，遗嘱未处分的遗产会按照法定继承处理。在遗嘱中谷老太仅分配了她的房产，没有分配她的存款，所以她的存款要按照法定继承处理。麦某作为法定继承人，可以继承一定的份额。

（2）子女先于父母去世，子女的直系晚辈血亲可以代位继承父母的财产

根据《中华人民共和国民法典》第一千一百二十八条的规定，如果子女先于被继承人死亡会发生代位继承，在子女没有丧失继承权时，子女的直系晚辈血亲，比如孙子女、曾孙子女等，可以代位继承子女可以继承的遗产。因此，谷老太的孙女和外孙女，作为直系晚辈血亲享有代位继承的权利。当然，亦可通过遗嘱的方式获得遗产。

律师支招

除了以上法律注意点之外，在订立遗嘱方面，还需要注意哪些内容？

（1）订立遗嘱以前，可以先梳理财产并制定财产清单，以免财产有遗漏。

（2）保留好身份关系证明，比如出生证、派出所开具的亲属关系证明，以便之后能够顺利地完成继承。

关联规定

《中华人民共和国民法典》

第一千一百二十八条　被继承人的子女先于被继承人死亡的，由被继承人的子女的直系晚辈血亲代位继承。

被继承人的兄弟姐妹先于被继承人死亡的，由被继承人的兄弟姐妹的子女代位继承。

代位继承人一般只能继承被代位继承人有权继承的遗产份额。

第一千一百五十四条　有下列情形之一的，遗产中的有关部分按照法定继承办理：

（一）遗嘱继承人放弃继承或者受遗赠人放弃受遗赠；

（二）遗嘱继承人丧失继承权或者受遗赠人丧失受遗赠权；

（三）遗嘱继承人、受遗赠人先于遗嘱人死亡或者终止；

（四）遗嘱无效部分所涉及的遗产；

（五）遗嘱未处分的遗产。

79. 丈夫立下遗嘱，要求妻子不能改嫁，这样合法吗？

要点快答

不合法，任何人不可以通过遗嘱或其他方式限制他人婚姻自由。

案情简介

老张和阿珍于1994年便以夫妻名义共同生活，2006年，两人领取了结婚证，双方并没有生育孩子。

2006年年底，老张因病去世，生前写下一份遗嘱，载明：东三房归阿珍所有，西三房也是阿珍的安身之处，但如果阿珍今后嫁人，西三房就归侄子小超所有。

2007年，阿珍再婚，并对西三房进行了修缮，还在西三房里为女儿举办了百日酒。

小超认为，阿珍已经再婚，应当根据遗嘱归还西三房的所有权，但阿珍拒绝返还房屋。几年后，小超将阿珍告上法庭，要求继承东三房和西三房。

本案的争议焦点是两处房产是否应该归侄子小超所有。

关于东三房：老张在遗嘱中指明东三房归阿珍所有，小超并非该房产的遗嘱继承人，小超的诉讼请求于法无据，法院不予支持。

关于西三房：老张在遗嘱中约定“如果阿珍今后嫁人，西三房就归侄子小超所有”，属于附义务的遗嘱继承，不履行义务即转为遗赠。但这一条款限制了阿珍的婚姻自由，有违法律规定，该遗嘱条款无效。小超无法根据该条款取得西三房的所有权。

小超的诉讼请求没有法律依据。

律师说法

（1）我国实行婚姻自由，任何人不得干涉他人的婚姻自由。

根据《中华人民共和国妇女权益保障法》第六十一条的规定，女性有婚姻自主权。老张去世以后，阿珍有权依照法律规定决定自己是否再婚。小超不能依据老张的遗嘱干涉阿珍再婚的权利。

（2）遗嘱可以附带义务，但该义务不能违反法律的规定。

根据《中华人民共和国民法典》第一千一百四十四条的规定，遗嘱可以附加义务。如果继承人不履行义务，且没有正当理由的，利害关系人可以向法院申请剥夺继承人继承附义务遗产的权利。

老张在遗嘱中附加了阿珍不能再婚的义务，但这种义务违反了法律的规定，这一条款无效，阿珍有正当理由拒绝履行义务。小超，也就是利害关系人，无法申请剥夺阿珍继承西三房的权利。

律师支招

（1）我国实行婚姻自由，如果遇到他人干涉自身婚姻自由的情况，可以向妇联等组织求助，必要时，可以选择向法院起诉。如遭遇人身威胁或现实危险，可以及时报警。

（2）订立遗嘱时，可以附加义务，但需要明确义务人客观上是否有能力履行，以及该义务是否符合法律规定。

关联规定

《中华人民共和国妇女权益保障法》

第六十一条 国家保护妇女的婚姻自主权。禁止干涉妇女的结婚、离婚自由。

《中华人民共和国民法典》

第一千一百三十三条 自然人可以依照本法规定立遗嘱处分个人财产，并可以指定遗嘱执行人。

自然人可以立遗嘱将个人财产指定由法定继承人中的一人或者数人继承。

自然人可以立遗嘱将个人财产赠与国家、集体或者法定继承人以外的组织、个人。

自然人可以依法设立遗嘱信托。

第一千一百四十四条 遗嘱继承或者遗赠附有义务的，继承人或者受遗赠人应当履行义务。没有正当理由不履行义务的，经利害关系人或者有关组织请求，人民法院可以取消其接受附义务部分遗产的权利。

80. 同居好多年，是不是已经算“事实婚姻”了？

要点快答

目前我国不承认事实婚姻，但如果在 1994 年 2 月 1 日之前双方已经符合结婚的实质要件，可以按照事实婚姻处理。

案情简介[①]

1994 年元旦，年满 20 周岁的熊大姐开始和小自己几个月的王大哥一起同居生活。同年正月十八，双方举办了婚礼，之后便以夫妻名义共同生活。两人共同生育了两个孩子，还一起盖了一间房。熊大姐认为，王大哥没有好好照顾家庭，还虐待自己，便向法院提出离婚，并且希望分割共同财产。

法院裁判

法院认为，如果在 1994 年 2 月 1 日之前，熊大姐和王大哥便符合结婚的实质要件，可以按照事实婚姻处理。熊大姐和王大哥虽然在 1994 年便已经同居，但同居时王大哥并没有满 22 周岁，熊大姐和王大哥并不满足结婚的实质要件，仅属于同居关系，不受法律保护。熊大姐和王大哥共同建造的房屋属

---

① 云南省丘北县人民法院（2021）云 2626 民初 2293 号民事判决书，载中国裁判文书网，https：//wenshu.court.gov.cn/website/wenshu/181107ANFZ0BXSK4/index.html?docId=JGWeB5tetTkrFkYn1+i4CJ1qnIKdlIagVNElnEnLztTjm0i+RNNnJ7fWnudOoarTSACHLwfoLBg3eG0GTxAj0FLYdZtDCZayWllbczIKweoa1rvq8QmUOKMg1OaMGVVg，最后访问时间：2022 年 10 月 18 日。

于共有财产，但是熊大姐在庭审中放弃了该房屋的所有权，并将其份额交给王大哥管理使用，法院予以准许。

律师说法

（1）男女双方自 1994 年 2 月 1 日以后才同居的，不能认定为是事实婚姻。

根据《最高人民法院关于适用〈中华人民共和国民法典〉婚姻家庭编的解释（一）》第七条的规定，男女双方一般在完成结婚登记手续以后，才能成立受法律保护的夫妻关系。男女双方在 1994 年 2 月 1 日以后才开始以夫妻名义同居生活，且没有办理结婚登记手续的，并不成立受法律保护的夫妻关系。

（2）1994 年 2 月 1 日以前男女双方已经以夫妻名义同居，且满足结婚实质要件的，可以按照事实婚姻处理。

这里的实质要件包含了几点要求：

①男方已经年满 22 周岁，女方已经年满 20 周岁；

②双方自愿缔结婚姻，且没有配偶；

③双方并没有禁止结婚的情形，比如属于直系血亲的男女禁止结婚。

熊大姐和王大哥虽然在 1994 年年初便已经同居，但是王大哥并没有年满 22 周岁，不符合结婚的实质要件，不能被认定为事实婚姻。所以熊大姐不需要通过法院诉讼的方式来离婚。

律师支招

（1）1994 年 2 月 1 日以后仅仅办理婚礼，法律上的夫妻关系并不成立，双方仅为同居关系，而同居关系并不受法律保护。所以，如果双方愿意以夫妻名义共同生活，要及时办理结婚登记手续，才能保护双方的合法权益。

（2）同居期间，可以单独开设一张银行卡用于共同生活，尽可能避免双方财产混同，防止之后产生不必要的纠纷。

关联规定

《最高人民法院关于适用〈中华人民共和国民法典〉婚姻家庭编的解释（一）》

第七条 未依据民法典第一千零四十九条规定办理结婚登记而以夫妻名义共同生活的男女，提起诉讼要求离婚的，应当区别对待：

（一）1994 年 2 月 1 日民政部《婚姻登记管理条例》公布实施以前，男女双方已经符合结婚实质要件的，按事实婚姻处理。

（二）1994 年 2 月 1 日民政部《婚姻登记管理条例》公布实施以后，男女双方符合结婚实质要件的，人民法院应当告知其补办结婚登记。未补办结婚登记的，依据本解释第三条规定处理。

81. 刚刚生下孩子，丈夫就提出离婚，妻子能拒绝吗？

要点快答

如果丈夫提出离婚，妻子不愿意离婚的，可以拒绝。在妻子分娩后一年内，丈夫一般不能提出离婚。但如果有特殊情形，法院认为确有必要的，也会受理丈夫的离婚申请。

案情简介①

大兴和阿珍于 2020 年 7 月经人介绍相识，在同年 12 月便登记结婚。2021 年 9 月，阿珍生下了女儿。大兴认为当初双方了解不深就草率结婚，婚后也

① 山东省寿光市人民法院（2022）鲁 0783 民初 774 号民事裁定书，载中国裁判文书网，https://wenshu.court.gov.cn/website/wenshu/181107ANFZ0BXSK4/index.html?docId=rT0YKZx+DhRwXl5mpOMeHtokmlyUPT1C7bdQh69Bwhz6Iyq1XPSNC7fWnudOoarTSACHLwfoLBg3eG0GTxAj0FLYdZtDCZayWllbczIKwephuaP/LoTNTgdOIrGtr57e，最后访问时间：2022 年 10 月 18 日。

常因为琐事争吵，已经没有再继续共同生活的可能，便在 2022 年 1 月提起了离婚诉讼。

法院裁判

法院认为，根据《中华人民共和国民法典》的规定，阿珍生下女儿还未满一年，大兴也没有必要的理由提出离婚，因此裁定不予受理大兴的起诉。

律师说法

（1）在女性怀孕期间、分娩后一年内或者终止妊娠后六个月内，男性一般不能提出离婚，但女性可以提出离婚

根据《中华人民共和国妇女权益保障法》第六十四条的规定，为了照顾女性和孩子的利益，男性在上述期限内一般是不能提出离婚的。所以，法院并没有受理案例中大兴的起诉。如果阿珍认为双方并不适合继续生活，主动提起离婚诉讼，法院一般会予以受理。

（2）如果法院认为确有必要的，也会受理男方的离婚请求

这里的“确有必要”一般是指女方存在过错、不尽抚养义务等情形，导致夫妻感情破裂。比如女方出轨导致怀孕生子、女方虐待或者家暴男方、女方虐待遗弃孩子等情形。

关联规定

《中华人民共和国妇女权益保障法》

第六十四条　女方在怀孕期间、分娩后一年内或者终止妊娠后六个月内，男方不得提出离婚；但是，女方提出离婚或者人民法院认为确有必要受理男方离婚请求的除外。

82. 收入高，离婚时就能多分财产吗？

要点快答

收入高低并不是离婚分割财产多寡的依据。

案情简介[①]

2002年，小珂和老邓相识，并办理了结婚登记。因双方矛盾频发，小珂提起诉讼请求离婚。

经过两次离婚诉讼，小珂和老邓解除了婚姻关系，但是法院并没有处理他们的财产。小珂便又向法院提起诉讼请求分割财产，并提交了老邓家暴、出轨的证据，请求多分财产。

一审法院认为小珂提供的证据不足以证明老邓有过错，并根据双方所提交的证据以及在庭审中的意见，对财产进行了分割。但是老邓认为小珂每月收入3000元，而自己年收入在200万元左右，自己的收入高，对家庭贡献更大，应当多分财产，便提起了上诉。

法院裁判

法院认为，根据法律规定，小珂和老邓在办理结婚登记手续以后取得的财产由夫妻双方共同共有。老邓认为自己的收入高、对家庭贡献大，可以多分财产，并没有法律依据，不能成立。

---

① 四川省成都市中级人民法院（2021）川01民终7916号民事判决书，载中国裁判文书网，https：//wenshu.court.gov.cn/website/wenshu/181107ANFZ0BXSK4/index.html?docId=Np7NlKPz4l1438tfIt+IH/Hpxciap7QoPYhvfSrFWGYiADkIdnILRLfWnudOoarTSACHLwfoLBg3eG0GTxAj0FLYdZtDCZayWllbczIKwepv4yetPxKt84n0+v3GpvlX，最后访问时间：2022年10月18日。

律师说法

（1）一方收入的高低并不会直接影响财产分割的比例

根据《中华人民共和国妇女权益保障法》第六十六条的规定，女性对夫妻共同财产享有平等的权利，并不会因为收入产生影响。虽然小珂和老邓收入差距比较大，但是婚后双方的收入都属于夫妻共同财产，分割时双方享有平等的权利。

（2）如果一方存在法定的过错，会影响财产分割的比例

根据《中华人民共和国民法典》第一千零八十七条的规定，离婚时，如果双方无法协商一致，法院不会直接按照收入贡献的比例来分割共同财产，所以，老邓提出自己收入高就能多分财产的诉求并没有法律依据。如果小珂有充分的证据证明老邓存在家暴行为，小珂可以主张多分财产，也可以作为无过错方要求赔偿。

律师支招

（1）在离婚诉讼中，如果财产涉及夫妻双方以外的人、财产的所有权有争议等情形，且夫妻双方无法协商一致的，法院一般不会在该诉讼中处理。夫妻双方可以另外提起离婚后财产纠纷诉讼。

（2）在提出离婚时，可以预先梳理双方的财产，如房产、股权、存款等。如果不知道对方有多少财产，可以尝试收集财产线索，如银行卡号、证券账号等。根据财产线索，律师可以向法院申请调查令，明确对方的财产。

关联规定

《中华人民共和国妇女权益保障法》

第六十六条　妇女对夫妻共同财产享有与其配偶平等的占有、使用、收

益和处分的权利，不受双方收入状况等情形的影响。

对夫妻共同所有的不动产以及可以联名登记的动产，女方有权要求在权属证书上记载其姓名；认为记载的权利人、标的物、权利比例等事项有错误的，有权依法申请更正登记或者异议登记，有关机构应当按照其申请依法办理相应登记手续。

《中华人民共和国民法典》

第一千零六十二条 夫妻在婚姻关系存续期间所得的下列财产，为夫妻的共同财产，归夫妻共同所有：

（一）工资、奖金、劳务报酬；

（二）生产、经营、投资的收益；

（三）知识产权的收益；

（四）继承或者受赠的财产，但是本法第一千零六十三条第三项规定的除外；

（五）其他应当归共同所有的财产。

夫妻对共同财产，有平等的处理权。

第一千零八十七条 离婚时，夫妻的共同财产由双方协议处理；协议不成的，由人民法院根据财产的具体情况，按照照顾子女、女方和无过错方权益的原则判决。

对夫或者妻在家庭土地承包经营中享有的权益等，应当依法予以保护。

83. 丈夫婚前就患有严重的精神疾病，妻子能跟他离婚吗？

要点快答

如果丈夫婚前没有告知妻子自己患有严重的精神疾病，妻子可以在知道以后的一年内申请撤销婚姻。

案情简介

小骆和小天经亲戚介绍认识，并于2021年1月8日登记结婚。

2021年8月，小天精神病病发，出现了打人、自残等行为。小骆在社区的帮助下，将小天送进医院治疗。

此时，小骆才知道小天早在2016年就办理了残疾证，属于二级精神残疾人。小骆认为，小天在办理婚姻登记时没有告知其患有重大疾病，便在2021年12月向法院请求撤销婚姻。

法院认为，在结婚以前，小天并没有告知小骆自己身患疾病，而结婚以后小天又因精神病发作住院治疗至今，小天的病情足以影响小骆结婚的意愿，属于《中华人民共和国民法典》中规定的隐瞒“重大疾病”予以撤销婚姻的情形。小骆在知道小天住院治疗后一年内提起了诉讼，请求撤销婚姻，法院予以支持。

律师说法

（1）如果一方婚前隐瞒重大疾病，另一方有权向法院申请撤销婚姻，但撤销权需要在知道或应当知道的一年内行使。

根据《中华人民共和国民法典》第一千零五十三条的规定，在办理结婚登记手续以前，男女双方均有义务告知对方自己是否患有重大疾病。如果未告知的，对方有权在知道或应当知道的一年内，向法院申请撤销婚姻。

在小天因病住院治疗以后，小骆才知道小天患有严重的精神疾病。小骆认为如果小天在婚前如实告知病情，自己并不会和小天登记结婚。小骆有权在规定的时间内向法院提起诉讼请求撤销婚姻。

（2）什么是重大疾病？

《中华人民共和国民法典》中并没有直接规定哪些疾病属于重大疾病，法院在认定时也比较谨慎，一般会考虑该疾病是否会影响被隐瞒方的结婚意愿，同时还要结合双方婚后生活的情况等判断。参照《中华人民共和国母婴保健法》的规定，严重的遗传性疾病、艾滋病、梅毒、精神分裂症、躁郁症等都属于重大疾病。

律师支招

（1）如果遭遇对方婚前隐瞒重大疾病，可以及时去法院起诉申请撤销婚姻，注意要在知道或者应当知道的一年内提起诉讼。

（2）建议男女双方在登记结婚以前进行婚检，以便了解双方的健康状况。

关联规定

《中华人民共和国民法典》

第一千零五十三条 一方患有重大疾病的，应当在结婚登记前如实告知另一方；不如实告知的，另一方可以向人民法院请求撤销婚姻。

请求撤销婚姻的，应当自知道或者应当知道撤销事由之日起一年内提出。

《中华人民共和国妇女权益保障法》

第六十二条 国家鼓励男女双方在结婚登记前，共同进行医学检查或者相关健康体检。

《中华人民共和国母婴保健法》

第八条 婚前医学检查包括对下列疾病的检查：

（一）严重遗传性疾病；

（二）指定传染病；

（三）有关精神病。

经婚前医学检查，医疗保健机构应当出具婚前医学检查证明。

第三十八条 本法下列用语的含义：

指定传染病，是指《中华人民共和国传染病防治法》中规定的艾滋病、淋病、梅毒、麻疯病以及医学上认为影响结婚和生育的其他传染病。

严重遗传性疾病，是指由于遗传因素先天形成，患者全部或者部分丧失自主生活能力，后代再现风险高，医学上认为不宜生育的遗传性疾病。

有关精神病，是指精神分裂症、躁狂抑郁型精神病以及其他重型精神病。

产前诊断，是指对胎儿进行先天性缺陷和遗传性疾病的诊断。

84. 前夫意外去世，我能要回孩子的监护权吗？

要点快答

女方并不一定能取得孩子的监护权。

案情简介

案例 1：[①]

十年前，小沈和前夫离婚，随后两个人又各自再婚，女儿小美归父亲抚养。最近，小沈听说前夫突然去世了，只留下十几岁的小美和继母王老太共同生活。小沈想要回小美的抚养权。但法院驳回了她的诉请，判决小美归王老太抚养。

案例 2：[②]

九年前，小钱和前夫离婚，协议儿子小雨由前夫抚养。前夫在两年前再婚，儿子多了个继母赵老太。几个星期前，前夫突然车祸去世，小钱要求赵老太把儿子还给自己抚养，可赵老太坚决不同意，还阻止小雨和小钱见面。小钱请求法院判决变更抚养权，由自己作为生母抚养小雨。最终，法院判决小雨

---

① 北京市朝阳区人民法院（2019）京 0105 民初 32213 号民事判决书，载中国裁判文书网，https://wenshu.court.gov.cn/website/wenshu/181107ANFZ0BXSK4/index.html?docId=jE7iRRnAuViUUaPgwJjlFGgUfEc+au9GW9Iuz14v4ohDMOqjrLIVB5O3qNaLMqsJA5iCdx0IBWLIyNZhEOZTLWMPuAq5sX6RseySfDByCZRYOA9lg2VeDTKwY7cLtlnJ，最后访问时间：2022 年 12 月 26 日。

② 国家法官学院案例开发研究中心编：《中国法院 2019 年度案例 · 婚姻家庭纠纷》，中国法制出版社 2019 年版，第 112 页。

由小钱抚养。

法院裁判

在案例 1 中，法院认为，小美已经和继母王老太生活了八年，受王老太抚养教育的事实客观存在，双方已形成了事实上的养育关系，权利义务应当适用父母子女的相关法律规定。客观上王老太具备抚养小美的经济条件，在她的照料下，小美身体健康、性格开朗、学习优秀，主观上王老太和小美都表达了想要继续共同生活的意愿。而小沈已经多年不与小美共同生活，突然改变生活环境不利于小美的健康成长，所以法院判决由王老太承担监护义务。

在案例 2 中，法院认为，在孩子父亲去世后，小钱作为孩子的亲生母亲，对孩子有抚养权。由于前夫的去世，他与赵老太的婚姻关系结束，赵老太不再对小雨有法律上的抚养权利和义务，不享有对小雨的抚养权，所以法院判决小雨由小钱抚养。

律师说法

在对未成年人的抚养权问题中，法院会按照最有利于未成年人的原则判决。案例 1 中，继母王老太已经与小美共同生活了很多年，经过对小美的照顾和抚育，继母与继女之间已经形成了稳定、和谐的家庭关系，并且小美也表示希望和王老太继续生活。而案例 2 中，赵老太和小雨只共同生活了两年，且小钱作为生母要求小雨由自己抚养。法院认为，生父母是法定的第一顺序监护人和抚养人，在小钱没有法律规定的不适宜抚养孩子的情况下，应由生母承担抚养义务。

关联规定

《中华人民共和国民法典》

第一千零七十二条 继父母与继子女间，不得虐待或者歧视。

继父或者继母和受其抚养教育的继子女间的权利义务关系，适用本法关于父母子女关系的规定。

《中华人民共和国未成年人保护法》

第一百零七条　人民法院审理继承案件，应当依法保护未成年人的继承权和受遗赠权。

人民法院审理离婚案件，涉及未成年子女抚养问题的，应当尊重已满八周岁未成年子女的真实意愿，根据双方具体情况，按照最有利于未成年子女的原则依法处理。

《最高人民法院关于适用〈中华人民共和国民法典〉婚姻家庭编的解释（一）》

第五十四条　生父与继母离婚或者生母与继父离婚时，对曾受其抚养教育的继子女，继父或者继母不同意继续抚养的，仍应由生父或者生母抚养。

85. 和男朋友分手了，未婚生育的孩子怎么抚养？

要点快答

可以请求妇联帮助，也可以请求法院依法判决。法院会根据双方情况，依据最有利于未成年人的原则进行裁判。

案情简介[①]

小花和男朋友小海同居几年，两个人有一个1岁多的女儿。由于小海家人的反对，两个人一直没能领证。因为没有登记结婚，小花和小海大吵过几次，两个人在领证这件事上分歧很大，关系逐渐有了裂痕。

春节期间，小海趁着小花回父母家，把家里的门锁换掉，让小花进不了

① 吉林省妇女儿童权益保护典型案例之三：田某诉李某同居关系子女抚养纠纷案，载吉林省高级人民法院司法公开网，http://www.jlsfy.gov.cn/zxdxal/392565.jhtml，最后访问时间：2022年7月8日。

家门。小花此后多次上门和小海理论，双方发生了激烈的争吵。但小花还是无法进入和小海同居时居住的家，无法照顾女儿，就连自己的个人物品都没能拿走。

小花无奈，只得求助妇联。妇联了解到小花的情况，与小花进行了充分沟通。在尊重小花意愿的前提下，以保护小花和孩子利益为出发点，指派了援助律师为小花代理这个案件，将小海告上了法庭。

法院裁判

在妇联与律师的积极沟通下，法院对孩子抚养权、抚养费和共同生活期间的财产分配等问题进行了判决。女儿跟随小花生活，小海每月需支付个人工资的30%作为抚养费。

律师说法

同居关系不像婚姻关系那样，能得到法律的确认和保障。但是，对于同居期间产生的子女抚养权纠纷、财产纠纷，法院一样会接受审理。这起案件申诉思路的出发点和落脚点不仅仅在于同居关系的认定，更重要的是非婚生女儿的权利如何得到保障，抚养权和抚养费如何通过法律明确。

小花求助妇联是明智之举。妇联确定的工作思路就是保障妇女、孩子的利益，而且，妇联也积极主动地为小花联系律师，并与当事人、法官沟通，在抚养权、抚养费和共同债务等方面为孩子争取了最大利益。

律师支招

同居期间产生抚养权纠纷时，如果对方无法沟通协商，可以向妇女儿童维权组织和司法机关求助。妇联组织将根据实际情况，为女性和儿童的合法利益提供调解和维权帮助。此外，司法机关也会依据事实情况，依法、公平地作出判决。

关联规定

《中华人民共和国民法典》

第一千零七十一条　非婚生子女享有与婚生子女同等的权利，任何组织或者个人不得加以危害和歧视。

不直接抚养非婚生子女的生父或者生母，应当负担未成年子女或者不能独立生活的成年子女的抚养费。

《最高人民法院关于适用〈中华人民共和国民法典〉婚姻家庭编的解释（一）》

第三条　当事人提起诉讼仅请求解除同居关系的，人民法院不予受理；已经受理的，裁定驳回起诉。

当事人因同居期间财产分割或者子女抚养纠纷提起诉讼的，人民法院应当受理。

86. 丈夫出轨了，孩子的抚养权能归我吗？

要点快答

抚养权归属需要依据儿童利益最大化原则进行判决。

案情简介[①]

杨先生是一家公司的技术骨干，每个月薪资达 1.6 万元，安女士则是一

① 北京市朝阳区人民法院（2021）京 0105 民初 33497 号民事判决书，载中国裁判文书网，https：//wenshu.court.gov.cn/website/wenshu/181107ANFZ0BXSK4/index.html?docId=LPj+cEzjlINZzOuVsMeCPL05o9W4VDCsXdW7unPNJ1hX7z1n6+fiNpO3qNaLMqsJA5iCdx0IBWKCTRlER5Kj+lLYdZtDCZayWllbczIKweq7dmv3LpByGxkkZxubmKsc，最后访问时间：2022 年 10 月 18 日。

名每月拿 3000 元工资的普通职工。安女士与杨先生结婚五年，女儿小安已经 3 岁。周围的人都羡慕安女士家庭和谐美满，但她坚持要和杨先生离婚。原来，在女儿刚满一周岁的时候，安女士就发现丈夫出轨了。当时，为了小安，安女士也曾努力挽回这段感情，和丈夫也因此有过一段和好如初的和谐光阴，可是最近安女士发现杨先生依然在出轨，并且与第三者已经保持了半年的婚外情关系。

失望之余，安女士带着女儿回老家居住，随后还向法院提起了离婚诉讼，请求将小安的抚养权判归自己所有，并要求杨先生支付相应的抚养费。

法院裁判

法院认为，杨先生在婚姻期间曾两次出轨，且时间较长，违反了夫妻间的忠实义务，与社会道德、公序良俗相违背。安女士在照顾女儿的同时，在感情上还要忍受丈夫的不忠，杨先生的连续出轨行为严重伤害了安女士的感情，损害了安女士的信任基础，并且安女士离婚意愿强烈，故判定离婚。

有关子女抚养问题，法院认为，需要以保障子女的身心健康和合法利益为出发点考虑。尽管杨先生也具有一定的经济能力和抚养条件，但小安尚且年幼，大部分时间都是由安女士照顾，从保护小安的生活稳定和身心健康的角度来看，法院判决由安女士直接抚养小安，杨先生须每月支付 4000 元抚养费。

律师说法

本案中，法院判决主要回应了两个问题：

第一，杨先生和安女士是否离婚。法院认为，杨先生违反了婚姻的忠诚义务，安女士虽曾努力挽回婚姻，但由于杨先生再次陷入婚外情，双方失去信任基础。法庭上，安女士要求离婚的意愿强烈，杨先生虽然不同意离婚，但并未提出挽回婚姻的合理计划和方案，鉴于此，法院认定，双方感情已经破裂，没有和好的可能，准予离婚。

第二，小安该由谁来抚养。法院认为，小安的抚养权归谁要根据最有利于未成年人的原则判决。小安一直由安女士抚养，父母分居后，小安也被安排到安女士老家居住。安女士工作稳定，有一定的经济能力，足以给孩子提供安全的成长环境。杨先生虽然出示了给孩子购买玩具、生活用品的证据，但孩子还小，需要母亲的照顾，从小安的利益出发，判决小安由母亲抚养更为合适。

律师支招

从法院判决中可以看出，判决孩子的抚养权归属和男方出轨这一事实没有必然联系，但是会综合考量。在处理抚养权问题时，法院会根据孩子的年龄、抚养现状以及父母的抚养能力等进行综合判断。如果妈妈平时较多承担着照料孩子的责任，虽然在经济水平上可能不如男方，但是只要有稳定的收入来源，法院一般也会酌情考虑母亲的抚养请求。

如果因孩子的抚养权问题出现分歧，夫妻双方首先可以协商处理。如果不能达成一致，可以诉请法院判决。双方可以向法院表达抚养意愿、提供相应证据，如果孩子已满八周岁，孩子也可以向法院表达自己的真实意愿，法院会优先考虑子女本人的意愿。

关联规定

《中华人民共和国民法典》

第一千零四十一条　婚姻家庭受国家保护。

实行婚姻自由、一夫一妻、男女平等的婚姻制度。

保护妇女、未成年人、老年人、残疾人的合法权益。

第一千零四十三条　家庭应当树立优良家风，弘扬家庭美德，重视家庭文明建设。

夫妻应当互相忠实，互相尊重，互相关爱；家庭成员应当敬老爱幼，互相帮助，维护平等、和睦、文明的婚姻家庭关系。

第一千零八十四条 父母与子女间的关系，不因父母离婚而消除。离婚后，子女无论由父或者母直接抚养，仍是父母双方的子女。

离婚后，父母对于子女仍有抚养、教育、保护的权利和义务。

离婚后，不满两周岁的子女，以由母亲直接抚养为原则。已满两周岁的子女，父母双方对抚养问题协议不成的，由人民法院根据双方的具体情况，按照最有利于未成年子女的原则判决。子女已满八周岁的，应当尊重其真实意愿。

87. 丈夫提出离婚，还直接把孩子藏起来了，我要怎么办？

要点快答

尽量和丈夫协商，协商不成可以寻求有关单位和司法机关的帮助。

案情简介[①]

小张和小李有一个6岁的儿子小张。孩子刚要上小学，小张就向小李提出了离婚。小李不同意，认为离婚对孩子成长不利，况且虽然夫妻俩相处有磕磕绊绊，但是矛盾没有达到不可调和的地步。令她万万没想到的是，小张竟然趁自己在上班，招呼都不打一声，直接去小张的幼儿园为其办理了退学手续，并把小张接走，藏了起来。

眼看着小学就要开学，如果不去报名就会耽搁孩子的学业。急坏了的小李到处找人，把幼儿园老师、亲戚朋友家跑了个遍。就在她焦头烂额的时候，小李收到了法院的传票。起诉状上，小张向她提出离婚，并且要争夺孩子的抚养权。

原来，小张是为了儿子的抚养权，在向法院诉讼离婚前就故意把孩子藏起来，以便阻止小李和孩子见面。

---

① 2020年天津高院发布涉争夺抚养权典型案例之三，载天津法院网，http://tjfy.tjcourt.gov.cn/article/detail/2020/06/id/5252533.shtml，最后访问时间：2022年7月4日。

法院裁判

法院认为，小张为了在离婚诉讼中取得儿子的抚养权，带孩子从幼儿园退学，并且将其故意藏匿阻止孩子正常进行入学报到，这种行为损害了孩子接受教育的权利。法院当庭对小张进行了批评教育，并且要求无论父母的婚姻状况如何，都要从最有利于孩子成长的角度出发，合理行动，以保护未成年子女的各项合法权利。法院驳回了小张的诉讼请求，判决不准予离婚。

律师说法

在离婚案件中，孩子的抚养权归谁，存在一个误区，很多人以为：孩子在谁那里生活，谁就能取得抚养权；变更抚养权会存在执行困难；只要把孩子控制起来，阻止对方接触孩子，就能得到孩子的抚养权。

在本案审理中，法官向孩子父母解释了为人父母的权利、义务，并且对隐匿、抢夺未成年子女的做法进行了批评教育，要求双方不得在诉讼过程中发生这种行为。由于小李坚决不同意离婚，法院在充分考虑了当事人的情况之后，认为双方还有和好的可能，判决不准离婚。

律师支招

当对方把孩子藏起来的时候，我方应该怎么做，才能维护自己的合法权益呢？

首先，要弄清楚对方为什么把孩子藏起来。如果是为了争夺抚养权，则可以先冷静下来，想方设法争取到与对方理性协商的机会，争取见见孩子，同时，及时保存对方抢夺、隐匿孩子的证据，包括聊天记录、录音录像、证人证言等。

其次，可以寻求街道办事处、妇联等机构的帮助。

如果对方想要诉诸法院，请求取得孩子的抚养权，不要过于担忧，拿出之前保存的证据，请街道办事处和妇联的工作人员作证，指出对方有抢夺、隐匿孩子的行为，法院会根据最有利于未成年人的原则依法判决。

关联规定

《中华人民共和国民法典》

第一千零五十八条 夫妻双方平等享有对未成年子女抚养、教育和保护的权利，共同承担对未成年子女抚养、教育和保护的义务。

第一千零八十四条 父母与子女间的关系，不因父母离婚而消除。离婚后，子女无论由父或者母直接抚养，仍是父母双方的子女。

离婚后，父母对于子女仍有抚养、教育、保护的权利和义务。

离婚后，不满两周岁的子女，以由母亲直接抚养为原则。已满两周岁的子女，父母双方对抚养问题协议不成的，由人民法院根据双方的具体情况，按照最有利于未成年子女的原则判决。子女已满八周岁的，应当尊重其真实意愿。

《中华人民共和国未成年人保护法》

第二十四条 未成年人的父母离婚时，应当妥善处理未成年子女的抚养、教育、探望、财产等事宜，听取有表达意愿能力未成年人的意见。不得以抢夺、藏匿未成年子女等方式争夺抚养权。

未成年人的父母离婚后，不直接抚养未成年子女的一方应当依照协议、人民法院判决或者调解确定的时间和方式，在不影响未成年人学习、生活的情况下探望未成年子女，直接抚养的一方应当配合，但被人民法院依法中止探望权的除外。

88. 婚后共同出资购买的房子，离婚时该怎么分割？

要点快答

法院会综合考量房屋估价、贷款等因素，依照照顾子女、女方和无过错方权益的原则判决。

案情简介[①]

小吴和小陈结婚后，一起攒钱买了一所公寓，房屋首付220万元，由小陈作为主贷人贷款80万元。付首付时，小吴出资160万元，小陈出资60万元。随着房价的上涨，这套房子的市场价涨到了将近500万元，但小吴和小陈的婚姻出现了裂痕。两个人决定离婚，但对房子的归属产生了分歧。

小吴认为，付首付时，自己贡献最大，小陈截至目前还了60万元贷款，首付付了60万元，两项相加都低于自己的出资数额，所以房产应当归她一人所有。同时，小吴还拒绝支付房屋折价款当作给小陈的补偿。小陈则同意房屋归小吴所有，但要求小吴支付他近250万元的折价款。

法院会如何判决呢?

法院裁判

法院认为，小吴和小陈结婚后购买了该房产，应当作为夫妻共同财产予以分割。小吴主张房屋归她一人所有、不支付折价款的诉讼请求，缺乏法律依据，不予采纳。

法院依照事实情况、夫妻双方出资情况，参考房屋评估价值、贷款余额等因素，本着照顾子女和女方权益的原则，确定房屋归小吴所有，酌情判决小吴支付小陈204万元折价款。

① 上海市宝山区人民法院（2022）沪0113民初3908号民事判决书，载中国裁判文书网，https://wenshu.court.gov.cn/website/wenshu/181107ANFZ0BXSK4/index.html?docId=zD9uQTa5PrDg4rLKXYoM/2UYyONtBPAcvZgnNDPBAVJZ+AdbUIhE/ZO3qNaLMqsJA5iCdx0IBWKCTRlER5Kj+lLYdZtDCZayWllbczIKwepJ37Ge6mDYwHoTWQAYRNn9，最后访问时间：2022年10月18日。

律师支招

在离婚纠纷中，房产分割是其中相对重要的一部分。房子是安身之所，法院会考虑房屋购买时的出资比例、还贷情况、市场价格等因素，按照照顾子女、女方和无过错方的原则判决。

夫妻双方可以选择协议离婚解决财产分割，协议不成可以诉请法院判决。法院需要根据个案的实际情况做综合判断。在离婚诉讼中，对房产的客观情况，要注意出资情况的证据收集，包括转账凭证、银行流水、购房合同、不动产权属登记等。

关联规定

《中华人民共和国民法典》

第一千零六十二条 夫妻在婚姻关系存续期间所得的下列财产，为夫妻的共同财产，归夫妻共同所有：

（一）工资、奖金、劳务报酬；

（二）生产、经营、投资的收益；

（三）知识产权的收益；

（四）继承或者受赠的财产，但是本法第一千零六十三条第三项规定的除外；

（五）其他应当归共同所有的财产。

夫妻对共同财产，有平等的处理权。

第一千零八十七条 离婚时，夫妻的共同财产由双方协议处理；协议不成的，由人民法院根据财产的具体情况，按照照顾子女、女方和无过错方权益的原则判决。

对夫或者妻在家庭土地承包经营中享有的权益等，应当依法予以保护。

89. 婚后父母为我买房付了首付，如果我离婚，首付部分会被分割吗?

要点快答

如果父母和女方没有特殊约定，这部分首付会被认定为夫妻共同财产。

案情简介[①]

女儿小周和女婿小林登记结婚后，父亲老周看准了一处地段、性价比都挺好的楼盘，于是由老周付首付购买了一套房产赠与女儿小周，并且在收据和房产证上都写下了女儿小周的名字。

然而，不到一年的时间，小周和小林的关系急剧恶化，到了要离婚的程度。为了这套房子，小林诉诸法律，并要求平分这套房产。

小周却认为该房产是父亲老周婚后赠与她个人的，小林不能分割这部分。

法院裁判

法院认为，在小林和小周结婚后，老周为这套房子出资，又将不动产登记在小周名下，老周的出资应视为对小周的赠与。小周向法院提交了付款时的收据、房屋产权证书等证据，但并不能证明当时老周给小周的购房资金老周明确表示只赠与小周一人的事实。根据法律规定，婚后父母为双方购置房屋出资的，按照约定处理。没有约定或者约定不明的，视为夫妻共同财产。

---

① 吉林省白山市中级人民法院（2022）吉 06 民终 147 号民事判决书，载中国裁判文书网，https：//wenshu.court.gov.cn/website/wenshu/181107ANFZ0BXSK4/index.html?docId=EZNru6mt/AVPMxKT/CL5SWUenHZhCDilJFGPY1EZliXksASQ8bcn4ZO3qNaLMqsJA5iCdx0IBWKCTRlER5Kj+lLYdZtDCZayWllbczIKwepRjJ7aOkQKXRMIzfC0CYbr，最后访问时间：2022 年 10 月 18 日。

故而判决该赠与是老周对小周和小林夫妻双方的赠与。

律师说法

法律对父母出资为子女购房的规定，在结婚前和结婚后有所不同。结婚前，如果没有特别约定，父母出资为子女购房视为对自己子女的单独赠与，房产归属子女个人。结婚后，如果没有特别约定，父母为子女购房出资视为对子女及其配偶的赠与。

律师支招

如果父母想要维护自己的权益，把财产赠给自己的子女一人，可以通过书面方式来固定单独赠与的性质，明确约定房产仅归属受赠子女一人。对约定不明的，也可以在产生财产纠纷时和对方进行协商，协商不成的请求法院判决。虽然在性质上这类房产会认定为夫妻共同财产，但如果出资比例不同，法院也会综合考虑各方面因素判决。

关联规定

《中华人民共和国民法典》

第一千零六十二条 夫妻在婚姻关系存续期间所得的下列财产，为夫妻的共同财产，归夫妻共同所有：

（一）工资、奖金、劳务报酬；

（二）生产、经营、投资的收益；

（三）知识产权的收益；

（四）继承或者受赠的财产，但是本法第一千零六十三条第三项规定的除外；

（五）其他应当归共同所有的财产。

夫妻对共同财产，有平等的处理权。

第一千零六十三条　下列财产为夫妻一方的个人财产：

（一）一方的婚前财产；

（二）一方因受到人身损害获得的赔偿或者补偿；

（三）遗嘱或者赠与合同中确定只归一方的财产；

（四）一方专用的生活用品；

（五）其他应当归一方的财产。

《最高人民法院关于适用〈中华人民共和国民法典〉婚姻家庭编的解释（一）》

第二十九条　当事人结婚前，父母为双方购置房屋出资的，该出资应当认定为对自己子女个人的赠与，但父母明确表示赠与双方的除外。

当事人结婚后，父母为双方购置房屋出资的，依照约定处理；没有约定或者约定不明确的，按照民法典第一千零六十二条第一款第四项规定的原则处理。

90. 医生说我不能再生育了，我能因此取得孩子的抚养权吗？

要点快答

子女抚养权问题要以儿童利益最大化为原则，当然法院也会考虑女方的抚养要求。

案情简介[①]

小丽和小强是一对年轻夫妻，两人一直想要孩子，但小丽一直无法自然怀孕。去医院检查，才发现小丽无法生育。可“生孩子”的念头像魔咒一样萦绕小丽心头，最终，她和小强决定求助不孕不育诊疗中心。经过了数次尝试，小丽成功受精，艰难地生下了一个女儿。

---

① 2018年度江苏法院婚姻家庭十大典型案例，载江苏法院网，http://www.jsfy.gov.cn/article/91629.html，最后访问时间：2022年6月29日。

这个孩子来之不易，小丽付出了大量的时间和精力，医生也诊断她不能再生育了。可当初为了孩子的事情，家里早已搞得气氛压抑，夫妻俩时不时爆发争吵、矛盾重重。女儿刚满两岁，小强就提出要和小丽分居。小丽一怒之下起诉到法院，要求离婚，并要求女儿归她抚养。

小丽能直接取得女儿的抚养权吗？

法院裁判

法院认为，虽然小强和小丽的女儿是通过人工授精诞下的孩子，但在法律意义上和普通孩子没有差别。小丽和小强都有稳定的收入，都具备抚养孩子的能力。虽然小强的工资收入更高，但小丽已经没有办法再正常生育。从照顾孩子和女性的角度出发，法院判决女儿归小丽抚养。当然，无论是谁抚养女儿，都不影响另一方对女儿的探视和关爱。

律师说法

第一，法律上试管婴儿和普通婴儿并无区别。孩子和父母的关系，适用《中华人民共和国民法典》婚姻家庭编中的相关法条。无论是否离婚，父母对子女的教养、保护的职责是一致的，不会因为抚养权的归属而有所减轻。

第二，在法院处理抚养权问题时，需要对父母的经济条件、抚养意愿等方面进行综合考虑，从有利于子女身心健康和照顾女性的角度作出判决。《中华人民共和国妇女权益保障法》第七十一条规定，女方失去生育能力时，法院“优先考虑女方的抚养要求”，相较以往的“照顾女方的合理要求”，加强了对妇女的照顾程度。

律师支招

在发生抚养权纠纷时，妇女需要做出以下行动保护自己和孩子：

（1）以保护孩子和自己的人身、财产安全为第一要义，在对方情绪不稳或抢走孩子时，不要起正面冲突，要保全自身，保存人证物证，第一时间寻求妇联、公安等有关部门的帮助；

（2）双方对孩子的抚养权有争议时，可以请求法院判决确定。法律规定了照顾妇女和未成年人的条款，虽然需要综合考虑父母的各方面条件，但收入并不是越高越好，能给孩子提供一份安稳、幸福的生活才是最重要的。

关联规定

《中华人民共和国民法典》

第一千零八十四条　父母与子女间的关系，不因父母离婚而消除。离婚后，子女无论由父或者母直接抚养，仍是父母双方的子女。

离婚后，父母对于子女仍有抚养、教育、保护的权利和义务。

离婚后，不满两周岁的子女，以由母亲直接抚养为原则。已满两周岁的子女，父母双方对抚养问题协议不成的，由人民法院根据双方的具体情况，按照最有利于未成年子女的原则判决。子女已满八周岁的，应当尊重其真实意愿。

《中华人民共和国妇女权益保障法》

第七十一条　女方丧失生育能力的，在离婚处理子女抚养问题时，应当在最有利于未成年子女的条件下，优先考虑女方的抚养要求。

91. 女性离婚后遭受前夫殴打，该怎么办？

要点快答

遭受殴打的女性可以向居民委员会、村民委员会和妇女联合会等单位反映或者求助，也可以选择报警。如果女性自己不方便求助，可以由近亲属前往这些单位反映情况或求助。

遭受殴打的女性也可以向法院申请人身安全保护令，禁止前夫实施暴力行为。如果因遭受威胁或者被控制无法申请的，也可以由其近亲属、妇联或居委等代为申请。

案情简介[①]

张大姐和老饶办理了离婚登记，但因为经济困难等实际问题，他们仍然住在原有的一套房子里。2020 年 3 月，老饶因为一些琐事和张大姐发生争执，并殴打张大姐。

被打伤的张大姐向派出所报警。民警核实后，认定老饶存在家暴行为，并对老饶进行了告诫。张大姐担心老饶之后还会对自己家暴，便向法院申请人身安全保护令。

法院裁判

法院认为，虽然张大姐和老饶解除了婚姻关系，但是离婚后双方仍然住在一起，张大姐有权申请人身安全保护令。张大姐提交的证据证实老饶对她实施了家暴，符合申请人身安全保护令的条件。

法院裁定，禁止老饶对张大姐实施殴打等家庭暴力行为。

律师说法

（1）离婚不离家同样适用《中华人民共和国反家庭暴力法》

根据《中华人民共和国反家庭暴力法》第三十七条的规定，共同生活的

---

① 重庆市巴南区人民法院（2020）渝 0113 民保令 47 号民事裁定书，载中国裁判文书网，https：//wenshu.court.gov.cn/website/wenshu/181107ANFZ0BXSK4/index.html?docId=3n5ugZ083oIdk4e09V9WTvGKXpUoGJmfNITEsOY+kbqm056s3iCsO7fWnudOoarTSACHLwfoLBg3eG0GTxAj0FLYdZtDCZayWllbczIKweqVHqw5DLuUR3tNh4v6iOkj，最后访问时间：2022 年 10 月 18 日。

人之间实施的暴力行为，参照适用该法律。

张大姐虽然已经和老饶离婚，但仍然和老饶共同居住，属于同居关系。老饶对张大姐实施了暴力，属于家庭暴力的范畴。

（2）遭受家暴，可以向法院申请人身安全保护令，保护自身安全

根据《中华人民共和国反家庭暴力法》第二十三条第一款的规定，如果遭受了家暴，或者有遭受家暴的现实危险，受害方可以向法院申请人身安全保护令。

张大姐及时报警，民警出警后认定老饶实施了家暴，张大姐在诉讼时也向法院提交了相应的出警记录等证据，综上，法院认定张大姐符合申请人身安全保护令的条件，颁发了人身安全保护令。

律师支招

（1）遭受家暴要及时报警，并留存证据。也可以向居委会、村委会和妇联等单位反映或者求助。

（2）遭受家暴或者有可能遭受家暴时，可以向法院申请人身安全保护令。人身安全保护令可以禁止对方实施家暴、责令对方迁出申请人住所，等等。如果本人不方便去申请的，可以请近亲属、妇联等代为申请。

关联规定

《中华人民共和国妇女权益保障法》

第六十五条 禁止对妇女实施家庭暴力。

县级以上人民政府有关部门、司法机关、社会团体、企业事业单位、基层群众性自治组织以及其他组织，应当在各自的职责范围内预防和制止家庭暴力，依法为受害妇女提供救助。

《中华人民共和国反家庭暴力法》

第十三条 家庭暴力受害人及其法定代理人、近亲属可以向加害人或者受

害人所在单位、居民委员会、村民委员会、妇女联合会等单位投诉、反映或者求助。有关单位接到家庭暴力投诉、反映或者求助后，应当给予帮助、处理。

家庭暴力受害人及其法定代理人、近亲属也可以向公安机关报案或者依法向人民法院起诉。

单位、个人发现正在发生的家庭暴力行为，有权及时劝阻。

第二十三条 当事人因遭受家庭暴力或者面临家庭暴力的现实危险，向人民法院申请人身安全保护令的，人民法院应当受理。

当事人是无民事行为能力人、限制民事行为能力人，或者因受到强制、威吓等原因无法申请人身安全保护令的，其近亲属、公安机关、妇女联合会、居民委员会、村民委员会、救助管理机构可以代为申请。

第三十七条 家庭成员以外共同生活的人之间实施的暴力行为，参照本法规定执行。

92. 如何收集家暴证据?

案情简介

晓晴和小刚是一对普通夫妻。外人眼中的晓晴爱美怕晒，无论多热的天，晓晴总会穿着长袖衣服出门，但他们不知道的是，晓晴长袖下盖着的是一块块新旧叠加的瘀青。而瘀青的制造者，正是小刚。

刚结婚时，小刚对晓晴有求必应，并且主动承担家务，这让晓晴以为自己是天底下最幸福的女人。然而在小刚一次醉酒后，一切都变了。小刚不仅对晓晴拳打脚踢，还用语言对晓晴进行人格侮辱。酒醒之后，小刚痛哭流涕，跪着求晓晴原谅，并发誓不会有第二次。晓晴傻了，没有意识到这就是所谓的“家庭暴力”，看着眼前痛哭的男人，一时心软就原谅了他。

没想到，第一次原谅换来的不是痛苦的结束而是小刚的变本加厉。后来小刚只要在外面遇到什么不顺心的事情，回到家就拿晓晴当“出气筒”。从言语威胁到拳脚相加，最后甚至演变成抄起身边的工具就直接往晓晴身上砸。

晓晴一直认为家暴是家丑，她宁愿自己一直穿着长袖衣服掩盖伤疤，也不想让外人知情。她不愿去验伤，不愿去报警，更不愿去求助。面对每次家暴后哭着道歉的小刚，她忍让了一次又一次，直到她怀孕。为了肚子里的孩子，晓晴决定勇敢一次，准备收集证据去法院起诉。

那么，晓晴该怎么收集小刚家暴的证据呢？

律师说法

家暴绝对不是私事、家事。当遇到家庭暴力时，要及时向外界寻求帮助，在没有外界干预的情况下，一味容忍等同纵容。暴力披上家庭的外衣，本质上仍是暴力。

《中华人民共和国反家庭暴力法》的实施，以及家庭暴力告诫制度、人身安全保护令、紧急庇护制度等建立健全，对预防家暴的发生和保障家庭成员的合法权益起到了作用。家暴的证据分为两类：一类是证明发生过家庭暴力事实的证据，如报警后的出警记录、社会组织的调解记录、病例资料、现场照片、录音录像和保证书等都属于此类；另一类是证明面临家庭暴力现实危险的证据，如短信、电子邮件记录、聊天记录和电话录音等都能作为此类证据。

此外，2022 年 8 月 1 日施行的《最高人民法院关于办理人身安全保护令案件适用法律若干问题的规定》完善了人身安全保护令案件的证据规则体系，体现了对妇女权益保护方面的特别考量。

律师支招

收集家暴证据，要注意以下几点：

（1）第一时间报警。出警记录、警方询问笔录、伤情鉴定意见、执法记录仪拍摄画面以及警方制作的《家暴告诫书》都是证据。

（2）及时就医，如实告诉医生发生了什么，将病例资料保存好，并拍摄伤痕照片。

（3）如果当天有邻居目击或者听到相关动静，可以请邻居作证。

（4）当对方道歉求情时，务必让对方写下保证书。

（5）保存好与对方在社交软件、短信的聊天记录，无论是真心悔过，还是恐吓威胁，都是证据。

（6）当与对方发生言语冲突时，可以在保障自己人身安全的前提下录音。

关联规定

《中华人民共和国妇女权益保障法》

第二十一条 妇女的生命权、身体权、健康权不受侵犯。禁止虐待、遗弃、残害、买卖以及其他侵害女性生命健康权益的行为。

禁止进行非医学需要的胎儿性别鉴定和选择性别的人工终止妊娠。

医疗机构施行生育手术、特殊检查或者特殊治疗时，应当征得妇女本人同意；在妇女与其家属或者关系人意见不一致时，应当尊重妇女本人意愿。

第六十五条 禁止对妇女实施家庭暴力。

县级以上人民政府有关部门、司法机关、社会团体、企业事业单位、基层群众性自治组织以及其他组织，应当在各自的职责范围内预防和制止家庭暴力，依法为受害妇女提供救助。

《中华人民共和国民法典》

第一千零四十二条 禁止包办、买卖婚姻和其他干涉婚姻自由的行为。禁止借婚姻索取财物。

禁止重婚。禁止有配偶者与他人同居。

禁止家庭暴力。禁止家庭成员间的虐待和遗弃。

《中华人民共和国反家庭暴力法》

第二条 本法所称家庭暴力，是指家庭成员之间以殴打、捆绑、残害、限制人身自由以及经常性谩骂、恐吓等方式实施的身体、精神等侵害行为。

第二十条 人民法院审理涉及家庭暴力的案件，可以根据公安机关出警记录、告诫书、伤情鉴定意见等证据，认定家庭暴力事实。

《最高人民法院关于办理人身安全保护令案件适用法律若干问题的规定》

第六条　人身安全保护令案件中，人民法院根据相关证据，认为申请人遭受家庭暴力或者面临家庭暴力现实危险的事实存在较大可能性的，可以依法作出人身安全保护令。

前款所称“相关证据”包括：

（一）当事人的陈述；

（二）公安机关出具的家庭暴力告诫书、行政处罚决定书；

（三）公安机关的出警记录、讯问笔录、询问笔录、接警记录、报警回执等；

（四）被申请人曾出具的悔过书或者保证书等；

（五）记录家庭暴力发生或者解决过程等的视听资料；

（六）被申请人与申请人或者其近亲属之间的电话录音、短信、即时通讯信息、电子邮件等；

（七）医疗机构的诊疗记录；

（八）申请人或者被申请人所在单位、民政部门、居民委员会、村民委员会、妇女联合会、残疾人联合会、未成年人保护组织、依法设立的老年人组织、救助管理机构、反家暴社会公益机构等单位收到投诉、反映或者求助的记录；

（九）未成年子女提供的与其年龄、智力相适应的证言或者亲友、邻居等其他证人证言；

（十）伤情鉴定意见；

（十一）其他能够证明申请人遭受家庭暴力或者面临家庭暴力现实危险的证据。

93. 夫妻间能不能对财产归属进行约定？若可以，该怎么约定？

要点快答

夫妻之间可以通过书面的方式对财产的归属进行约定。但如果约定附带了条件，比如“离婚以后……”，需要在条件达成以后约定才生效。

案情简介[①]

2019 年，小郭和老许通过法院诉讼离婚。由于诉讼中房产证件不齐全，法院并没有处理二人婚内的一处房产。离婚后，一直是老许一人偿还该房产的贷款。

在办好房产证以后，小郭拿着《婚内协议书》请求法院判决房产归小郭一人所有。

在《婚内协议书》中，双方就房子做出了如下约定：该房产为小郭和老许的共同财产。协议签订以后，如果双方离婚，该房产归小郭个人所有。

法院裁判

一审法院认为，争议焦点在于双方在协议书中对房产的约定是否合法有效。

双方约定“协议签订以后，如果双方离婚，该房产归小郭个人所有”。法院认为，该约定并非纯粹的对共同财产的约定，而是附离婚条件的财产分割协议。根据《中华人民共和国民法典》及其司法解释的相关规定，以协议离婚或者到法院调解离婚为条件的财产处理协议，如果双方离婚未成，一方在离婚诉讼中反悔的，法院应当认定该协议未生效。在离婚诉讼中，老许提出平分房产，表明老许反悔了，关于房产的约定实际并未生效。房产应当根据《中华人民共和国民法典》中的相关规定处理。

一审判决以后，双方都提起了上诉。二审法院同样认为该约定不属于夫妻婚内对共同财产的约定，而是附离婚条件的财产分割协议。二审法院驳回上诉，维持原判。

① 广东省广州市中级人民法院（2021）粤 01 民终 18440 号民事判决书，载中国裁判文书网，https：//wenshu.court.gov.cn/website/wenshu/181107ANFZ0BXSK4/index.html?docId=MPLip4EWDjgImXSfQLlFFVjGywU15nSsGqcPhbg1W7XHsqj3hZXH7LfWnudOoarTSACHLwfoLBg3eG0GTxAj0FLYdZtDCZayWllbczIKweoMXTFKnesOddSda/FT8TnA，最后访问时间：2022 年 10 月 18 日。

律师说法

（1）夫妻双方可以通过书面的方式约定财产的归属

根据《中华人民共和国民法典》第一千零六十五条的规定，夫妻双方可以通过书面形式约定财产的归属问题。

小郭和老许可以通过书面协议的方式约定房产的归属问题。

如“该房产登记在双方名下，为小郭和老许的共同财产。现约定登记在老许名下的部分，其中35%归小郭个人所有，15%归老许个人所有，双方按照小郭85%，老许15%按份共有该房产”。该约定并没有附带条件，是纯粹的财产约定，在双方签字以后即生效，对双方均有约束力。

（2）附离婚条件的财产约定，在条件达成以后方能生效

根据《最高人民法院关于适用〈中华人民共和国民法典〉婚姻家庭编的解释（一）》第六十九条的规定，如果在协议中以协议离婚或者到法院调解离婚为条件对财产进行约定，需要条件达成以后，该约定才能生效。如果在诉讼中，一方对该约定反悔的，视为约定没有生效。

小郭和老许虽然在协议中约定了房产的归属，但是该约定以离婚为前提，性质上相当于离婚时财产分割的约定。

如果双方认可协议并完成了离婚登记手续，小郭可以根据该约定取得房产。

但两人通过诉讼的方式离婚，且老许在诉讼中提出了新的房产分割方案，否认了之前的约定，该约定实际并未生效。这套房产属于夫妻共同财产，老许可以取得一半的份额。

律师支招

（1）夫妻双方可以就婚内取得的财产进行书面约定。在签署该协议时，需要注意措辞。如果有“离婚以后”等类似词语，会被认定为是附条件的约定。

在诉讼中，如果一方反悔，条件未达成，另一方将无法根据该约定取得相应的权益。

（2）夫妻双方可以对一方的个人房产进行书面约定。但该约定属于一方对另一方的赠与，在未办理变更登记以前，赠与方一般是可以要求撤回的。所以在签订书面协议以后，需要及时办理相应的过户手续，维护自己的合法权益。

关联规定

《中华人民共和国民法典》

第一千零六十五条 男女双方可以约定婚姻关系存续期间所得的财产以及婚前财产归各自所有、共同所有或者部分各自所有、部分共同所有。约定应当采用书面形式。没有约定或者约定不明确的，适用本法第一千零六十二条、第一千零六十三条的规定。

夫妻对婚姻关系存续期间所得的财产以及婚前财产的约定，对双方具有法律约束力。

夫妻对婚姻关系存续期间所得的财产约定归各自所有，夫或者妻一方对外所负的债务，相对人知道该约定的，以夫或者妻一方的个人财产清偿。

《最高人民法院关于适用〈中华人民共和国民法典〉婚姻家庭编的解释（一）》

第六十九条 当事人达成的以协议离婚或者到人民法院调解离婚为条件的财产以及债务处理协议，如果双方离婚未成，一方在离婚诉讼中反悔的，人民法院应当认定该财产以及债务处理协议没有生效，并根据实际情况依照民法典第一千零八十七条和第一千零八十九条的规定判决。

当事人依照民法典第一千零七十六条签订的离婚协议中关于财产以及债务处理的条款，对男女双方具有法律约束力。登记离婚后当事人因履行上述协议发生纠纷提起诉讼的，人民法院应当受理。

94. 丈夫擅自将财产转移给他人，我要怎么办?

要点快答

妻子可以起诉要求分割被转移的财产。如果法院确认丈夫有转移财产的行为，妻子还可以要求多分财产。

案情简介[①]

2020 年，小何和老王通过法院诉讼离婚，其中有 500 万元的款项因为涉及其他案外人，法院并没有处理。

法院判决离婚以后，小何便向法院提起了离婚后财产纠纷，要求分割这 500 万元。小何认为老王存在转移财产的行为，便提出要分得 60% 的份额。

老王对被质疑转移的各笔款项用途都做了解释，认为自己并没有转移财产，小何不能要求多分。

首先，旅游款。老王称，之前自己组织朋友去旅游，朋友先把钱转给老王，再由老王代付相关的费用。但其中一位朋友却说从未去过旅游地。

其次，投资款。老王称，这笔投资经过了小何的同意。实际上，根据老王在离婚纠纷中的陈述，在这笔款项支出时，老王和小何已经有了矛盾。老王拿出的合伙协议也没有经过所有合伙人签名。后来老王也没完成相应的投资手续。

法院裁判

就旅游款而言，法院认为，老王并没有提供明确的证据，且说辞也多有

① 上海市徐汇区人民法院（2020）沪 0104 民初 27992 号民事判决书，载上海市高级人民法院网，http://www.hshfy.sh.cn/shfy/web/flws_view.jsp?pa=adGFoPaOoMjAyMKOpu6YwMTA0w/Gz9TI3OTkyusUmd3N4aD0zz，最后访问时间：2022 年 10 月 18 日。

矛盾。法院未采信老王的说法，认定小何有权分割这部分款项。

就投资款而言，法院认为，首先，老王不能证明小何同意投资。其次，合伙协议并没有经过所有合伙人签名，未生效。并且，老王在几年时间中都未完成相应的投资手续，所以，对老王的投资者身份存疑，不能排除老王未转移财产的嫌疑。小何有权分割该笔款项。

法院指出，每个当事人都有义务如实陈述。老王为了转移共同财产，故意虚假陈述，严重妨碍法院审理案件，应当予以处罚并支持了小何多分财产的主张。

律师说法

如果一方转移夫妻共同财产，另一方有权要求该方不分或者少分财产。

根据《中华人民共和国妇女权益保障法》第六十七条的规定，离婚诉讼时，夫妻双方都有义务向法院如实陈述相关财产，如果有转移财产的行为，另一方有权要求多分财产。

老王在诉讼中为了多分财产，频繁作出虚假陈述，无法自圆其说。法院认定老王存在转移财产的行为，支持了小何有权分割且可多分被转移的财产的主张。

律师支招

（1）离婚诉讼时，要如实向法院申报财产，不要做虚假陈述，更不能凭空捏造证据。如果法院发现上述行为，会进行惩罚。

（2）进行大额转账时，最好保留相应的证据，证明该笔款项的用途，以免之后产生纠纷。例如，涉及借款时，留存好相应的借条以及收条等，在转账时也要做好备注。

关联规定

《中华人民共和国妇女权益保障法》

第六十七条 离婚诉讼期间，夫妻一方申请查询登记在对方名下财产状况且确因客观原因不能自行收集的，人民法院应当进行调查取证，有关部门和单位应当予以协助。

离婚诉讼期间，夫妻双方均有向人民法院申报全部夫妻共同财产的义务。一方隐藏、转移、变卖、损毁、挥霍夫妻共同财产，或者伪造夫妻共同债务企图侵占另一方财产的，在离婚分割夫妻共同财产时，对该方可以少分或者不分财产。

《中华人民共和国民法典》

第一千零九十二条 夫妻一方隐藏、转移、变卖、毁损、挥霍夫妻共同财产，或者伪造夫妻共同债务企图侵占另一方财产的，在离婚分割夫妻共同财产时，对该方可以少分或者不分。离婚后，另一方发现有上述行为的，可以向人民法院提起诉讼，请求再次分割夫妻共同财产。

95. 丈夫赌博欠了高额债务，妻子要承担债务吗?

要点快答

妻子不用承担丈夫因赌博欠下的债务。

案情简介

小刚和小玲是一对夫妻。小玲一直居家操持家务和照顾小孩，小刚经商，经常到全国各地出差。有一次，客户约小刚到某个地下赌场见面谈生意，顺便玩玩。这是小刚第一次去赌场，虽然内心有些犹豫，但还是接受了邀请。

公事谈毕，客户让小刚投几注试试。当天小刚手气格外好，连着赢了好几把。在昏暗灯光营造的暧昧氛围笼罩下，小刚逐渐爱上了赌博的感觉。第二天、第三天、第四天……小刚一连赌了一个星期。小刚下注的金额越来越大，但“新手运气”消失了，他出差带的现金已经全部输光了。

小刚想起了家里的妻子，心中有愧，决定等收回本金就收手。他总想着下一轮就能回本，但局面却越发不受控制。小刚“杀红了眼”，现金没了，去银行取；银行卡里的钱也没了，去向别人借。到了借无可借之时，他已经记不清自己欠了多少债了。

小刚灰溜溜地回家，并未告诉妻子小玲实情。直到有一天，债主找上家门，小玲才知道丈夫已经债台高筑。债主看到小刚不在家，便对小玲说：“你老公欠了债，属于你们夫妻共同债务，你必须替你老公还。”身为家庭主妇的她不知道该怎么办。

律师说法

丈夫赌博欠了高额债务，妻子真的需要承担吗？当然不用。

夫妻共同债务是指夫妻双方因婚姻共同生活以及在婚姻存续期间履行法定扶养义务所负的债务，一般包括三类：基于共同意思表示所负的债务、为家庭日常生活需要所负的债务和债权人能够证明的夫妻共同债务。根据该标准判断，本案中小刚所欠的赌债，很明显不属于夫妻共同债务。

除此之外，根据相关司法解释规定，赌博属于违法行为，因赌博产生的债权债务不受法律保护，不能认定为共同债务，并由配偶负担。因此，本案中，小玲不用承担小刚赌博所欠的高额债务。

律师提醒

尽管赌债不属于夫妻共同债务，但在很多情况下，借条上不会写明是“赌债”。在这种情形下，赌债和其他债务的外观表现其实没有任何差别。如果债务人不承认借条上的债务为赌债，那么配偶则会陷入被动局面。如果债权人能够证明夫妻一方认可或偿还过此笔债务，则会被认定为夫妻共同债务。

此外，作为债权人也需要慎重。根据法律规定，如果出借人明知借款人的借款目的是赌博，相应债权同样得不到保护。

关联规定

《中华人民共和国民法典》

第一千零六十四条　夫妻双方共同签名或者夫妻一方事后追认等共同意思表示所负的债务，以及夫妻一方在婚姻关系存续期间以个人名义为家庭日常生活需要所负的债务，属于夫妻共同债务。

夫妻一方在婚姻关系存续期间以个人名义超出家庭日常生活需要所负的债务，不属于夫妻共同债务；但是，债权人能够证明该债务用于夫妻共同生活、共同生产经营或者基于夫妻双方共同意思表示的除外。

《最高人民法院关于适用〈中华人民共和国民法典〉婚姻家庭编的解释（一）》

第三十四条　夫妻一方与第三人串通，虚构债务，第三人主张该债务为夫妻共同债务的，人民法院不予支持。

夫妻一方在从事赌博、吸毒等违法犯罪活动中所负债务，第三人主张该债务为夫妻共同债务的，人民法院不予支持。

《最高人民法院关于审理民间借贷案件适用法律若干问题的规定》

第十三条　具有下列情形之一的，人民法院应当认定民间借贷合同无效：

（一）套取金融机构贷款转贷的；

（二）以向其他营利法人借贷、向本单位职工集资，或者以向公众非法吸收存款等方式取得的资金转贷的；

（三）未依法取得放贷资格的出借人，以营利为目的向社会不特定对象提供借款的；

（四）出借人事先知道或者应当知道借款人借款用于违法犯罪活动仍然提供借款的；

（五）违反法律、行政法规强制性规定的；

（六）违背公序良俗的。

96. 没有收入，全职太太离婚时是不是要“净身出户”？

要点快答

不是。

案情简介

小佳和小明是一对夫妻，原本两人都有着不错的事业，但在小佳怀孕后，她决定放弃工作，成为一名全职太太，在家专心养育孩子、照顾家庭。

家务是非常琐碎又占用时间的，小佳成为全职太太后，就将全部的时间、精力都放在了家庭上，每天几乎是从睁眼忙碌到闭眼，日子一长，小佳便逐渐脱离了社会：她变得很少社交，也很少再打扮自己。

渐渐地，小明开始嫌弃起小佳：他嫌弃小佳每天蓬头垢面，不再像从前那样精致；他嫌弃小佳每日柴米油盐，不再像从前那样有诗意；他更加嫌弃小佳没有收入、没有为家庭创造价值，小佳仿佛成了家里的“拖油瓶”。而此时的小佳，因为经济不独立又长期脱离社会，连主动逃离的勇气都没有了。

再后来，小明出轨了。他逼着小佳跟他离婚，并嚣张地告诉小佳，作为全职太太的小佳，没有收入、没有为家里赚过一分钱，所以离婚时，也只能“净身出户”。

那么，真的是这样吗？

律师说法

全职太太离婚只能“净身出户”？当然不是。

无论是外出工作还是在家当全职太太，都是在为家庭作贡献，只是方式不同，没有贵贱之分，因此，全职太太离婚与职场女性离婚，在夫妻共同财产的分割上并无太大不同，都是先由双方协议处理，协议不成的，再按照照顾子女、女方和无过错方权益的原则由法院进行判决。

除此之外，如果全职太太因抚育子女、照料老人、协助另一方工作等负担较多义务的，离婚时还有权向另一方请求“家务补偿”，而另一方应当予以补偿。所谓“负担较多义务的”，主要就是指在家庭生活中，赡养老人、照顾子女、接送孩子上下学、买菜做饭这样的家务劳动。《中华人民共和国民法典》实施以来，已经有许多全职太太成功获得了家务补偿，金额从数万元到数十万元不等。

律师支招

实践中，全职太太请求“家务补偿”，要注意以下几点：

（1）需在离婚诉讼时提出。离婚前、离婚后再提出，都不会被支持。

（2）平时需注意收集“负担较多义务”的证据。例如，如果双方长期分居，女方独自照顾老人、孩子，那么，可以收集一些对方长期在外地的聊天记录、往来车票、证人证言等证据。

关联规定

《中华人民共和国妇女权益保障法》

第六十六条　妇女对夫妻共同财产享有与其配偶平等的占有、使用、收益和处分的权利，不受双方收入状况等情形的影响。

对夫妻共同所有的不动产以及可以联名登记的动产，女方有权要求在权属证书上记载其姓名；认为记载的权利人、标的物、权利比例等事项有错误的，有权依法申请更正登记或者异议登记，有关机构应当按照其申请依法办理相应登记手续。

第六十八条　夫妻双方应当共同负担家庭义务，共同照顾家庭生活。

女方因抚育子女、照料老人、协助男方工作等负担较多义务的，有权在离婚时要求男方予以补偿。补偿办法由双方协议确定；协议不成的，可以向人民法院提起诉讼。

《中华人民共和国民法典》

第一千零八十七条 离婚时，夫妻的共同财产由双方协议处理；协议不成的，由人民法院根据财产的具体情况，按照照顾子女、女方和无过错方权益的原则判决。

对夫或者妻在家庭土地承包经营中享有的权益等，应当依法予以保护。

第一千零八十八条 夫妻一方因抚育子女、照料老年人、协助另一方工作等负担较多义务的，离婚时有权向另一方请求补偿，另一方应当给予补偿。具体办法由双方协议；协议不成的，由人民法院判决。

97. 丈夫出轨，妻子能追回丈夫送给第三者的钱吗?

要点快答

一般情况下，妻子可以追回丈夫送出的属于夫妻共同财产的钱款。

案情简介

小莉和小宋是一对夫妻。2020 年，小宋因为工作关系认识了小姗，二人逐渐发展为情人关系。

小宋为讨情人小姗欢心，多次向小姗转账，前后转账 50 余万元，小姗就用这些钱为自己购置了名牌包、衣服和化妆品等。终于，妻子小莉发现了小宋的这段不正当关系。随即，小莉以追回夫妻共同财产为由，要求小姗返还小宋赠与她的财产。然而小姗却拒绝返还，并且说:“这些钱都是小宋自己的钱，和你有什么关系?”

那么，小莉真的不能追回丈夫送给小姗的钱吗?

律师说法

当然不是。

在婚姻关系存续期间，婚后的收入属于夫妻共同财产。丈夫未经妻子同意，擅自将共同财产赠与第三者，这种赠与有违公序良俗，是无效的，妻子有权利追回财产。

值得注意的是，夫妻共同财产属于民法上的共同共有，是因夫妻关系的存在而产生的。与按份共有不同，夫妻共同财产是一个不可分割的整体，很难确定个人份额。因此，在追回财产时，妻子一般情况下是可以将全部财产追回的。

除此之外，如果丈夫给第三者转账数额较大，存在隐匿、转移财产等行为，严重损害夫妻共同财产利益时，妻子还可以要求进行婚内共同财产分割。

律师支招

追回丈夫赠与第三者的财产时，应该注意收集以下证据：

（1）收集丈夫与第三者双方不正当关系的证据，包括丈夫和第三者的亲密照片、聊天记录、出轨视频和通话记录等。

（2）收集丈夫赠与财产给第三者的相关证据，弄清楚转账线索，包括转账记录以及购物发票等。这类证据往往较为隐蔽，发现时应注意及时固定。

关联规定

《中华人民共和国妇女权益保障法》

第五十四条　在夫妻共同财产、家庭共有财产关系中，不得侵害妇女依法享有的权益。

第六十六条　妇女对夫妻共同财产享有与其配偶平等的占有、使用、收益和处分的权利，不受双方收入状况等情形的影响。

对夫妻共同所有的不动产以及可以联名登记的动产，女方有权要求在权属证书上记载其姓名；认为记载的权利人、标的物、权利比例等事项有错误的，有权依法申请更正登记或者异议登记，有关机构应当按照其申请依法办理相应登记手续。

《中华人民共和国民法典》

第一百五十三条 违反法律、行政法规的强制性规定的民事法律行为无效。但是，该强制性规定不导致该民事法律行为无效的除外。

违背公序良俗的民事法律行为无效。

第二百九十九条 共同共有人对共有的不动产或者动产共同享有所有权。

第一千零六十二条 夫妻在婚姻关系存续期间所得的下列财产，为夫妻的共同财产，归夫妻共同所有：

（一）工资、奖金、劳务报酬；

（二）生产、经营、投资的收益；

（三）知识产权的收益；

（四）继承或者受赠的财产，但是本法第一千零六十三条第三项规定的除外；

（五）其他应当归共同所有的财产。

夫妻对共同财产，有平等的处理权。

第一千零六十六条 婚姻关系存续期间，有下列情形之一的，夫妻一方可以向人民法院请求分割共同财产：

（一）一方有隐藏、转移、变卖、毁损、挥霍夫妻共同财产或者伪造夫妻共同债务等严重损害夫妻共同财产利益的行为；

（二）一方负有法定扶养义务的人患重大疾病需要医治，另一方不同意支付相关医疗费用。

98. 妻子被查出重病，丈夫要求离婚，法院会支持吗？

要点快答

如果妻子不同意离婚，而丈夫也没有提供证据证明夫妻感情确已破裂，法院不会支持丈夫的诉讼请求；

如果丈夫提供证据证明夫妻感情确已破裂，法院可能会支持。但如果妻子因生病导致生活困难，离婚时妻子可以向法院请求让丈夫给予适当的帮助。

案情简介

案例 1：[①]

2018 年至 2021 年，小师被接连查出产后抑郁和周围神经病等疾病。

2020 年，小师的丈夫老张向法院提起诉讼离婚，法院驳回了老张的请求。

2021 年，老张再次提起离婚诉讼。小师认为夫妻双方感情并没有破裂，自己是因为生育共同的孩子才患病，如果老张因为想要逃避照顾自己的责任，就提起离婚，放弃这一段原本幸福美满的婚姻，那么既不利于自己健康的恢复，也会损害老张的名誉。小师请求法院驳回老张的请求。

案例 2：[②]

小姚和老廖结婚已经将近 30 年，但自 2014 年起，双方就已经分居。

2019 年，老廖提起离婚诉讼，但在审理过程中，老廖撤回了诉讼。

2021 年，老廖再次提起诉讼。老廖认为，撤诉以后他和小姚从未有过交流，夫妻双方感情确已破裂，希望法院予以支持。

小姚则认为，双方有 30 年的感情基础，感情没有破裂。即使在确诊癌症以后，自己也坚持往返两个城市与老廖相聚，她并没有拒绝沟通。老廖也应当关心照顾患病的自己，不离婚。

---

① 河南省鹤壁市山城区人民法院（2021）豫 0603 民初 818 号民事判决书，载中国裁判文书网，https：//wenshu.court.gov.cn/website/wenshu/181107ANFZ0BXSK4/index.html?docId=wC+7+HE7zazzcnNgrgfeD8K4P5135Gfoy4v/VYLGmqpb9m+6H66BnbfWnudOoarTSACHLwfoLBg3eG0GTxAj0FLYdZtDCZayWllbczIKwerruRGlItQgVOkRMdFdv7eB，最后访问时间：2022 年 10 月 18 日。

② 广东省广州市番禺区人民法院（2021）粤 0113 民初 4207 号民事判决书，载中国裁判文书网，https：//wenshu.court.gov.cn/website/wenshu/181107ANFZ0BXSK4/index.html?docId=ZWUIqLwQkQzpYtodFjxIPhJluMDAPoARsoE8yvWMCgxAMLmGes48RLfWnudOoarTSACHLwfoLBg3eG0GTxAj0FLYdZtDCZayWllbczIKweq2WcMkr8T74W/tXM81TKaB，最后访问时间：2022 年 10 月 18 日。

法院裁判

在案例 1 中，法院认为，夫妻之间有相互扶养的义务。小师和老张结婚十几年，有稳定的感情基础。小师现在身患疾病，需要老张提供一定的帮助，老张也有义务扶助小师。如果判决离婚，将不利于小师的病情改善，也会让老张遭受一定的道德压力。故法院判决，驳回老张的诉讼请求。

在案例 2 中，法院认为，小姚和老廖虽然结婚多年，有一定的感情基础，但是两人分居多年，老廖也多次起诉离婚，且自 2019 年起诉离婚至庭审时，两人已经分居满两年，足以证明夫妻双方感情确已破裂，因此法院准予离婚。

鉴于小姚患有癌症，生活困难，且老廖有负担能力，应当提供一定的帮助，法院判决老廖支付 2 万元帮助款。

律师说法

（1）身患重病并不是法定夫妻感情破裂的原因，如果仅以此提起离婚诉讼，法院一般不会支持

根据《中华人民共和国民法典》第一千零七十九条的规定，如果夫妻感情确已破裂的，在调解无效后，应当准予离婚。结婚以后，一方身患重大疾病，并不属于导致夫妻感情破裂的情形。

在案例 1 中，老张提出离婚，但是并没有提供明确的证据证明夫妻感情确已破裂。夫妻双方有相互扶养的义务，老张有义务照顾身患疾病的小师。法院最终并没有支持老张的诉讼请求。

（2）一方身患重病、生活困难的，离婚时，如果对方有负担能力，可以请求对方给予一定的帮助

根据《中华人民共和国民法典》第一千零九十条的规定，如果一方生活困难，可以请求对方在其能力范围内给予帮助。

在案例 2 中，小姚和老廖因感情不和已经分居满两年，符合感情破裂的

情形，法院判决离婚。但是小姚身患癌症，属于生活困难的情形，老廖也有一定的负担能力，小姚可以要求老廖支付一定的帮助款。

律师支招

如果离婚时生活困难，需要对方提供一定的帮助，应及时提出。如果在判决离婚后才出现生活困难的情形，法院一般不会支持。

关联规定

《中华人民共和国民法典》

第一千零五十九条　夫妻有相互扶养的义务。

需要扶养的一方，在另一方不履行扶养义务时，有要求其给付扶养费的权利。

第一千零七十九条　夫妻一方要求离婚的，可以由有关组织进行调解或者直接向人民法院提起离婚诉讼。

人民法院审理离婚案件，应当进行调解；如果感情确已破裂，调解无效的，应当准予离婚。

有下列情形之一，调解无效的，应当准予离婚：

（一）重婚或者与他人同居；

（二）实施家庭暴力或者虐待、遗弃家庭成员；

（三）有赌博、吸毒等恶习屡教不改；

（四）因感情不和分居满二年；

（五）其他导致夫妻感情破裂的情形。

一方被宣告失踪，另一方提起离婚诉讼的，应当准予离婚。

经人民法院判决不准离婚后，双方又分居满一年，一方再次提起离婚诉讼的，应当准予离婚。

第一千零九十条　离婚时，如果一方生活困难，有负担能力的另一方应当给予适当帮助。具体办法由双方协议；协议不成的，由人民法院判决。

99. 离婚时丈夫提出要共同偿还一笔债务，妻子该怎么办？

要点快答

如果没有明确的证据证明该笔债务是夫妻共同债务，妻子不需要承担。

如果丈夫伪造债务，法院一旦发现，也会对其进行处罚。

案情简介

2021 年，阿芝和小武相识，两人一见如故，很快就办理了结婚登记手续。婚后两人才发现彼此生活习惯有很大差别。为此，两人频繁争吵，最终还是决定离婚。但就银行存款的分割，两人有很大争议，阿芝便向法院提起了诉讼。

一审法院认为，阿芝和小武婚后取得的工资和奖金都属于夫妻共同财产，应当平分。阿芝和小武有银行存款 8 万元，两人各分得 4 万元。

小武认为，银行存款中大部分是自己的年终奖金，直接分一半给阿芝，自己太亏了，便提起上诉。为了确保自己能够多分一点，小武还找来了自己的朋友大峰，让大峰说有一笔婚内债务要夫妻共同承担。大峰想着朋友一场，能帮就帮了，便答应小武上庭为他作证。

二审法庭上，大峰出庭陈述了借款的情况，并接受法官的询问。在询问中，法官发现大峰的言辞前后矛盾，便再次向大峰解释了作假证的后果，大峰明白了事情的严重性，便向法官坦白，借款并不存在。

二审法官对小武和大峰作出了罚款的决定，并改判阿芝多分存款。

律师说法

（1）一方捏造夫妻共同债务的，另一方可以主张多分财产

根据《中华人民共和国妇女权益保障法》第六十七条的规定，一方通过

捏造债务企图多分财产的，另一方可以主张该方少分或者不分财产。小武为了多分财产，捏造共同债务，属于上述情形，阿芝可以主张多分银行存款。

（2）诉讼中，如果一方捏造夫妻共同债务，法院会对其进行惩罚

根据《中华人民共和国民事诉讼法》第一百一十四条的规定，如果在诉讼中指使证人作伪证，法院会对其罚款、拘留，涉及犯罪的，还会被追究刑事责任。小武指使大峰作虚假证言，即使大峰及时承认错误，也是要接受处罚的。

律师支招

（1）离婚时，除关注财产的分割问题外，还要注意债务的处理。梳理好双方的债务，明确债务的性质以及偿还的责任，可以减少离婚后产生纠纷的可能。

（2）如果离婚后才发现对方捏造债务的，可以选择向法院起诉，要求再次分割夫妻共同财产。

关联规定

《中华人民共和国妇女权益保障法》

第六十七条　离婚诉讼期间，夫妻一方申请查询登记在对方名下财产状况且确因客观原因不能自行收集的，人民法院应当进行调查取证，有关部门和单位应当予以协助。

离婚诉讼期间，夫妻双方均有向人民法院申报全部夫妻共同财产的义务。一方隐藏、转移、变卖、损毁、挥霍夫妻共同财产，或者伪造夫妻共同债务企图侵占另一方财产的，在离婚分割夫妻共同财产时，对该方可以少分或者不分财产。

《中华人民共和国民法典》

第一千零九十二条 夫妻一方隐藏、转移、变卖、毁损、挥霍夫妻共同财产，或者伪造夫妻共同债务企图侵占另一方财产的，在离婚分割夫妻共同财产时，对该方可以少分或者不分。离婚后，另一方发现有上述行为的，可以向人民法院提起诉讼，请求再次分割夫妻共同财产。

《中华人民共和国民事诉讼法》

第一百一十四条 诉讼参与人或者其他人有下列行为之一的，人民法院可以根据情节轻重予以罚款、拘留；构成犯罪的，依法追究刑事责任：

（一）伪造、毁灭重要证据，妨碍人民法院审理案件的；

（二）以暴力、威胁、贿买方法阻止证人作证或者指使、贿买、胁迫他人作伪证的；

（三）隐藏、转移、变卖、毁损已被查封、扣押的财产，或者已被清点并责令其保管的财产，转移已被冻结的财产的；

（四）对司法工作人员、诉讼参加人、证人、翻译人员、鉴定人、勘验人、协助执行的人，进行侮辱、诽谤、诬陷、殴打或者打击报复的；

（五）以暴力、威胁或者其他方法阻碍司法工作人员执行职务的；

（六）拒不履行人民法院已经发生法律效力的判决、裁定的。

人民法院对有前款规定的行为之一的单位，可以对其主要负责人或者直接责任人员予以罚款、拘留；构成犯罪的，依法追究刑事责任。

100. 对丈夫的财产一无所知，妻子要怎么调查他的财产？

要点快答

妻子可以尝试收集财产凭证。如果无法找到直接的凭证，可以收集相应的财产线索，委托律师向法院申请调查。

案情简介

2013年，小玉和阿忠办理了结婚登记手续，2014年，小玉生下了女儿。在阿忠的要求下，小玉辞去了工作全心照顾家庭。

一开始，一家三口的生活颇为幸福。但随着创业项目的推进，阿忠越来越忙，回家的时间也越来越少。

由于缺乏沟通，小玉和阿忠常因为一些小事爆发争吵。为了孩子，每次都是小玉先跟阿忠道歉。但重归于好后不久，两人又会因为琐事再次争吵。

在女儿上了小学以后，小玉慢慢有了自己的时间，她开始尝试重返职场。还没等找到工作，小玉便发现阿忠不仅出轨了，竟然还和出轨对象有一个和女儿差不多大的孩子。

小玉没有办法忍受，便向阿忠提出离婚。阿忠却一直不愿意离婚，小玉便来咨询律师。

律师告诉小玉可以通过诉讼的方式离婚。但是当律师问到双方是否有夫妻共同财产时，小玉才发现出于对阿忠的信任，她从没有问过家里有多少财产。

小玉该怎么办呢？

律师支招

要查询了解财产的情况，针对不同的财产类型，有不同的方法。

（1）关于房产。小玉可以尝试查找存放的房产证并拍照留存，如果有相应的购房合同和贷款合同，也可以一并拍照。如果家里没有房产证，小玉可以尝试去房产交易中心调取。

（2）关于车辆。小玉可以尝试查找存放的车辆行驶证并拍照留存。

（3）关于存款。小玉可以尝试查找家里是否留有关于银行账户的信息，如银行卡和存折等，还可以尝试通过平时的转账记录查找相应的线索。

（4）关于股权。小玉可以通过国家企业信用信息公示系统或者其他企业信息查询工具查询阿忠持有股权的情况。

如果小玉无法直接找到相应的财产凭证，可以尝试收集相应的财产线索，如车牌、银行卡号、第三方支付平台账号和社交软件账号等。在向法院提起诉讼时，可以提交相应的财产线索，委托律师向法院申请依职权调查或者作出调查令。在获得批准以后，律师或者法官可以持相应文书到对应机构调取相关财产信息。

关联规定

《中华人民共和国妇女权益保障法》

第六十七条 离婚诉讼期间，夫妻一方申请查询登记在对方名下财产状况且确因客观原因不能自行收集的，人民法院应当进行调查取证，有关部门和单位应当予以协助。

离婚诉讼期间，夫妻双方均有向人民法院申报全部夫妻共同财产的义务。一方隐藏、转移、变卖、损毁、挥霍夫妻共同财产，或者伪造夫妻共同债务企图侵占另一方财产的，在离婚分割夫妻共同财产时，对该方可以少分或者不分财产。

第五章

相关规定

1.《中华人民共和国妇女权益保障法》

（1992 年 4 月 3 日第七届全国人民代表大会第五次会议通过　根据 2005 年 8 月 28 日第十届全国人民代表大会常务委员会第十七次会议《关于修改〈中华人民共和国妇女权益保障法〉的决定》第一次修正　根据 2018 年 10 月 26 日第十三届全国人民代表大会常务委员会第六次会议《关于修改〈中华人民共和国野生动物保护法〉等十五部法律的决定》第二次修正　2022 年 10 月 30 日第十三届全国人民代表大会常务委员会第三十七次会议修订　2022 年 10 月 30 日中华人民共和国主席令第 122 号公布　自 2023 年 1 月 1 日起施行）

目　　录

第一章　总　　则

第一条　为了保障妇女的合法权益，促进男女平等和妇女全面发展，充分发挥妇女在全面建设社会主义现代化国家中的作用，弘扬社会主义核心价值观，根据宪法，制定本法。

第二条 男女平等是国家的基本国策。妇女在政治的、经济的、文化的、社会的和家庭的生活等各方面享有同男子平等的权利。

国家采取必要措施，促进男女平等，消除对妇女一切形式的歧视，禁止排斥、限制妇女依法享有和行使各项权益。

国家保护妇女依法享有的特殊权益。

第三条 坚持中国共产党对妇女权益保障工作的领导，建立政府主导、各方协同、社会参与的保障妇女权益工作机制。

各级人民政府应当重视和加强妇女权益的保障工作。

县级以上人民政府负责妇女儿童工作的机构，负责组织、协调、指导、督促有关部门做好妇女权益的保障工作。

县级以上人民政府有关部门在各自的职责范围内做好妇女权益的保障工作。

第四条 保障妇女的合法权益是全社会的共同责任。国家机关、社会团体、企业事业单位、基层群众性自治组织以及其他组织和个人，应当依法保障妇女的权益。

国家采取有效措施，为妇女依法行使权利提供必要的条件。

第五条 国务院制定和组织实施中国妇女发展纲要，将其纳入国民经济和社会发展规划，保障和促进妇女在各领域的全面发展。

县级以上地方各级人民政府根据中国妇女发展纲要，制定和组织实施本行政区域的妇女发展规划，将其纳入国民经济和社会发展规划。

县级以上人民政府应当将妇女权益保障所需经费列入本级预算。

第六条 中华全国妇女联合会和地方各级妇女联合会依照法律和中华全国妇女联合会章程，代表和维护各族各界妇女的利益，做好维护妇女权益、促进男女平等和妇女全面发展的工作。

工会、共产主义青年团、残疾人联合会等群团组织应当在各自的工作范围内，做好维护妇女权益的工作。

第七条 国家鼓励妇女自尊、自信、自立、自强，运用法律维护自身合法权益。

妇女应当遵守国家法律，尊重社会公德、职业道德和家庭美德，履行法律所规定的义务。

第八条　有关机关制定或者修改涉及妇女权益的法律、法规、规章和其他规范性文件，应当听取妇女联合会的意见，充分考虑妇女的特殊权益，必要时开展男女平等评估。

第九条　国家建立健全妇女发展状况统计调查制度，完善性别统计监测指标体系，定期开展妇女发展状况和权益保障统计调查和分析，发布有关信息。

第十条　国家将男女平等基本国策纳入国民教育体系，开展宣传教育，增强全社会的男女平等意识，培育尊重和关爱妇女的社会风尚。

第十一条　国家对保障妇女合法权益成绩显著的组织和个人，按照有关规定给予表彰和奖励。

第二章　政治权利

第十二条　国家保障妇女享有与男子平等的政治权利。

第十三条　妇女有权通过各种途径和形式，依法参与管理国家事务、管理经济和文化事业、管理社会事务。

妇女和妇女组织有权向各级国家机关提出妇女权益保障方面的意见和建议。

第十四条　妇女享有与男子平等的选举权和被选举权。

全国人民代表大会和地方各级人民代表大会的代表中，应当保证有适当数量的妇女代表。国家采取措施，逐步提高全国人民代表大会和地方各级人民代表大会的妇女代表的比例。

居民委员会、村民委员会成员中，应当保证有适当数量的妇女成员。

第十五条　国家积极培养和选拔女干部，重视培养和选拔少数民族女干部。

国家机关、群团组织、企业事业单位培养、选拔和任用干部，应当坚持男女平等的原则，并有适当数量的妇女担任领导成员。

妇女联合会及其团体会员，可以向国家机关、群团组织、企业事业单位推荐女干部。

国家采取措施支持女性人才成长。

第十六条 妇女联合会代表妇女积极参与国家和社会事务的民主协商、民主决策、民主管理和民主监督。

第十七条 对于有关妇女权益保障工作的批评或者合理可行的建议，有关部门应当听取和采纳；对于有关侵害妇女权益的申诉、控告和检举，有关部门应当查清事实，负责处理，任何组织和个人不得压制或者打击报复。

第三章 人身和人格权益

第十八条 国家保障妇女享有与男子平等的人身和人格权益。

第十九条 妇女的人身自由不受侵犯。禁止非法拘禁和以其他非法手段剥夺或者限制妇女的人身自由；禁止非法搜查妇女的身体。

第二十条 妇女的人格尊严不受侵犯。禁止用侮辱、诽谤等方式损害妇女的人格尊严。

第二十一条 妇女的生命权、身体权、健康权不受侵犯。禁止虐待、遗弃、残害、买卖以及其他侵害女性生命健康权益的行为。

禁止进行非医学需要的胎儿性别鉴定和选择性别的人工终止妊娠。

医疗机构施行生育手术、特殊检查或者特殊治疗时，应当征得妇女本人同意；在妇女与其家属或者关系人意见不一致时，应当尊重妇女本人意愿。

第二十二条 禁止拐卖、绑架妇女；禁止收买被拐卖、绑架的妇女；禁止阻碍解救被拐卖、绑架的妇女。

各级人民政府和公安、民政、人力资源和社会保障、卫生健康等部门及村民委员会、居民委员会按照各自的职责及时发现报告，并采取措施解救被拐卖、绑架的妇女，做好被解救妇女的安置、救助和关爱等工作。妇女联合会协助和配合做好有关工作。任何组织和个人不得歧视被拐卖、绑架的妇女。

第二十三条 禁止违背妇女意愿，以言语、文字、图像、肢体行为等方式对其实施性骚扰。

受害妇女可以向有关单位和国家机关投诉。接到投诉的有关单位和国家机关应当及时处理，并书面告知处理结果。

受害妇女可以向公安机关报案，也可以向人民法院提起民事诉讼，依法请求行为人承担民事责任。

第二十四条　学校应当根据女学生的年龄阶段，进行生理卫生、心理健康和自我保护教育，在教育、管理、设施等方面采取措施，提高其防范性侵害、性骚扰的自我保护意识和能力，保障女学生的人身安全和身心健康发展。

学校应当建立有效预防和科学处置性侵害、性骚扰的工作制度。对性侵害、性骚扰女学生的违法犯罪行为，学校不得隐瞒，应当及时通知受害未成年女学生的父母或者其他监护人，向公安机关、教育行政部门报告，并配合相关部门依法处理。

对遭受性侵害、性骚扰的女学生，学校、公安机关、教育行政部门等相关单位和人员应当保护其隐私和个人信息，并提供必要的保护措施。

第二十五条　用人单位应当采取下列措施预防和制止对妇女的性骚扰：

（一）制定禁止性骚扰的规章制度；

（二）明确负责机构或者人员；

（三）开展预防和制止性骚扰的教育培训活动；

（四）采取必要的安全保卫措施；

（五）设置投诉电话、信箱等，畅通投诉渠道；

（六）建立和完善调查处置程序，及时处置纠纷并保护当事人隐私和个人信息；

（七）支持、协助受害妇女依法维权，必要时为受害妇女提供心理疏导；

（八）其他合理的预防和制止性骚扰措施。

第二十六条　住宿经营者应当及时准确登记住宿人员信息，健全住宿服务规章制度，加强安全保障措施；发现可能侵害妇女权益的违法犯罪行为，应当及时向公安机关报告。

第二十七条　禁止卖淫、嫖娼；禁止组织、强迫、引诱、容留、介绍妇女卖淫或者对妇女进行猥亵活动；禁止组织、强迫、引诱、容留、介绍妇女在任何场所或者利用网络进行淫秽表演活动。

第二十八条　妇女的姓名权、肖像权、名誉权、荣誉权、隐私权和个人信息等人格权益受法律保护。

媒体报道涉及妇女事件应当客观、适度，不得通过夸大事实、过度渲染等方式侵害妇女的人格权益。

禁止通过大众传播媒介或者其他方式贬低损害妇女人格。未经本人同意，不得通过广告、商标、展览橱窗、报纸、期刊、图书、音像制品、电子出版物、网络等形式使用妇女肖像，但法律另有规定的除外。

第二十九条 禁止以恋爱、交友为由或者在终止恋爱关系、离婚之后，纠缠、骚扰妇女，泄露、传播妇女隐私和个人信息。

妇女遭受上述侵害或者面临上述侵害现实危险的，可以向人民法院申请人身安全保护令。

第三十条 国家建立健全妇女健康服务体系，保障妇女享有基本医疗卫生服务，开展妇女常见病、多发病的预防、筛查和诊疗，提高妇女健康水平。

国家采取必要措施，开展经期、孕期、产期、哺乳期和更年期的健康知识普及、卫生保健和疾病防治，保障妇女特殊生理时期的健康需求，为有需要的妇女提供心理健康服务支持。

第三十一条 县级以上地方人民政府应当设立妇幼保健机构，为妇女提供保健以及常见病防治服务。

国家鼓励和支持社会力量通过依法捐赠、资助或者提供志愿服务等方式，参与妇女卫生健康事业，提供安全的生理健康用品或者服务，满足妇女多样化、差异化的健康需求。

用人单位应当定期为女职工安排妇科疾病、乳腺疾病检查以及妇女特殊需要的其他健康检查。

第三十二条 妇女依法享有生育子女的权利，也有不生育子女的自由。

第三十三条 国家实行婚前、孕前、孕产期和产后保健制度，逐步建立妇女全生育周期系统保健制度。医疗保健机构应当提供安全、有效的医疗保健服务，保障妇女生育安全和健康。

有关部门应当提供安全、有效的避孕药具和技术，保障妇女的健康和安全。

第三十四条 各级人民政府在规划、建设基础设施时，应当考虑妇女的特殊需求，配备满足妇女需要的公共厕所和母婴室等公共设施。

第四章　文化教育权益

第三十五条　国家保障妇女享有与男子平等的文化教育权利。

第三十六条　父母或者其他监护人应当履行保障适龄女性未成年人接受并完成义务教育的义务。

对无正当理由不送适龄女性未成年人入学的父母或者其他监护人，由当地乡镇人民政府或者县级人民政府教育行政部门给予批评教育，依法责令其限期改正。居民委员会、村民委员会应当协助政府做好相关工作。

政府、学校应当采取有效措施，解决适龄女性未成年人就学存在的实际困难，并创造条件，保证适龄女性未成年人完成义务教育。

第三十七条　学校和有关部门应当执行国家有关规定，保障妇女在入学、升学、授予学位、派出留学、就业指导和服务等方面享有与男子平等的权利。

学校在录取学生时，除国家规定的特殊专业外，不得以性别为由拒绝录取女性或者提高对女性的录取标准。

各级人民政府应当采取措施，保障女性平等享有接受中高等教育的权利和机会。

第三十八条　各级人民政府应当依照规定把扫除妇女中的文盲、半文盲工作，纳入扫盲和扫盲后继续教育规划，采取符合妇女特点的组织形式和工作方法，组织、监督有关部门具体实施。

第三十九条　国家健全全民终身学习体系，为妇女终身学习创造条件。

各级人民政府和有关部门应当采取措施，根据城镇和农村妇女的需要，组织妇女接受职业教育和实用技术培训。

第四十条　国家机关、社会团体和企业事业单位应当执行国家有关规定，保障妇女从事科学、技术、文学、艺术和其他文化活动，享有与男子平等的权利。

第五章　劳动和社会保障权益

第四十一条　国家保障妇女享有与男子平等的劳动权利和社会保障权利。

第四十二条 各级人民政府和有关部门应当完善就业保障政策措施，防止和纠正就业性别歧视，为妇女创造公平的就业创业环境，为就业困难的妇女提供必要的扶持和援助。

第四十三条 用人单位在招录（聘）过程中，除国家另有规定外，不得实施下列行为：

（一）限定为男性或者规定男性优先；

（二）除个人基本信息外，进一步询问或者调查女性求职者的婚育情况；

（三）将妊娠测试作为入职体检项目；

（四）将限制结婚、生育或者婚姻、生育状况作为录（聘）用条件；

（五）其他以性别为由拒绝录（聘）用妇女或者差别化地提高对妇女录（聘）用标准的行为。

第四十四条 用人单位在录（聘）用女职工时，应当依法与其签订劳动（聘用）合同或者服务协议，劳动（聘用）合同或者服务协议中应当具备女职工特殊保护条款，并不得规定限制女职工结婚、生育等内容。

职工一方与用人单位订立的集体合同中应当包含男女平等和女职工权益保护相关内容，也可以就相关内容制定专章、附件或者单独订立女职工权益保护专项集体合同。

第四十五条 实行男女同工同酬。妇女在享受福利待遇方面享有与男子平等的权利。

第四十六条 在晋职、晋级、评聘专业技术职称和职务、培训等方面，应当坚持男女平等的原则，不得歧视妇女。

第四十七条 用人单位应当根据妇女的特点，依法保护妇女在工作和劳动时的安全、健康以及休息的权利。

妇女在经期、孕期、产期、哺乳期受特殊保护。

第四十八条 用人单位不得因结婚、怀孕、产假、哺乳等情形，降低女职工的工资和福利待遇，限制女职工晋职、晋级、评聘专业技术职称和职务，辞退女职工，单方解除劳动（聘用）合同或者服务协议。

女职工在怀孕以及依法享受产假期间，劳动（聘用）合同或者服务协议期满的，劳动（聘用）合同或者服务协议期限自动延续至产假结束。但是，用人单位依法解除、终止劳动（聘用）合同、服务协议，或者女职工依法要求解除、终止劳动（聘用）合同、服务协议的除外。

用人单位在执行国家退休制度时，不得以性别为由歧视妇女。

第四十九条　人力资源和社会保障部门应当将招聘、录取、晋职、晋级、评聘专业技术职称和职务、培训、辞退等过程中的性别歧视行为纳入劳动保障监察范围。

第五十条　国家发展社会保障事业，保障妇女享有社会保险、社会救助和社会福利等权益。

国家提倡和鼓励为帮助妇女而开展的社会公益活动。

第五十一条　国家实行生育保险制度，建立健全婴幼儿托育服务等与生育相关的其他保障制度。

国家建立健全职工生育休假制度，保障孕产期女职工依法享有休息休假权益。

地方各级人民政府和有关部门应当按照国家有关规定，为符合条件的困难妇女提供必要的生育救助。

第五十二条　各级人民政府和有关部门应当采取必要措施，加强贫困妇女、老龄妇女、残疾妇女等困难妇女的权益保障，按照有关规定为其提供生活帮扶、就业创业支持等关爱服务。

第六章　财产权益

第五十三条　国家保障妇女享有与男子平等的财产权利。

第五十四条　在夫妻共同财产、家庭共有财产关系中，不得侵害妇女依法享有的权益。

第五十五条　妇女在农村集体经济组织成员身份确认、土地承包经营、集体经济组织收益分配、土地征收补偿安置或者征用补偿以及宅基地使用等方面，享有与男子平等的权利。

申请农村土地承包经营权、宅基地使用权等不动产登记，应当在不动产登记簿和权属证书上将享有权利的妇女等家庭成员全部列明。征收补偿安置或者征用补偿协议应当将享有相关权益的妇女列入，并记载权益内容。

第五十六条 村民自治章程、村规民约，村民会议、村民代表会议的决定以及其他涉及村民利益事项的决定，不得以妇女未婚、结婚、离婚、丧偶、户无男性等为由，侵害妇女在农村集体经济组织中的各项权益。

因结婚男方到女方住所落户的，男方和子女享有与所在地农村集体经济组织成员平等的权益。

第五十七条 国家保护妇女在城镇集体所有财产关系中的权益。妇女依照法律、法规的规定享有相关权益。

第五十八条 妇女享有与男子平等的继承权。妇女依法行使继承权，不受歧视。

丧偶妇女有权依法处分继承的财产，任何组织和个人不得干涉。

第五十九条 丧偶儿媳对公婆尽了主要赡养义务的，作为第一顺序继承人，其继承权不受子女代位继承的影响。

第七章 婚姻家庭权益

第六十条 国家保障妇女享有与男子平等的婚姻家庭权利。

第六十一条 国家保护妇女的婚姻自主权。禁止干涉妇女的结婚、离婚自由。

第六十二条 国家鼓励男女双方在结婚登记前，共同进行医学检查或者相关健康体检。

第六十三条 婚姻登记机关应当提供婚姻家庭辅导服务，引导当事人建立平等、和睦、文明的婚姻家庭关系。

第六十四条 女方在怀孕期间、分娩后一年内或者终止妊娠后六个月内，男方不得提出离婚；但是，女方提出离婚或者人民法院认为确有必要受理男方离婚请求的除外。

第六十五条 禁止对妇女实施家庭暴力。

县级以上人民政府有关部门、司法机关、社会团体、企业事业单位、基层群众性自治组织以及其他组织，应当在各自的职责范围内预防和制止家庭暴力，依法为受害妇女提供救助。

第六十六条　妇女对夫妻共同财产享有与其配偶平等的占有、使用、收益和处分的权利，不受双方收入状况等情形的影响。

对夫妻共同所有的不动产以及可以联名登记的动产，女方有权要求在权属证书上记载其姓名；认为记载的权利人、标的物、权利比例等事项有错误的，有权依法申请更正登记或者异议登记，有关机构应当按照其申请依法办理相应登记手续。

第六十七条　离婚诉讼期间，夫妻一方申请查询登记在对方名下财产状况且确因客观原因不能自行收集的，人民法院应当进行调查取证，有关部门和单位应当予以协助。

离婚诉讼期间，夫妻双方均有向人民法院申报全部夫妻共同财产的义务。一方隐藏、转移、变卖、损毁、挥霍夫妻共同财产，或者伪造夫妻共同债务企图侵占另一方财产的，在离婚分割夫妻共同财产时，对该方可以少分或者不分财产。

第六十八条　夫妻双方应当共同负担家庭义务，共同照顾家庭生活。

女方因抚育子女、照料老人、协助男方工作等负担较多义务的，有权在离婚时要求男方予以补偿。补偿办法由双方协议确定；协议不成的，可以向人民法院提起诉讼。

第六十九条　离婚时，分割夫妻共有的房屋或者处理夫妻共同租住的房屋，由双方协议解决；协议不成的，可以向人民法院提起诉讼。

第七十条　父母双方对未成年子女享有平等的监护权。

父亲死亡、无监护能力或者有其他情形不能担任未成年子女的监护人的，母亲的监护权任何组织和个人不得干涉。

第七十一条　女方丧失生育能力的，在离婚处理子女抚养问题时，应当在最有利于未成年子女的条件下，优先考虑女方的抚养要求。

第八章　救济措施

第七十二条　对侵害妇女合法权益的行为，任何组织和个人都有权予以劝阻、制止或者向有关部门提出控告或者检举。有关部门接到控告或者检举后，应当依法及时处理，并为控告人、检举人保密。

妇女的合法权益受到侵害的，有权要求有关部门依法处理，或者依法申请调解、仲裁，或者向人民法院起诉。

对符合条件的妇女，当地法律援助机构或者司法机关应当给予帮助，依法为其提供法律援助或者司法救助。

第七十三条 妇女的合法权益受到侵害的，可以向妇女联合会等妇女组织求助。妇女联合会等妇女组织应当维护被侵害妇女的合法权益，有权要求并协助有关部门或者单位查处。有关部门或者单位应当依法查处，并予以答复；不予处理或者处理不当的，县级以上人民政府负责妇女儿童工作的机构、妇女联合会可以向其提出督促处理意见，必要时可以提请同级人民政府开展督查。

受害妇女进行诉讼需要帮助的，妇女联合会应当给予支持和帮助。

第七十四条 用人单位侵害妇女劳动和社会保障权益的，人力资源和社会保障部门可以联合工会、妇女联合会约谈用人单位，依法进行监督并要求其限期纠正。

第七十五条 妇女在农村集体经济组织成员身份确认等方面权益受到侵害的，可以申请乡镇人民政府等进行协调，或者向人民法院起诉。

乡镇人民政府应当对村民自治章程、村规民约，村民会议、村民代表会议的决定以及其他涉及村民利益事项的决定进行指导，对其中违反法律、法规和国家政策规定，侵害妇女合法权益的内容责令改正；受侵害妇女向农村土地承包仲裁机构申请仲裁或者向人民法院起诉的，农村土地承包仲裁机构或者人民法院应当依法受理。

第七十六条 县级以上人民政府应当开通全国统一的妇女权益保护服务热线，及时受理、移送有关侵害妇女合法权益的投诉、举报；有关部门或者单位接到投诉、举报后，应当及时予以处置。

鼓励和支持群团组织、企业事业单位、社会组织和个人参与建设妇女权益保护服务热线，提供妇女权益保护方面的咨询、帮助。

第七十七条　侵害妇女合法权益，导致社会公共利益受损的，检察机关可以发出检察建议；有下列情形之一的，检察机关可以依法提起公益诉讼：

（一）确认农村妇女集体经济组织成员身份时侵害妇女权益或者侵害妇女享有的农村土地承包和集体收益、土地征收征用补偿分配权益和宅基地使用权益；

（二）侵害妇女平等就业权益；

（三）相关单位未采取合理措施预防和制止性骚扰；

（四）通过大众传播媒介或者其他方式贬低损害妇女人格；

（五）其他严重侵害妇女权益的情形。

第七十八条　国家机关、社会团体、企业事业单位对侵害妇女权益的行为，可以支持受侵害的妇女向人民法院起诉。

第九章　法律责任

第七十九条　违反本法第二十二条第二款规定，未履行报告义务的，依法对直接负责的主管人员和其他直接责任人员给予处分。

第八十条　违反本法规定，对妇女实施性骚扰的，由公安机关给予批评教育或者出具告诫书，并由所在单位依法给予处分。

学校、用人单位违反本法规定，未采取必要措施预防和制止性骚扰，造成妇女权益受到侵害或者社会影响恶劣的，由上级机关或者主管部门责令改正；拒不改正或者情节严重的，依法对直接负责的主管人员和其他直接责任人员给予处分。

第八十一条　违反本法第二十六条规定，未履行报告等义务的，依法给予警告、责令停业整顿或者吊销营业执照、吊销相关许可证，并处一万元以上五万元以下罚款。

第八十二条　违反本法规定，通过大众传播媒介或者其他方式贬低损害妇女人格的，由公安、网信、文化旅游、广播电视、新闻出版或者其他有关部门依据各自的职权责令改正，并依法给予行政处罚。

第八十三条　用人单位违反本法第四十三条和第四十八条规定的，由人力资源和社会保障部门责令改正；拒不改正或者情节严重的，处一万元以上五万元以下罚款。

第八十四条 违反本法规定，对侵害妇女权益的申诉、控告、检举，推诿、拖延、压制不予查处，或者对提出申诉、控告、检举的人进行打击报复的，依法责令改正，并对直接负责的主管人员和其他直接责任人员给予处分。

国家机关及其工作人员未依法履行职责，对侵害妇女权益的行为未及时制止或者未给予受害妇女必要帮助，造成严重后果的，依法对直接负责的主管人员和其他直接责任人员给予处分。

违反本法规定，侵害妇女人身和人格权益、文化教育权益、劳动和社会保障权益、财产权益以及婚姻家庭权益的，依法责令改正，直接负责的主管人员和其他直接责任人员属于国家工作人员的，依法给予处分。

第八十五条 违反本法规定，侵害妇女的合法权益，其他法律、法规规定行政处罚的，从其规定；造成财产损失或者人身损害的，依法承担民事责任；构成犯罪的，依法追究刑事责任。

第十章 附 则

第八十六条 本法自2023年1月1日起施行。

2.《中华人民共和国反家庭暴力法》

（2015年12月27日第十二届全国人民代表大会常务委员会第十八次会议通过 2015年12月27日中华人民共和国主席令第37号公布 自2016年3月1日起施行）

目 录

第一章　总　　则

第一条　为了预防和制止家庭暴力，保护家庭成员的合法权益，维护平等、和睦、文明的家庭关系，促进家庭和谐、社会稳定，制定本法。

第二条　本法所称家庭暴力，是指家庭成员之间以殴打、捆绑、残害、限制人身自由以及经常性谩骂、恐吓等方式实施的身体、精神等侵害行为。

第三条　家庭成员之间应当互相帮助，互相关爱，和睦相处，履行家庭义务。

反家庭暴力是国家、社会和每个家庭的共同责任。

国家禁止任何形式的家庭暴力。

第四条　县级以上人民政府负责妇女儿童工作的机构，负责组织、协调、指导、督促有关部门做好反家庭暴力工作。

县级以上人民政府有关部门、司法机关、人民团体、社会组织、居民委员会、村民委员会、企业事业单位，应当依照本法和有关法律规定，做好反家庭暴力工作。

各级人民政府应当对反家庭暴力工作给予必要的经费保障。

第五条　反家庭暴力工作遵循预防为主，教育、矫治与惩处相结合原则。

反家庭暴力工作应当尊重受害人真实意愿，保护当事人隐私。

未成年人、老年人、残疾人、孕期和哺乳期的妇女、重病患者遭受家庭暴力的，应当给予特殊保护。

第二章　家庭暴力的预防

第六条　国家开展家庭美德宣传教育，普及反家庭暴力知识，增强公民反家庭暴力意识。

工会、共产主义青年团、妇女联合会、残疾人联合会应当在各自工作范围内，组织开展家庭美德和反家庭暴力宣传教育。

广播、电视、报刊、网络等应当开展家庭美德和反家庭暴力宣传。

学校、幼儿园应当开展家庭美德和反家庭暴力教育。

第七条 县级以上人民政府有关部门、司法机关、妇女联合会应当将预防和制止家庭暴力纳入业务培训和统计工作。

医疗机构应当做好家庭暴力受害人的诊疗记录。

第八条 乡镇人民政府、街道办事处应当组织开展家庭暴力预防工作，居民委员会、村民委员会、社会工作服务机构应当予以配合协助。

第九条 各级人民政府应当支持社会工作服务机构等社会组织开展心理健康咨询、家庭关系指导、家庭暴力预防知识教育等服务。

第十条 人民调解组织应当依法调解家庭纠纷，预防和减少家庭暴力的发生。

第十一条 用人单位发现本单位人员有家庭暴力情况的，应当给予批评教育，并做好家庭矛盾的调解、化解工作。

第十二条 未成年人的监护人应当以文明的方式进行家庭教育，依法履行监护和教育职责，不得实施家庭暴力。

第三章 家庭暴力的处置

第十三条 家庭暴力受害人及其法定代理人、近亲属可以向加害人或者受害人所在单位、居民委员会、村民委员会、妇女联合会等单位投诉、反映或者求助。有关单位接到家庭暴力投诉、反映或者求助后，应当给予帮助、处理。

家庭暴力受害人及其法定代理人、近亲属也可以向公安机关报案或者依法向人民法院起诉。

单位、个人发现正在发生的家庭暴力行为，有权及时劝阻。

第十四条 学校、幼儿园、医疗机构、居民委员会、村民委员会、社会工作服务机构、救助管理机构、福利机构及其工作人员在工作中发现无民事行为能力人、限制民事行为能力人遭受或者疑似遭受家庭暴力的，应当及时向公安机关报案。公安机关应当对报案人的信息予以保密。

第十五条　公安机关接到家庭暴力报案后应当及时出警，制止家庭暴力，按照有关规定调查取证，协助受害人就医、鉴定伤情。

无民事行为能力人、限制民事行为能力人因家庭暴力身体受到严重伤害、面临人身安全威胁或者处于无人照料等危险状态的，公安机关应当通知并协助民政部门将其安置到临时庇护场所、救助管理机构或者福利机构。

第十六条　家庭暴力情节较轻，依法不给予治安管理处罚的，由公安机关对加害人给予批评教育或者出具告诫书。

告诫书应当包括加害人的身份信息、家庭暴力的事实陈述、禁止加害人实施家庭暴力等内容。

第十七条　公安机关应当将告诫书送交加害人、受害人，并通知居民委员会、村民委员会。

居民委员会、村民委员会、公安派出所应当对收到告诫书的加害人、受害人进行查访，监督加害人不再实施家庭暴力。

第十八条　县级或者设区的市级人民政府可以单独或者依托救助管理机构设立临时庇护场所，为家庭暴力受害人提供临时生活帮助。

第十九条　法律援助机构应当依法为家庭暴力受害人提供法律援助。

人民法院应当依法对家庭暴力受害人缓收、减收或者免收诉讼费用。

第二十条　人民法院审理涉及家庭暴力的案件，可以根据公安机关出警记录、告诫书、伤情鉴定意见等证据，认定家庭暴力事实。

第二十一条　监护人实施家庭暴力严重侵害被监护人合法权益的，人民法院可以根据被监护人的近亲属、居民委员会、村民委员会、县级人民政府民政部门等有关人员或者单位的申请，依法撤销其监护人资格，另行指定监护人。

被撤销监护人资格的加害人，应当继续负担相应的赡养、扶养、抚养费用。

第二十二条　工会、共产主义青年团、妇女联合会、残疾人联合会、居民委员会、村民委员会等应当对实施家庭暴力的加害人进行法治教育，必要时可以对加害人、受害人进行心理辅导。

第四章　人身安全保护令

第二十三条　当事人因遭受家庭暴力或者面临家庭暴力的现实危险，向人民法院申请人身安全保护令的，人民法院应当受理。

当事人是无民事行为能力人、限制民事行为能力人，或者因受到强制、威吓等原因无法申请人身安全保护令的，其近亲属、公安机关、妇女联合会、居民委员会、村民委员会、救助管理机构可以代为申请。

第二十四条　申请人身安全保护令应当以书面方式提出；书面申请确有困难的，可以口头申请，由人民法院记入笔录。

第二十五条　人身安全保护令案件由申请人或者被申请人居住地、家庭暴力发生地的基层人民法院管辖。

第二十六条　人身安全保护令由人民法院以裁定形式作出。

第二十七条　作出人身安全保护令，应当具备下列条件：

（一）有明确的被申请人；

（二）有具体的请求；

（三）有遭受家庭暴力或者面临家庭暴力现实危险的情形。

第二十八条　人民法院受理申请后，应当在七十二小时内作出人身安全保护令或者驳回申请；情况紧急的，应当在二十四小时内作出。

第二十九条　人身安全保护令可以包括下列措施：

（一）禁止被申请人实施家庭暴力；

（二）禁止被申请人骚扰、跟踪、接触申请人及其相关近亲属；

（三）责令被申请人迁出申请人住所；

（四）保护申请人人身安全的其他措施。

第三十条　人身安全保护令的有效期不超过六个月，自作出之日起生效。人身安全保护令失效前，人民法院可以根据申请人的申请撤销、变更或者延长。

第三十一条　申请人对驳回申请不服或者被申请人对人身安全保护令不服的，可以自裁定生效之日起五日内向作出裁定的人民法院申请复议一次。

人民法院依法作出人身安全保护令的，复议期间不停止人身安全保护令的执行。

第三十二条　人民法院作出人身安全保护令后，应当送达申请人、被申请人、公安机关以及居民委员会、村民委员会等有关组织。人身安全保护令由人民法院执行，公安机关以及居民委员会、村民委员会等应当协助执行。

第五章　法律责任

第三十三条　加害人实施家庭暴力，构成违反治安管理行为的，依法给予治安管理处罚；构成犯罪的，依法追究刑事责任。

第三十四条　被申请人违反人身安全保护令，构成犯罪的，依法追究刑事责任；尚不构成犯罪的，人民法院应当给予训诫，可以根据情节轻重处以一千元以下罚款、十五日以下拘留。

第三十五条　学校、幼儿园、医疗机构、居民委员会、村民委员会、社会工作服务机构、救助管理机构、福利机构及其工作人员未依照本法第十四条规定向公安机关报案，造成严重后果的，由上级主管部门或者本单位对直接负责的主管人员和其他直接责任人员依法给予处分。

第三十六条　负有反家庭暴力职责的国家工作人员玩忽职守、滥用职权、徇私舞弊的，依法给予处分；构成犯罪的，依法追究刑事责任。

第六章　附　　则

第三十七条　家庭成员以外共同生活的人之间实施的暴力行为，参照本法规定执行。

第三十八条　本法自 2016 年 3 月 1 日起施行。

3.《中华人民共和国民法典》（节录）

（2020 年 5 月 28 日第十三届全国人民代表大会第三次会议通过　2020 年 5 月 28 日中华人民共和国主席令第 45 号公布　自 2021 年 1 月 1 日起施行）

……

第五编　婚姻家庭

第一章　一般规定

第一千零四十条　本编调整因婚姻家庭产生的民事关系。

第一千零四十一条　婚姻家庭受国家保护。

实行婚姻自由、一夫一妻、男女平等的婚姻制度。

保护妇女、未成年人、老年人、残疾人的合法权益。

第一千零四十二条　禁止包办、买卖婚姻和其他干涉婚姻自由的行为。禁止借婚姻索取财物。

禁止重婚。禁止有配偶者与他人同居。

禁止家庭暴力。禁止家庭成员间的虐待和遗弃。

第一千零四十三条　家庭应当树立优良家风，弘扬家庭美德，重视家庭文明建设。

夫妻应当互相忠实，互相尊重，互相关爱；家庭成员应当敬老爱幼，互相帮助，维护平等、和睦、文明的婚姻家庭关系。

第一千零四十四条　收养应当遵循最有利于被收养人的原则，保障被收养人和收养人的合法权益。

禁止借收养名义买卖未成年人。

第一千零四十五条　亲属包括配偶、血亲和姻亲。

配偶、父母、子女、兄弟姐妹、祖父母、外祖父母、孙子女、外孙子女为近亲属。

配偶、父母、子女和其他共同生活的近亲属为家庭成员。

第二章　结　　婚

第一千零四十六条　结婚应当男女双方完全自愿，禁止任何一方对另一方加以强迫，禁止任何组织或者个人加以干涉。

第一千零四十七条　结婚年龄，男不得早于二十二周岁，女不得早于二十周岁。

第一千零四十八条　直系血亲或者三代以内的旁系血亲禁止结婚。

第一千零四十九条　要求结婚的男女双方应当亲自到婚姻登记机关申请结婚登记。符合本法规定的，予以登记，发给结婚证。完成结婚登记，即确立婚姻关系。未办理结婚登记的，应当补办登记。

第一千零五十条　登记结婚后，按照男女双方约定，女方可以成为男方家庭的成员，男方可以成为女方家庭的成员。

第一千零五十一条　有下列情形之一的，婚姻无效：

（一）重婚；

（二）有禁止结婚的亲属关系；

（三）未到法定婚龄。

第一千零五十二条　因胁迫结婚的，受胁迫的一方可以向人民法院请求撤销婚姻。

请求撤销婚姻的，应当自胁迫行为终止之日起一年内提出。

被非法限制人身自由的当事人请求撤销婚姻的，应当自恢复人身自由之日起一年内提出。

第一千零五十三条　一方患有重大疾病的，应当在结婚登记前如实告知另一方；不如实告知的，另一方可以向人民法院请求撤销婚姻。

请求撤销婚姻的，应当自知道或者应当知道撤销事由之日起一年内提出。

第一千零五十四条　无效的或者被撤销的婚姻自始没有法律约束力，当事人不具有夫妻的权利和义务。同居期间所得的财产，由当事人协议处理；协议不成的，由人民法院根据照顾无过错方的原则判决。对重婚导致的无效婚姻的财产处理，不得侵害合法婚姻当事人的财产权益。当事人所生的子女，适用本法关于父母子女的规定。

婚姻无效或者被撤销的，无过错方有权请求损害赔偿。

第三章　家庭关系

第一节　夫妻关系

第一千零五十五条　夫妻在婚姻家庭中地位平等。

第一千零五十六条　夫妻双方都有各自使用自己姓名的权利。

第一千零五十七条　夫妻双方都有参加生产、工作、学习和社会活动的自由，一方不得对另一方加以限制或者干涉。

第一千零五十八条　夫妻双方平等享有对未成年子女抚养、教育和保护的权利，共同承担对未成年子女抚养、教育和保护的义务。

第一千零五十九条　夫妻有相互扶养的义务。

需要扶养的一方，在另一方不履行扶养义务时，有要求其给付扶养费的权利。

第一千零六十条　夫妻一方因家庭日常生活需要而实施的民事法律行为，对夫妻双方发生效力，但是夫妻一方与相对人另有约定的除外。

夫妻之间对一方可以实施的民事法律行为范围的限制，不得对抗善意相对人。

第一千零六十一条　夫妻有相互继承遗产的权利。

第一千零六十二条　夫妻在婚姻关系存续期间所得的下列财产，为夫妻的共同财产，归夫妻共同所有：

（一）工资、奖金、劳务报酬；

（二）生产、经营、投资的收益；

（三）知识产权的收益；

（四）继承或者受赠的财产，但是本法第一千零六十三条第三项规定的除外；

（五）其他应当归共同所有的财产。

夫妻对共同财产，有平等的处理权。

第一千零六十三条　下列财产为夫妻一方的个人财产：

（一）一方的婚前财产；

（二）一方因受到人身损害获得的赔偿或者补偿；

（三）遗嘱或者赠与合同中确定只归一方的财产；

（四）一方专用的生活用品；

（五）其他应当归一方的财产。

第一千零六十四条　夫妻双方共同签名或者夫妻一方事后追认等共同意思表示所负的债务，以及夫妻一方在婚姻关系存续期间以个人名义为家庭日常生活需要所负的债务，属于夫妻共同债务。

夫妻一方在婚姻关系存续期间以个人名义超出家庭日常生活需要所负的债务，不属于夫妻共同债务；但是，债权人能够证明该债务用于夫妻共同生活、共同生产经营或者基于夫妻双方共同意思表示的除外。

第一千零六十五条　男女双方可以约定婚姻关系存续期间所得的财产以及婚前财产归各自所有、共同所有或者部分各自所有、部分共同所有。约定应当采用书面形式。没有约定或者约定不明确的，适用本法第一千零六十二条、第一千零六十三条的规定。

夫妻对婚姻关系存续期间所得的财产以及婚前财产的约定，对双方具有法律约束力。

夫妻对婚姻关系存续期间所得的财产约定归各自所有，夫或者妻一方对外所负的债务，相对人知道该约定的，以夫或者妻一方的个人财产清偿。

第一千零六十六条　婚姻关系存续期间，有下列情形之一的，夫妻一方可以向人民法院请求分割共同财产：

（一）一方有隐藏、转移、变卖、毁损、挥霍夫妻共同财产或者伪造夫妻共同债务等严重损害夫妻共同财产利益的行为；

（二）一方负有法定扶养义务的人患重大疾病需要医治，另一方不同意支付相关医疗费用。

第二节　父母子女关系和其他近亲属关系

第一千零六十七条　父母不履行抚养义务的，未成年子女或者不能独立生活的成年子女，有要求父母给付抚养费的权利。

成年子女不履行赡养义务的，缺乏劳动能力或者生活困难的父母，有要求成年子女给付赡养费的权利。

第一千零六十八条 父母有教育、保护未成年子女的权利和义务。未成年子女造成他人损害的，父母应当依法承担民事责任。

第一千零六十九条 子女应当尊重父母的婚姻权利，不得干涉父母离婚、再婚以及婚后的生活。子女对父母的赡养义务，不因父母的婚姻关系变化而终止。

第一千零七十条 父母和子女有相互继承遗产的权利。

第一千零七十一条 非婚生子女享有与婚生子女同等的权利，任何组织或者个人不得加以危害和歧视。

不直接抚养非婚生子女的生父或者生母，应当负担未成年子女或者不能独立生活的成年子女的抚养费。

第一千零七十二条 继父母与继子女间，不得虐待或者歧视。

继父或者继母和受其抚养教育的继子女间的权利义务关系，适用本法关于父母子女关系的规定。

第一千零七十三条 对亲子关系有异议且有正当理由的，父或者母可以向人民法院提起诉讼，请求确认或者否认亲子关系。

对亲子关系有异议且有正当理由的，成年子女可以向人民法院提起诉讼，请求确认亲子关系。

第一千零七十四条 有负担能力的祖父母、外祖父母，对于父母已经死亡或者父母无力抚养的未成年孙子女、外孙子女，有抚养的义务。

有负担能力的孙子女、外孙子女，对于子女已经死亡或者子女无力赡养的祖父母、外祖父母，有赡养的义务。

第一千零七十五条 有负担能力的兄、姐，对于父母已经死亡或者父母无力抚养的未成年弟、妹，有扶养的义务。

由兄、姐扶养长大的有负担能力的弟、妹，对于缺乏劳动能力又缺乏生活来源的兄、姐，有扶养的义务。

第四章　离　　婚

第一千零七十六条　夫妻双方自愿离婚的，应当签订书面离婚协议，并亲自到婚姻登记机关申请离婚登记。

离婚协议应当载明双方自愿离婚的意思表示和对子女抚养、财产以及债务处理等事项协商一致的意见。

第一千零七十七条　自婚姻登记机关收到离婚登记申请之日起三十日内，任何一方不愿意离婚的，可以向婚姻登记机关撤回离婚登记申请。

前款规定期限届满后三十日内，双方应当亲自到婚姻登记机关申请发给离婚证；未申请的，视为撤回离婚登记申请。

第一千零七十八条　婚姻登记机关查明双方确实是自愿离婚，并已经对子女抚养、财产以及债务处理等事项协商一致的，予以登记，发给离婚证。

第一千零七十九条　夫妻一方要求离婚的，可以由有关组织进行调解或者直接向人民法院提起离婚诉讼。

人民法院审理离婚案件，应当进行调解；如果感情确已破裂，调解无效的，应当准予离婚。

有下列情形之一，调解无效的，应当准予离婚：

（一）重婚或者与他人同居；

（二）实施家庭暴力或者虐待、遗弃家庭成员；

（三）有赌博、吸毒等恶习屡教不改；

（四）因感情不和分居满二年；

（五）其他导致夫妻感情破裂的情形。

一方被宣告失踪，另一方提起离婚诉讼的，应当准予离婚。

经人民法院判决不准离婚后，双方又分居满一年，一方再次提起离婚诉讼的，应当准予离婚。

第一千零八十条　完成离婚登记，或者离婚判决书、调解书生效，即解除婚姻关系。

第一千零八十一条　现役军人的配偶要求离婚，应当征得军人同意，但是军人一方有重大过错的除外。

第一千零八十二条 女方在怀孕期间、分娩后一年内或者终止妊娠后六个月内，男方不得提出离婚；但是，女方提出离婚或者人民法院认为确有必要受理男方离婚请求的除外。

第一千零八十三条 离婚后，男女双方自愿恢复婚姻关系的，应当到婚姻登记机关重新进行结婚登记。

第一千零八十四条 父母与子女间的关系，不因父母离婚而消除。离婚后，子女无论由父或者母直接抚养，仍是父母双方的子女。

离婚后，父母对于子女仍有抚养、教育、保护的权利和义务。

离婚后，不满两周岁的子女，以由母亲直接抚养为原则。已满两周岁的子女，父母双方对抚养问题协议不成的，由人民法院根据双方的具体情况，按照最有利于未成年子女的原则判决。子女已满八周岁的，应当尊重其真实意愿。

第一千零八十五条 离婚后，子女由一方直接抚养的，另一方应当负担部分或者全部抚养费。负担费用的多少和期限的长短，由双方协议；协议不成的，由人民法院判决。

前款规定的协议或者判决，不妨碍子女在必要时向父母任何一方提出超过协议或者判决原定数额的合理要求。

第一千零八十六条 离婚后，不直接抚养子女的父或者母，有探望子女的权利，另一方有协助的义务。

行使探望权利的方式、时间由当事人协议；协议不成的，由人民法院判决。

父或者母探望子女，不利于子女身心健康的，由人民法院依法中止探望；中止的事由消失后，应当恢复探望。

第一千零八十七条 离婚时，夫妻的共同财产由双方协议处理；协议不成的，由人民法院根据财产的具体情况，按照照顾子女、女方和无过错方权益的原则判决。

对夫或者妻在家庭土地承包经营中享有的权益等，应当依法予以保护。

第一千零八十八条 夫妻一方因抚育子女、照料老年人、协助另一方工作等负担较多义务的，离婚时有权向另一方请求补偿，另一方应当给予补偿。具体办法由双方协议；协议不成的，由人民法院判决。

第一千零八十九条　离婚时，夫妻共同债务应当共同偿还。共同财产不足清偿或者财产归各自所有的，由双方协议清偿；协议不成的，由人民法院判决。

第一千零九十条　离婚时，如果一方生活困难，有负担能力的另一方应当给予适当帮助。具体办法由双方协议；协议不成的，由人民法院判决。

第一千零九十一条　有下列情形之一，导致离婚的，无过错方有权请求损害赔偿：

（一）重婚；

（二）与他人同居；

（三）实施家庭暴力；

（四）虐待、遗弃家庭成员；

（五）有其他重大过错。

第一千零九十二条　夫妻一方隐藏、转移、变卖、毁损、挥霍夫妻共同财产，或者伪造夫妻共同债务企图侵占另一方财产的，在离婚分割夫妻共同财产时，对该方可以少分或者不分。离婚后，另一方发现有上述行为的，可以向人民法院提起诉讼，请求再次分割夫妻共同财产。

第一千一百二十六条　继承权男女平等。

第一千一百二十七条　遗产按照下列顺序继承：

（一）第一顺序：配偶、子女、父母；

（二）第二顺序：兄弟姐妹、祖父母、外祖父母。

继承开始后，由第一顺序继承人继承，第二顺序继承人不继承；没有第一顺序继承人继承的，由第二顺序继承人继承。

本编所称子女，包括婚生子女、非婚生子女、养子女和有扶养关系的继子女。

本编所称父母，包括生父母、养父母和有扶养关系的继父母。

本编所称兄弟姐妹，包括同父母的兄弟姐妹、同父异母或者同母异父的兄弟姐妹、养兄弟姐妹、有扶养关系的继兄弟姐妹。

第一千一百二十八条 被继承人的子女先于被继承人死亡的，由被继承人的子女的直系晚辈血亲代位继承。

被继承人的兄弟姐妹先于被继承人死亡的，由被继承人的兄弟姐妹的子女代位继承。

代位继承人一般只能继承被代位继承人有权继承的遗产份额。

第一千一百二十九条 丧偶儿媳对公婆，丧偶女婿对岳父母，尽了主要赡养义务的，作为第一顺序继承人。

第一千一百三十条 同一顺序继承人继承遗产的份额，一般应当均等。

对生活有特殊困难又缺乏劳动能力的继承人，分配遗产时，应当予以照顾。

对被继承人尽了主要扶养义务或者与被继承人共同生活的继承人，分配遗产时，可以多分。

有扶养能力和有扶养条件的继承人，不尽扶养义务的，分配遗产时，应当不分或者少分。

继承人协商同意的，也可以不均等。

第一千一百五十三条 夫妻共同所有的财产，除有约定的外，遗产分割时，应当先将共同所有的财产的一半分出为配偶所有，其余的为被继承人的遗产。

遗产在家庭共有财产之中的，遗产分割时，应当先分出他人的财产。

第一千一百五十七条 夫妻一方死亡后另一方再婚的，有权处分所继承的财产，任何组织或者个人不得干涉。

4.《女职工劳动保护特别规定》

（2012 年 4 月 18 日国务院第 200 次常务会议通过　2012 年 4 月 28 日中华人民共和国国务院令第 619 号公布　自公布之日起施行）

第一条 为了减少和解决女职工在劳动中因生理特点造成的特殊困难，保护女职工健康，制定本规定。

第二条 中华人民共和国境内的国家机关、企业、事业单位、社会团体、个体经济组织以及其他社会组织等用人单位及其女职工，适用本规定。

第三条 用人单位应当加强女职工劳动保护，采取措施改善女职工劳动安全卫生条件，对女职工进行劳动安全卫生知识培训。

第四条 用人单位应当遵守女职工禁忌从事的劳动范围的规定。用人单位应当将本单位属于女职工禁忌从事的劳动范围的岗位书面告知女职工。

女职工禁忌从事的劳动范围由本规定附录列示。国务院安全生产监督管理部门会同国务院人力资源社会保障行政部门、国务院卫生行政部门根据经济社会发展情况，对女职工禁忌从事的劳动范围进行调整。

第五条 用人单位不得因女职工怀孕、生育、哺乳降低其工资、予以辞退、与其解除劳动或者聘用合同。

第六条 女职工在孕期不能适应原劳动的，用人单位应当根据医疗机构的证明，予以减轻劳动量或者安排其他能够适应的劳动。

对怀孕7个月以上的女职工，用人单位不得延长劳动时间或者安排夜班劳动，并应当在劳动时间内安排一定的休息时间。

怀孕女职工在劳动时间内进行产前检查，所需时间计入劳动时间。

第七条 女职工生育享受98天产假，其中产前可以休假15天；难产的，增加产假15天；生育多胞胎的，每多生育1个婴儿，增加产假15天。

女职工怀孕未满4个月流产的，享受15天产假；怀孕满4个月流产的，享受42天产假。

第八条 女职工产假期间的生育津贴，对已经参加生育保险的，按照用人单位上年度职工月平均工资的标准由生育保险基金支付；对未参加生育保险的，按照女职工产假前工资的标准由用人单位支付。

女职工生育或者流产的医疗费用，按照生育保险规定的项目和标准，对已经参加生育保险的，由生育保险基金支付；对未参加生育保险的，由用人单位支付。

第九条 对哺乳未满1周岁婴儿的女职工，用人单位不得延长劳动时间或者安排夜班劳动。

用人单位应当在每天的劳动时间内为哺乳期女职工安排1小时哺乳时间；女职工生育多胞胎的，每多哺乳1个婴儿每天增加1小时哺乳时间。

第十条 女职工比较多的用人单位应当根据女职工的需要，建立女职工卫生室、孕妇休息室、哺乳室等设施，妥善解决女职工在生理卫生、哺乳方面的困难。

第十一条 在劳动场所，用人单位应当预防和制止对女职工的性骚扰。

第十二条 县级以上人民政府人力资源社会保障行政部门、安全生产监督管理部门按照各自职责负责对用人单位遵守本规定的情况进行监督检查。

工会、妇女组织依法对用人单位遵守本规定的情况进行监督。

第十三条 用人单位违反本规定第六条第二款、第七条、第九条第一款规定的，由县级以上人民政府人力资源社会保障行政部门责令限期改正，按照受侵害女职工每人1000元以上5000元以下的标准计算，处以罚款。

用人单位违反本规定附录第一条、第二条规定的，由县级以上人民政府安全生产监督管理部门责令限期改正，按照受侵害女职工每人1000元以上5000元以下的标准计算，处以罚款。用人单位违反本规定附录第三条、第四条规定的，由县级以上人民政府安全生产监督管理部门责令限期治理，处5万元以上30万元以下的罚款；情节严重的，责令停止有关作业，或者提请有关人民政府按照国务院规定的权限责令关闭。

第十四条 用人单位违反本规定，侵害女职工合法权益的，女职工可以依法投诉、举报、申诉，依法向劳动人事争议调解仲裁机构申请调解仲裁，对仲裁裁决不服的，依法向人民法院提起诉讼。

第十五条 用人单位违反本规定，侵害女职工合法权益，造成女职工损害的，依法给予赔偿；用人单位及其直接负责的主管人员和其他直接责任人员构成犯罪的，依法追究刑事责任。

第十六条 本规定自公布之日起施行。1988年7月21日国务院发布的《女职工劳动保护规定》同时废止。

5.《最高人民法院关于适用〈中华人民共和国民法典〉婚姻家庭编的解释（一）》

（2020年12月25日最高人民法院审判委员会第1825次会议通过　2020年12月29日最高人民法院公告公布　自2021年1月1日起施行　法释〔2020〕22号）

一、一般规定

第一条　持续性、经常性的家庭暴力，可以认定为民法典第一千零四十二条、第一千零七十九条、第一千零九十一条所称的“虐待”。

第二条　民法典第一千零四十二条、第一千零七十九条、第一千零九十一条规定的“与他人同居”的情形，是指有配偶者与婚外异性，不以夫妻名义，持续、稳定地共同居住。

第三条　当事人提起诉讼仅请求解除同居关系的，人民法院不予受理；已经受理的，裁定驳回起诉。

当事人因同居期间财产分割或者子女抚养纠纷提起诉讼的，人民法院应当受理。

第四条　当事人仅以民法典第一千零四十三条为依据提起诉讼的，人民法院不予受理；已经受理的，裁定驳回起诉。

第五条　当事人请求返还按照习俗给付的彩礼的，如果查明属于以下情形，人民法院应当予以支持：

（一）双方未办理结婚登记手续；

（二）双方办理结婚登记手续但确未共同生活；

（三）婚前给付并导致给付人生活困难。

适用前款第二项、第三项的规定，应当以双方离婚为条件。

二、结婚

第六条 男女双方依据民法典第一千零四十九条规定补办结婚登记的，婚姻关系的效力从双方均符合民法典所规定的结婚的实质要件时起算。

第七条 未依据民法典第一千零四十九条规定办理结婚登记而以夫妻名义共同生活的男女，提起诉讼要求离婚的，应当区别对待：

（一）1994 年 2 月 1 日民政部《婚姻登记管理条例》公布实施以前，男女双方已经符合结婚实质要件的，按事实婚姻处理。

（二）1994 年 2 月 1 日民政部《婚姻登记管理条例》公布实施以后，男女双方符合结婚实质要件的，人民法院应当告知其补办结婚登记。未补办结婚登记的，依据本解释第三条规定处理。

第八条 未依据民法典第一千零四十九条规定办理结婚登记而以夫妻名义共同生活的男女，一方死亡，另一方以配偶身份主张享有继承权的，依据本解释第七条的原则处理。

第九条 有权依据民法典第一千零五十一条规定向人民法院就已办理结婚登记的婚姻请求确认婚姻无效的主体，包括婚姻当事人及利害关系人。其中，利害关系人包括：

（一）以重婚为由的，为当事人的近亲属及基层组织；

（二）以未到法定婚龄为由的，为未到法定婚龄者的近亲属；

（三）以有禁止结婚的亲属关系为由的，为当事人的近亲属。

第十条 当事人依据民法典第一千零五十一条规定向人民法院请求确认婚姻无效，法定的无效婚姻情形在提起诉讼时已经消失的，人民法院不予支持。

第十一条 人民法院受理请求确认婚姻无效案件后，原告申请撤诉的，不予准许。

对婚姻效力的审理不适用调解，应当依法作出判决。

涉及财产分割和子女抚养的，可以调解。调解达成协议的，另行制作调解书；未达成调解协议的，应当一并作出判决。

第十二条 人民法院受理离婚案件后，经审理确属无效婚姻的，应当将婚姻无效的情形告知当事人，并依法作出确认婚姻无效的判决。

第十三条 人民法院就同一婚姻关系分别受理了离婚和请求确认婚姻无效案件的，对于离婚案件的审理，应当待请求确认婚姻无效案件作出判决后进行。

第十四条 夫妻一方或者双方死亡后，生存一方或者利害关系人依据民法典第一千零五十一条的规定请求确认婚姻无效的，人民法院应当受理。

第十五条 利害关系人依据民法典第一千零五十一条的规定，请求人民法院确认婚姻无效的，利害关系人为原告，婚姻关系当事人双方为被告。

夫妻一方死亡的，生存一方为被告。

第十六条 人民法院审理重婚导致的无效婚姻案件时，涉及财产处理的，应当准许合法婚姻当事人作为有独立请求权的第三人参加诉讼。

第十七条 当事人以民法典第一千零五十一条规定的三种无效婚姻以外的情形请求确认婚姻无效的，人民法院应当判决驳回当事人的诉讼请求。

当事人以结婚登记程序存在瑕疵为由提起民事诉讼，主张撤销结婚登记的，告知其可以依法申请行政复议或者提起行政诉讼。

第十八条 行为人以给另一方当事人或者其近亲属的生命、身体、健康、名誉、财产等方面造成损害为要挟，迫使另一方当事人违背真实意愿结婚的，可以认定为民法典第一千零五十二条所称的“胁迫”。

因受胁迫而请求撤销婚姻的，只能是受胁迫一方的婚姻关系当事人本人。

第十九条 民法典第一千零五十二条规定的“一年”，不适用诉讼时效中止、中断或者延长的规定。

受胁迫或者被非法限制人身自由的当事人请求撤销婚姻的，不适用民法典第一百五十二条第二款的规定。

第二十条 民法典第一千零五十四条所规定的“自始没有法律约束力”，是指无效婚姻或者可撤销婚姻在依法被确认无效或者被撤销时，才确定该婚姻自始不受法律保护。

第二十一条 人民法院根据当事人的请求，依法确认婚姻无效或者撤销婚姻的，应当收缴双方的结婚证书并将生效的判决书寄送当地婚姻登记管理机关。

第二十二条 被确认无效或者被撤销的婚姻，当事人同居期间所得的财产，除有证据证明为当事人一方所有的以外，按共同共有处理。

三、夫妻关系

第二十三条 夫以妻擅自中止妊娠侵犯其生育权为由请求损害赔偿的，人民法院不予支持；夫妻双方因是否生育发生纠纷，致使感情确已破裂，一方请求离婚的，人民法院经调解无效，应依照民法典第一千零七十九条第三款第五项的规定处理。

第二十四条 民法典第一千零六十二条第一款第三项规定的“知识产权的收益”，是指婚姻关系存续期间，实际取得或者已经明确可以取得的财产性收益。

第二十五条 婚姻关系存续期间，下列财产属于民法典第一千零六十二条规定的“其他应当归共同所有的财产”：

（一）一方以个人财产投资取得的收益；

（二）男女双方实际取得或者应当取得的住房补贴、住房公积金；

（三）男女双方实际取得或者应当取得的基本养老金、破产安置补偿费。

第二十六条 夫妻一方个人财产在婚后产生的收益，除孳息和自然增值外，应认定为夫妻共同财产。

第二十七条 由一方婚前承租、婚后用共同财产购买的房屋，登记在一方名下的，应当认定为夫妻共同财产。

第二十八条 一方未经另一方同意出售夫妻共同所有的房屋，第三人善意购买、支付合理对价并已办理不动产登记，另一方主张追回该房屋的，人民法院不予支持。

夫妻一方擅自处分共同所有的房屋造成另一方损失，离婚时另一方请求赔偿损失的，人民法院应予支持。

第二十九条 当事人结婚前，父母为双方购置房屋出资的，该出资应当认定为对自己子女个人的赠与，但父母明确表示赠与双方的除外。

当事人结婚后，父母为双方购置房屋出资的，依照约定处理；没有约定或者约定不明确的，按照民法典第一千零六十二条第一款第四项规定的原则处理。

第三十条　军人的伤亡保险金、伤残补助金、医药生活补助费属于个人财产。

第三十一条　民法典第一千零六十三条规定为夫妻一方的个人财产，不因婚姻关系的延续而转化为夫妻共同财产。但当事人另有约定的除外。

第三十二条　婚前或者婚姻关系存续期间，当事人约定将一方所有的房产赠与另一方或者共有，赠与方在赠与房产变更登记之前撤销赠与，另一方请求判令继续履行的，人民法院可以按照民法典第六百五十八条的规定处理。

第三十三条　债权人就一方婚前所负个人债务向债务人的配偶主张权利的，人民法院不予支持。但债权人能够证明所负债务用于婚后家庭共同生活的除外。

第三十四条　夫妻一方与第三人串通，虚构债务，第三人主张该债务为夫妻共同债务的，人民法院不予支持。

夫妻一方在从事赌博、吸毒等违法犯罪活动中所负债务，第三人主张该债务为夫妻共同债务的，人民法院不予支持。

第三十五条　当事人的离婚协议或者人民法院生效判决、裁定、调解书已经对夫妻财产分割问题作出处理的，债权人仍有权就夫妻共同债务向男女双方主张权利。

一方就夫妻共同债务承担清偿责任后，主张由另一方按照离婚协议或者人民法院的法律文书承担相应债务的，人民法院应予支持。

第三十六条　夫或者妻一方死亡的，生存一方应当对婚姻关系存续期间的夫妻共同债务承担清偿责任。

第三十七条　民法典第一千零六十五条第三款所称“相对人知道该约定的”，夫妻一方对此负有举证责任。

第三十八条　婚姻关系存续期间，除民法典第一千零六十六条规定情形以外，夫妻一方请求分割共同财产的，人民法院不予支持。

四、父母子女关系

第三十九条 父或者母向人民法院起诉请求否认亲子关系，并已提供必要证据予以证明，另一方没有相反证据又拒绝做亲子鉴定的，人民法院可以认定否认亲子关系一方的主张成立。

父或者母以及成年子女起诉请求确认亲子关系，并提供必要证据予以证明，另一方没有相反证据又拒绝做亲子鉴定的，人民法院可以认定确认亲子关系一方的主张成立。

第四十条 婚姻关系存续期间，夫妻双方一致同意进行人工授精，所生子女应视为婚生子女，父母子女间的权利义务关系适用民法典的有关规定。

第四十一条 尚在校接受高中及其以下学历教育，或者丧失、部分丧失劳动能力等非因主观原因而无法维持正常生活的成年子女，可以认定为民法典第一千零六十七条规定的“不能独立生活的成年子女”。

第四十二条 民法典第一千零六十七条所称“抚养费”，包括子女生活费、教育费、医疗费等费用。

第四十三条 婚姻关系存续期间，父母双方或者一方拒不履行抚养子女义务，未成年子女或者不能独立生活的成年子女请求支付抚养费的，人民法院应予支持。

第四十四条 离婚案件涉及未成年子女抚养的，对不满两周岁的子女，按照民法典第一千零八十四条第三款规定的原则处理。母亲有下列情形之一，父亲请求直接抚养的，人民法院应予支持：

（一）患有久治不愈的传染性疾病或者其他严重疾病，子女不宜与其共同生活；

（二）有抚养条件不尽抚养义务，而父亲要求子女随其生活；

（三）因其他原因，子女确不宜随母亲生活。

第四十五条 父母双方协议不满两周岁子女由父亲直接抚养，并对子女健康成长无不利影响的，人民法院应予支持。

第四十六条 对已满两周岁的未成年子女，父母均要求直接抚养，一方有下列情形之一的，可予优先考虑：

（一）已做绝育手术或者因其他原因丧失生育能力；

（二）子女随其生活时间较长，改变生活环境对子女健康成长明显不利；

（三）无其他子女，而另一方有其他子女；

（四）子女随其生活，对子女成长有利，而另一方患有久治不愈的传染性疾病或者其他严重疾病，或者有其他不利于子女身心健康的情形，不宜与子女共同生活。

第四十七条　父母抚养子女的条件基本相同，双方均要求直接抚养子女，但子女单独随祖父母或者外祖父母共同生活多年，且祖父母或者外祖父母要求并且有能力帮助子女照顾孙子女或者外孙子女的，可以作为父或者母直接抚养子女的优先条件予以考虑。

第四十八条　在有利于保护子女利益的前提下，父母双方协议轮流直接抚养子女的，人民法院应予支持。

第四十九条　抚养费的数额，可以根据子女的实际需要、父母双方的负担能力和当地的实际生活水平确定。

有固定收入的，抚养费一般可以按其月总收入的百分之二十至三十的比例给付。负担两个以上子女抚养费的，比例可以适当提高，但一般不得超过月总收入的百分之五十。

无固定收入的，抚养费的数额可以依据当年总收入或者同行业平均收入，参照上述比例确定。

有特殊情况的，可以适当提高或者降低上述比例。

第五十条　抚养费应当定期给付，有条件的可以一次性给付。

第五十一条　父母一方无经济收入或者下落不明的，可以用其财物折抵抚养费。

第五十二条　父母双方可以协议由一方直接抚养子女并由直接抚养方负担子女全部抚养费。但是，直接抚养方的抚养能力明显不能保障子女所需费用，影响子女健康成长的，人民法院不予支持。

第五十三条　抚养费的给付期限，一般至子女十八周岁为止。

十六周岁以上不满十八周岁，以其劳动收入为主要生活来源，并能维持当地一般生活水平的，父母可以停止给付抚养费。

第五十四条 生父与继母离婚或者生母与继父离婚时，对曾受其抚养教育的继子女，继父或者继母不同意继续抚养的，仍应由生父或者生母抚养。

第五十五条 离婚后，父母一方要求变更子女抚养关系的，或者子女要求增加抚养费的，应当另行提起诉讼。

第五十六条 具有下列情形之一，父母一方要求变更子女抚养关系的，人民法院应予支持：

（一）与子女共同生活的一方因患严重疾病或者因伤残无力继续抚养子女；

（二）与子女共同生活的一方不尽抚养义务或有虐待子女行为，或者其与子女共同生活对子女身心健康确有不利影响；

（三）已满八周岁的子女，愿随另一方生活，该方又有抚养能力；

（四）有其他正当理由需要变更。

第五十七条 父母双方协议变更子女抚养关系的，人民法院应予支持。

第五十八条 具有下列情形之一，子女要求有负担能力的父或者母增加抚养费的，人民法院应予支持：

（一）原定抚养费数额不足以维持当地实际生活水平；

（二）因子女患病、上学，实际需要已超过原定数额；

（三）有其他正当理由应当增加。

第五十九条 父母不得因子女变更姓氏而拒付子女抚养费。父或者母擅自将子女姓氏改为继母或继父姓氏而引起纠纷的，应当责令恢复原姓氏。

第六十条 在离婚诉讼期间，双方均拒绝抚养子女的，可以先行裁定暂由一方抚养。

第六十一条 对拒不履行或者妨害他人履行生效判决、裁定、调解书中有关子女抚养义务的当事人或者其他人，人民法院可依照民事诉讼法第一百一十一条的规定采取强制措施。

五、离婚

第六十二条 无民事行为能力人的配偶有民法典第三十六条第一款规定

行为，其他有监护资格的人可以要求撤销其监护资格，并依法指定新的监护人；变更后的监护人代理无民事行为能力一方提起离婚诉讼的，人民法院应予受理。

第六十三条　人民法院审理离婚案件，符合民法典第一千零七十九条第三款规定“应当准予离婚”情形的，不应当因当事人有过错而判决不准离婚。

第六十四条　民法典第一千零八十一条所称的“军人一方有重大过错”，可以依据民法典第一千零七十九条第三款前三项规定及军人有其他重大过错导致夫妻感情破裂的情形予以判断。

第六十五条　人民法院作出的生效的离婚判决中未涉及探望权，当事人就探望权问题单独提起诉讼的，人民法院应予受理。

第六十六条　当事人在履行生效判决、裁定或者调解书的过程中，一方请求中止探望的，人民法院在征询双方当事人意见后，认为需要中止探望的，依法作出裁定；中止探望的情形消失后，人民法院应当根据当事人的请求书面通知其恢复探望。

第六十七条　未成年子女、直接抚养子女的父或者母以及其他对未成年子女负担抚养、教育、保护义务的法定监护人，有权向人民法院提出中止探望的请求。

第六十八条　对于拒不协助另一方行使探望权的有关个人或者组织，可以由人民法院依法采取拘留、罚款等强制措施，但是不能对子女的人身、探望行为进行强制执行。

第六十九条　当事人达成的以协议离婚或者到人民法院调解离婚为条件的财产以及债务处理协议，如果双方离婚未成，一方在离婚诉讼中反悔的，人民法院应当认定该财产以及债务处理协议没有生效，并根据实际情况依照民法典第一千零八十七条和第一千零八十九条的规定判决。

当事人依照民法典第一千零七十六条签订的离婚协议中关于财产以及债务处理的条款，对男女双方具有法律约束力。登记离婚后当事人因履行上述协议发生纠纷提起诉讼的，人民法院应当受理。

第七十条　夫妻双方协议离婚后就财产分割问题反悔，请求撤销财产分割协议的，人民法院应当受理。

人民法院审理后，未发现订立财产分割协议时存在欺诈、胁迫等情形的，应当依法驳回当事人的诉讼请求。

第七十一条 人民法院审理离婚案件，涉及分割发放到军人名下的复员费、自主择业费等一次性费用的，以夫妻婚姻关系存续年限乘以年平均值，所得数额为夫妻共同财产。

前款所称年平均值，是指将发放到军人名下的上述费用总额按具体年限均分得出的数额。其具体年限为人均寿命七十岁与军人入伍时实际年龄的差额。

第七十二条 夫妻双方分割共同财产中的股票、债券、投资基金份额等有价证券以及未上市股份有限公司股份时，协商不成或者按市价分配有困难的，人民法院可以根据数量按比例分配。

第七十三条 人民法院审理离婚案件，涉及分割夫妻共同财产中以一方名义在有限责任公司的出资额，另一方不是该公司股东的，按以下情形分别处理：

（一）夫妻双方协商一致将出资额部分或者全部转让给该股东的配偶，其他股东过半数同意，并且其他股东均明确表示放弃优先购买权的，该股东的配偶可以成为该公司股东；

（二）夫妻双方就出资额转让份额和转让价格等事项协商一致后，其他股东半数以上不同意转让，但愿意以同等条件购买该出资额的，人民法院可以对转让出资所得财产进行分割。其他股东半数以上不同意转让，也不愿意以同等条件购买该出资额的，视为其同意转让，该股东的配偶可以成为该公司股东。

用于证明前款规定的股东同意的证据，可以是股东会议材料，也可以是当事人通过其他合法途径取得的股东的书面声明材料。

第七十四条 人民法院审理离婚案件，涉及分割夫妻共同财产中以一方名义在合伙企业中的出资，另一方不是该企业合伙人的，当夫妻双方协商一致，将其合伙企业中的财产份额全部或者部分转让给对方时，按以下情形分别处理：

（一）其他合伙人一致同意的，该配偶依法取得合伙人地位；

（二）其他合伙人不同意转让，在同等条件下行使优先购买权的，可以对转让所得的财产进行分割；

（三）其他合伙人不同意转让，也不行使优先购买权，但同意该合伙人退伙或者削减部分财产份额的，可以对结算后的财产进行分割；

（四）其他合伙人既不同意转让，也不行使优先购买权，又不同意该合伙人退伙或者削减部分财产份额的，视为全体合伙人同意转让，该配偶依法取得合伙人地位。

第七十五条　夫妻以一方名义投资设立个人独资企业的，人民法院分割夫妻在该个人独资企业中的共同财产时，应当按照以下情形分别处理：

（一）一方主张经营该企业的，对企业资产进行评估后，由取得企业资产所有权一方给予另一方相应的补偿；

（二）双方均主张经营该企业的，在双方竞价基础上，由取得企业资产所有权的一方给予另一方相应的补偿；

（三）双方均不愿意经营该企业的，按照《中华人民共和国个人独资企业法》等有关规定办理。

第七十六条　双方对夫妻共同财产中的房屋价值及归属无法达成协议时，人民法院按以下情形分别处理：

（一）双方均主张房屋所有权并且同意竞价取得的，应当准许；

（二）一方主张房屋所有权的，由评估机构按市场价格对房屋作出评估，取得房屋所有权的一方应当给予另一方相应的补偿；

（三）双方均不主张房屋所有权的，根据当事人的申请拍卖、变卖房屋，就所得价款进行分割。

第七十七条　离婚时双方对尚未取得所有权或者尚未取得完全所有权的房屋有争议且协商不成的，人民法院不宜判决房屋所有权的归属，应当根据实际情况判决由当事人使用。

当事人就前款规定的房屋取得完全所有权后，有争议的，可以另行向人民法院提起诉讼。

第七十八条 夫妻一方婚前签订不动产买卖合同，以个人财产支付首付款并在银行贷款，婚后用夫妻共同财产还贷，不动产登记于首付款支付方名下的，离婚时该不动产由双方协议处理。

依前款规定不能达成协议的，人民法院可以判决该不动产归登记一方，尚未归还的贷款为不动产登记一方的个人债务。双方婚后共同还贷支付的款项及其相对应财产增值部分，离婚时应根据民法典第一千零八十七条第一款规定的原则，由不动产登记一方对另一方进行补偿。

第七十九条 婚姻关系存续期间，双方用夫妻共同财产出资购买以一方父母名义参加房改的房屋，登记在一方父母名下，离婚时另一方主张按照夫妻共同财产对该房屋进行分割的，人民法院不予支持。购买该房屋时的出资，可以作为债权处理。

第八十条 离婚时夫妻一方尚未退休、不符合领取基本养老金条件，另一方请求按照夫妻共同财产分割基本养老金的，人民法院不予支持；婚后以夫妻共同财产缴纳基本养老保险费，离婚时一方主张将养老金账户中婚姻关系存续期间个人实际缴纳部分及利息作为夫妻共同财产分割的，人民法院应予支持。

第八十一条 婚姻关系存续期间，夫妻一方作为继承人依法可以继承的遗产，在继承人之间尚未实际分割，起诉离婚时另一方请求分割的，人民法院应当告知当事人在继承人之间实际分割遗产后另行起诉。

第八十二条 夫妻之间订立借款协议，以夫妻共同财产出借给一方从事个人经营活动或者用于其他个人事务的，应视为双方约定处分夫妻共同财产的行为，离婚时可以按照借款协议的约定处理。

第八十三条 离婚后，一方以尚有夫妻共同财产未处理为由向人民法院起诉请求分割的，经审查该财产确属离婚时未涉及的夫妻共同财产，人民法院应当依法予以分割。

第八十四条 当事人依据民法典第一千零九十二条的规定向人民法院提起诉讼，请求再次分割夫妻共同财产的诉讼时效期间为三年，从当事人发现之日起计算。

第八十五条　夫妻一方申请对配偶的个人财产或者夫妻共同财产采取保全措施的，人民法院可以在采取保全措施可能造成损失的范围内，根据实际情况，确定合理的财产担保数额。

第八十六条　民法典第一千零九十一条规定的“损害赔偿”，包括物质损害赔偿和精神损害赔偿。涉及精神损害赔偿的，适用《最高人民法院关于确定民事侵权精神损害赔偿责任若干问题的解释》的有关规定。

第八十七条　承担民法典第一千零九十一条规定的损害赔偿责任的主体，为离婚诉讼当事人中无过错方的配偶。

人民法院判决不准离婚的案件，对于当事人基于民法典第一千零九十一条提出的损害赔偿请求，不予支持。

在婚姻关系存续期间，当事人不起诉离婚而单独依据民法典第一千零九十一条提起损害赔偿请求的，人民法院不予受理。

第八十八条　人民法院受理离婚案件时，应当将民法典第一千零九十一条等规定中当事人的有关权利义务，书面告知当事人。在适用民法典第一千零九十一条时，应当区分以下不同情况：

（一）符合民法典第一千零九十一条规定的无过错方作为原告基于该条规定向人民法院提起损害赔偿请求的，必须在离婚诉讼的同时提出。

（二）符合民法典第一千零九十一条规定的无过错方作为被告的离婚诉讼案件，如果被告不同意离婚也不基于该条规定提起损害赔偿请求的，可以就此单独提起诉讼。

（三）无过错方作为被告的离婚诉讼案件，一审时被告未基于民法典第一千零九十一条规定提出损害赔偿请求，二审期间提出的，人民法院应当进行调解；调解不成的，告知当事人另行起诉。双方当事人同意由第二审人民法院一并审理的，第二审人民法院可以一并裁判。

第八十九条　当事人在婚姻登记机关办理离婚登记手续后，以民法典第一千零九十一条规定为由向人民法院提出损害赔偿请求的，人民法院应当受理。但当事人在协议离婚时已经明确表示放弃该项请求的，人民法院不予支持。

第九十条 夫妻双方均有民法典第一千零九十一条规定的过错情形，一方或者双方向对方提出离婚损害赔偿请求的，人民法院不予支持。

六、附则

第九十一条 本解释自2021年1月1日起施行。

6.《最高人民法院关于办理人身安全保护令案件适用法律若干问题的规定》

（2022年6月7日最高人民法院审判委员会第1870次会议通过 2022年7月14日最高人民法院公告公布 自2022年8月1日起施行 法释〔2022〕17号）

为正确办理人身安全保护令案件，及时保护家庭暴力受害人的合法权益，根据《中华人民共和国民法典》《中华人民共和国反家庭暴力法》《中华人民共和国民事诉讼法》等相关法律规定，结合审判实践，制定本规定。

第一条 当事人因遭受家庭暴力或者面临家庭暴力的现实危险，依照反家庭暴力法向人民法院申请人身安全保护令的，人民法院应当受理。

向人民法院申请人身安全保护令，不以提起离婚等民事诉讼为条件。

第二条 当事人因年老、残疾、重病等原因无法申请人身安全保护令，其近亲属、公安机关、民政部门、妇女联合会、居民委员会、村民委员会、残疾人联合会、依法设立的老年人组织、救助管理机构等，根据当事人意愿，依照反家庭暴力法第二十三条规定代为申请的，人民法院应当依法受理。

第三条 家庭成员之间以冻饿或者经常性侮辱、诽谤、威胁、跟踪、骚扰等方式实施的身体或者精神侵害行为，应当认定为反家庭暴力法第二条规定的“家庭暴力”。

第四条 反家庭暴力法第三十七条规定的“家庭成员以外共同生活的人”一般包括共同生活的儿媳、女婿、公婆、岳父母以及其他有监护、扶养、寄养等关系的人。

第五条　当事人及其代理人对因客观原因不能自行收集的证据，申请人民法院调查收集，符合《最高人民法院关于适用〈中华人民共和国民事诉讼法〉的解释》第九十四条第一款规定情形的，人民法院应当调查收集。

人民法院经审查，认为办理案件需要的证据符合《最高人民法院关于适用〈中华人民共和国民事诉讼法〉的解释》第九十六条规定的，应当调查收集。

第六条　人身安全保护令案件中，人民法院根据相关证据，认为申请人遭受家庭暴力或者面临家庭暴力现实危险的事实存在较大可能性的，可以依法作出人身安全保护令。

前款所称“相关证据”包括：

（一）当事人的陈述；

（二）公安机关出具的家庭暴力告诫书、行政处罚决定书；

（三）公安机关的出警记录、讯问笔录、询问笔录、接警记录、报警回执等；

（四）被申请人曾出具的悔过书或者保证书等；

（五）记录家庭暴力发生或者解决过程等的视听资料；

（六）被申请人与申请人或者其近亲属之间的电话录音、短信、即时通讯信息、电子邮件等；

（七）医疗机构的诊疗记录；

（八）申请人或者被申请人所在单位、民政部门、居民委员会、村民委员会、妇女联合会、残疾人联合会、未成年人保护组织、依法设立的老年人组织、救助管理机构、反家暴社会公益机构等单位收到投诉、反映或者求助的记录；

（九）未成年子女提供的与其年龄、智力相适应的证言或者亲友、邻居等其他证人证言；

（十）伤情鉴定意见；

（十一）其他能够证明申请人遭受家庭暴力或者面临家庭暴力现实危险的证据。

第七条　人民法院可以通过在线诉讼平台、电话、短信、即时通讯工具、电子邮件等简便方式询问被申请人。被申请人未发表意见的，不影响人民法院依法作出人身安全保护令。

第八条 被申请人认可存在家庭暴力行为，但辩称申请人有过错的，不影响人民法院依法作出人身安全保护令。

第九条 离婚等案件中，当事人仅以人民法院曾作出人身安全保护令为由，主张存在家庭暴力事实的，人民法院应当根据《最高人民法院关于适用〈中华人民共和国民事诉讼法〉的解释》第一百零八条的规定，综合认定是否存在该事实。

第十条 反家庭暴力法第二十九条第四项规定的“保护申请人人身安全的其他措施”可以包括下列措施：

（一）禁止被申请人以电话、短信、即时通讯工具、电子邮件等方式侮辱、诽谤、威胁申请人及其相关近亲属；

（二）禁止被申请人在申请人及其相关近亲属的住所、学校、工作单位等经常出入场所的一定范围内从事可能影响申请人及其相关近亲属正常生活、学习、工作的活动。

第十一条 离婚案件中，判决不准离婚或者调解和好后，被申请人违反人身安全保护令实施家庭暴力的，可以认定为民事诉讼法第一百二十七条第七项规定的“新情况、新理由”。

第十二条 被申请人违反人身安全保护令，符合《中华人民共和国刑法》第三百一十三条规定的，以拒不执行判决、裁定罪定罪处罚；同时构成其他犯罪的，依照刑法有关规定处理。

第十三条 本规定自 2022 年 8 月 1 日起施行。

第六章

文书范本

1. 民事起诉状【离婚纠纷】

民事起诉状

原告：________【姓名、性别、民族、生日、身份证号】

住址：____________【一般是户籍地，也可以是能够接收法院文书的地址】

联系电话：________【一般能够联系到本人的电话】

被告：________【姓名、性别、民族、生日、身份证号】

住址：____________【户籍地或经常居住地】

联系电话：________【一般能够联系到本人的电话】

诉讼请求：

1. 请求判决原、被告离婚；

2. 请求判决婚生子 / 女______【子女的完整姓名】的抚养权归________【原告或被告】，并由________【不直接抚养一方】依法支付抚养费每月____【一般为月工资收入的20%—30%，负担两个以上子女抚养费的，比例可以适当提高，但一般不得超过月总收入的50%】元；

3. 请求判决依法分割夫妻共同财产，价值暂计________【共同财产的估算价值】万元；

4. 请求判决本案诉讼费由被告承担。

注：【　】内的内容为填写说明，非范本正文内容，下同。

事实与理由：

原、被告双方于________【时间】登记结婚。________【时间】，婚生子 / 女______【子女的完整姓名】出生。

____________【怎么相识、婚后感情、过错或离婚原因】。目前，原、被告夫妻感情完全破裂，无和好可能，恳请法院准予原、被告离婚，并依法分割夫妻共同财产。

____________【简单介绍孩子的情况，写明争取抚养权一方的优势条件与对方的劣势条件】。为了保证孩子的健康成长并充分尊重孩子自己的意愿，请求判决婚生子 / 女______【子女的完整姓名】的抚养权归______【原告或被告】，并由______【不直接抚养一方】依法支付抚养费。

综上，望贵院判如所请。

此致

______人民法院【一般为被告户籍地或经常居住地的基层法院】

具状人：__________________

日期：______年____月____日

2. 人身安全保护令申请书

人身安全保护令申请书

申请人：________【姓名、性别、民族、生日、身份证号】

住址：________【一般是户籍地，也可以是能够接收法院文书的地址】

联系电话：________【一般能够联系到本人的电话】

法定代理人 / 指定代理人（如有）：________【姓名、性别、民族、生日、身份证号】

住址：________【一般是户籍地，也可以是能够接收法院文书的地址】

联系电话：________【一般能够联系到本人的电话】

委托诉讼代理人（如有）：________【姓名、性别、民族、生日、身份证号】

住址：________【一般是户籍地，也可以是能够接收法院文书的地址】

联系电话：________【一般能够联系到本人的电话】

被申请人：________【姓名、性别、民族、生日、身份证号】

住址：________【一般是户籍地，也可以是能够接收法院文书的地址】

联系电话：________【一般能够联系到本人的电话】

请求事项：

请求人民法院依法签发人身安全保护令：

1. 禁止被申请人殴打、威胁申请人及申请人的亲属；

2. 禁止被申请人骚扰、跟踪申请人及申请人的亲属；

3. 要求被申请人迁出申请人的住所；

4.……

事实和理由：

……【写明有遭受家庭暴力或者面临家庭暴力现实危险的情形以及其他事实和理由，如果有相应证据，可以附在后方】

此致

________________人民法院

申请人：__________________

日期：______年____月____日

图书在版编目(CIP)数据

妇女权益保障法100个热点问题 / 谭芳，桂芳芳，李凝未著. — 北京：中国法制出版社，2023.3

ISBN 978-7-5216-3082-4

Ⅰ. ①妇… Ⅱ. ①谭… ②桂… ③李… Ⅲ. ①妇女权益保障法–中国–问题解答 Ⅳ. ①D923.85

中国版本图书馆CIP数据核字（2022）第208727号

策划编辑：陈 兴（cx_legal@163.com）
责任编辑：孙 静（bnusunjing@163.com）　　封面设计：杨鑫宇

妇女权益保障法 100 个热点问题

FUNÜ QUANYI BAOZHANGFA 100 GE REDIAN WENTI

著者 / 谭 芳 桂芳芳 李凝未

经销 / 新华书店

印刷 / 三河市国英印务有限公司

开本 / 730 毫米 ×1030 毫米 16 开　　印张 / 19 字数 / 280 千

版次 / 2023 年 3 月第 1 版　　2023 年 3 月第 1 次印刷

中国法制出版社出版

书号 ISBN 978-7-5216-3082-4　　定价：58.00 元

北京市西城区西便门西里甲 16 号西便门办公区

邮政编码：100053　　传真：010-63141600

网址：http://www.zgfzs.com　　**编辑部电话：010-63141787**

市场营销部电话：010-63141612　　**印务部电话：010-63141606**

（如有印装质量问题，请与本社印务部联系。）